Casos brasileiros de transformação estratégica

A Lei de Direito Autoral
(Lei n.º 9.610 de 19/2/98)
no **Título VII, Capítulo II** diz

– Das Sanções Civis:

Art. 102   O titular cuja obra seja fraudulentamente reproduzida, divulgada ou de qualquer forma utilizada, poderá requerer a apreensão dos exemplares reproduzidos ou a suspensão da divulgação, sem prejuízo da indenização cabível.

Art. 103   Quem editar obra literária, artística ou científica, sem autorização do titular, perderá para este os exemplares que se apreenderem e pagar-lhe-á o preço dos que tiver vendido.

Parágrafo único. Não se conhecendo o número de exemplares que constituem a edição fraudulenta, pagará o transgressor o valor de três mil exemplares, além dos apreendidos.

Art. 104   Quem vender, expuser à venda, ocultar, adquirir, distribuir, tiver em depósito ou utilizar obra ou fonograma reproduzidos com fraude, com a finalidade de vender, obter ganho, vantagem, proveito, lucro direto ou indireto, para si ou para outrem, será solidariamente responsável com o contrafator, nos termos dos artigos precedentes, respondendo como contrafatores o importador e o distribuidor em caso de reprodução no exterior.

James T. C. Wright
Washington F. Mathias
Coordenação

Casos brasileiros de transformação estratégica

www.blucher.com.br

© 2009 James T. C. Wright
Washington F. Mathias

1ª edição - 2009

*É proibida a reprodução total ou parcial
por quaisquer meios sem autorização
escrita da editora.*

EDITORA EDGARD BLÜCHER LTDA.
Rua Pedroso Alvarenga, 1.245 – 4º andar
04531-012 – São Paulo, SP – Brasil
Tel.: (55_11) 3078-5366
e-mail: editora@blucher.com.br
site: www.editora.com.br

Impresso no Brasil   *Printed in Brazil*

ISBN 978-85-212-0455-8

*Segundo Novo Acordo Ortográfico, conforme 5. ed.
do Vocabulário Ortográfico da Língua Portuguesa,
Academia Brasileira de Letras, março de 2009.*

FICHA CATALOGRÁFICA

Casos brasileiros de transformação estratégica / James Terence Coulter Wright, Washington F. Mathias coordenadores. -- São Paulo: Editora Blucher, 2009.

Vários autores.
Bibliografia.
ISBN 978-85-212-0455-8

1. Administração 2. Administração de empresas - Estudo de casos 3. Empresas - Brasil I. Wright, James Terence Coulter. II. Mathias, Washington F.

08-2220   CDD-658.00722

Índices para catálogo sistemático:

1. Administração: Estudo de casos   658.00722

Apresentação

CASOS BRASILEIROS DE TRANSFORMAÇÃO ESTRATÉGICA

O Estudo de Casos é uma forma didática consagrada no exterior para o ensino de administração, porém ainda relativamente pouco utilizada no Brasil, especialmente nos cursos de graduação em administração de empresas. Este livro apresenta o esforço do programa MBA Executivo Internacional da Fundação Instituto de Administração (FIA), em reverter esse quadro, organizando seu material a fim de oferecê-lo para o estudo de casos no ambiente brasileiro.

Esse método de estudo tem algumas características importantes que o distinguem dos modelos tradicionais de ensino de administração, tornando essa metodologia um complemento de grande potencial no processo de aprendizado. Os casos aqui apresentados baseiam-se na realidade prática do Brasil, fornecendo não só uma oportunidade para estimular uma vivência profissional extremamente importante para os alunos mais jovens dos cursos de graduação mas também complementa a formação dos alunos nos cursos de pós-graduação e executivos, pela diversidade de situações e problemas enfrentados.

Essa abordagem exige a análise estruturada dos problemas, bem como a identificação dos pontos críticos do caso e o desenvolvimento de soluções práticas com base em uma abordagem teórica adequada. Analisar um caso em administração explicita esse processo analítico, com a identificação e utilização efetiva do conceito teórico aplicado à prática; não se parte da teoria para identificar aplicações no mundo real, mas, sim, da análise da realidade empresarial do caso, com toda sua complexidade, com informações quase sempre incompletas, para propor soluções às questões abordadas nos casos.

Percebe-se dessa forma que o Estudo de Casos é um instrumento didático que está focado no aluno e no processo de aprendizagem, diferentemente do sistema tradicional de ensino, que dá ênfase exclusivamente ao professor como transmissor do conhecimento. É, portanto, uma forma ativa de aprendizagem, a qual exige que o estudante realize uma busca ativa pelas conclusões do caso por meio da compreensão e aplicação da teoria, invertendo o modelo tradicional, passivo e hierarquizado de ensino, no qual o professor apresenta o conhecimento "correto" e a resposta "certa" para cada problema.

Os casos apresentados nessa coleção foram escolhidos por apresentarem situações reais de organizações brasileiras, que operaram transformações importantes na sua estratégia, visando um padrão internacional de competitividade. Abrangem empresas nacionais, como a Sadia e a Alpargatas, até organizações sem fins lucrativos, como o Hospital do Câncer e o Museu de Arte Moderna de São Paulo. Todos os casos escolhidos têm como fio condutor um processo bem-sucedido de transformação estratégica, de caráter multidisciplinar e abrangente, que trouxe como resultado um novo patamar de desempenho para cada uma das organizações. Não são, no entanto, modelos perfeitos de gestão estratégica; apresentam, como na vida real das empresas, dúvidas, incertezas e oportunidades não preenchidas. Certamente, os estudantes mais avançados de administração poderão identificar soluções e encaminhamentos melhores e mais criativos que os adotados em cada empresa retratada. O conjunto de casos mostra uma transformação importante operada nas empresas brasileiras a partir da segunda metade da década de 1990, em que elas aumentaram sua produtividade, atingiram novos mercados e ganharam capacidade competitiva diante de concorrentes internacionais cada vez mais fortes.

Esses casos foram em sua maioria elaborados por alunos e professores do MBA Executivo Internacional da FIA e resultam de uma revisão dos trabalhos de final de curso, efetuados pelos alunos sob orientação dos professores das diferentes disciplinas do curso. Além disso, aplicam-se tanto para um curso avançado de gestão estratégica, exigindo dos alunos uma interpretação mais aprofundada das alternativas disponíveis para encaminhar soluções para os problemas propostos, como podem ser usados nos cursos de graduação, de administração geral e estratégia, nos quais a leitura do caso e a discussão sobre os conceitos teóricos apresentados estimulam a capacidade de aplicar efetivamente a teoria a problemas práticos, além de lhes oferecer a oportunidade de obter uma visão real de problemas complexos, dentro de diferentes empresas atuantes no Brasil. Cada caso apresenta, portanto, uma situação de um problema real com que uma empresa no Brasil se defrontou no mundo real dos negócios.*

A primeira parte de cada caso não contém discussões conceituais; apenas a realidade da empresa. Nesse contexto, solicita-se a discussão de alguns aspectos do problema para encaminhar a solução, aspectos que contêm elementos passíveis de receber um tratamento teórico na sua abordagem; a seguir, cada caso apresenta uma discussão dos aspectos de teoria administrativa relevantes para os temas abordados, servindo como guia para a proposição e discussão da solução. As questões escolhidas visam estimular um debate a partir da discussão da teoria. Como é típico dos casos, nenhum necessariamente apresenta uma solução ideal ou uma resposta "certa", cabendo ao leitor desenvolver essa análise. Nenhum dos casos necessariamente sugere práticas corretas ou incorretas de administração, mas todos demonstram efetivamente avanços positivos e importantes em cada situação.

Cabe um alerta importante: no estudo de caso o aluno não pode assumir uma posição passiva, na qual o professor apresenta soluções brilhantes. As conclusões, a teoria, a

---

* Como nos famosos casos de Harvard, não há a intenção de apresentar informações de caráter confidencial das empresas retratadas. Em diversos casos, os valores numéricos foram alterados de maneira coerente, para preservar a confidencialidade das informações, e, em outras, estimativas foram feitas pelos autores. Procurou-se sempre apresentar uma descrição coerente e interessante de cada caso, sem prejudicar as empresas que generosamente permitiram a divulgação dos relatos que se seguem. As informações são apresentadas até a data estipulada em cada caso; hoje, uma perspectiva histórica nos permite avaliar também erros e acertos, oportunidades aproveitadas e perdidas, enriquecendo as formas de uso deste material na aprendizagem de boas práticas de gestão.

incorporação da experiência prática e a vivência representada nos casos foram concebidas para estimular e enriquecer a formação do estudante de administração e a vivência profissional dos executivos, sem apresentar fórmulas preconcebidas para a solução dos problemas, exigindo, portanto, uma participação ativa do leitor.

Gostaria de agradecer nesta oportunidade o apoio de inúmeras pessoas e organizações cujo apoio foi importante para realizar o esforço de organizar, estruturar e preparar o material aqui contido. Em primeiro lugar, agradecer aos alunos e aos professores da Faculdade de Economia, Administração e Contabilidade da Universidade de São Paulo (FEA-USP), que ministraram aulas integrando o Estudo de Casos ao curso, e aos orientadores que coletaram o material, fizeram a pesquisa e organizaram as discussões teóricas componentes de cada caso; seus respectivos nomes estão citados em cada capítulo. Também devo agradecer à equipe do MBA: a Ivana Franco, que organizou o material; a Ana Paula Oliveira Guimarães, que administrou todo o processo de elaboração dos trabalhos por parte dos alunos; aos estagiários do curso, que acompanharam os alunos; em particular, a Patricia Daré e Rafael Liza, que realizaram a revisão e padronização final do material. Agradeço a Fundação Instituto de Administração, que forneceu o apoio material e financeiro para que nossa equipe pudesse realizar este trabalho, que reúne experiências, teorias e a vivência prática das organizações de sucesso, constituindo um conjunto novo e importante para o estudo de Administração no Brasil, incitando caminhos pelos quais gerentes, executivos, empresas e organizações sem fins lucrativos podem melhorar seu desempenho e melhorar a competitividade internacional de nosso país.

Prof. Dr. James Wright
Coordenador
MBA Executivo Internacional
Fundação Instituto de Administração (FIA)

Prefácio

O USO DE CASOS EM ADMINISTRAÇÃO

Experiência, aprendizado e informação

Um executivo experiente é aquele que tem muitos anos de trabalho em coordenação e liderança de pessoas, ou seja, quando apresenta uma vida profissional longa em contato com uma função executiva ou com um determinado assunto. Muitas pessoas começam cedo e acumulam experiência ainda quando jovens. Outras adquirem essa vivência mais tarde. No entanto, o importante é reconhecer em que ponto a pessoa está em sua carreira profissional.

A história de Bill Gates e de seu sócio Paul Allen a respeito do início da Microsoft é um exemplo. Bill Gates começou a programar aos oito anos de idade com seu amigo Paul Allen. Quando fazia Harvard, Paul Allen leu na revista *Popular Electronics* que a MITS, uma empresa localizada em Albuquerque, Novo México, havia lançado o Altair 8800, o primeiro computador pessoal. Ele levou a revista para Gates, que parou de fazer o curso em Harvard e foi para Albuquerque, com Paul, escrever o software Basic para o Altair. Logo depois, ambos fundaram a Microsoft, e o resto da história é conhecido. Nessa ocasião, Bill Gates tinha 19 anos de idade.

O que chama a atenção nesse início da Microsoft é que os dois fundadores já possuíam uma enorme experiência no campo de software, o que lhes permitiu constatar a oportunidade de mercado e tomar a decisão de iniciar um empreendimento nessa área.

Um executivo adquire conhecimento implícito sem a necessidade de um processo de raciocínio ou de reflexão, o que explica porque ele pode trabalhar de modo eficiente sem a necessidade de aprofundar e entender as causas de um problema ou de uma solução. Convivendo e trabalhando em uma empresa, o executivo absorve e apreende as regras de como a empresa opera, ou seja, a sua cultura. Pode ocorrer também de um mentor ou um executivo bem-sucedido servir de modelo para esse aprendizado.

A consequência desse processo é que nem todo executivo experiente é um especialista. Um executivo experiente tem ao seu dispor o conhecimento tácito obtido ao longo da vida, mas isso não garante que ele seja capaz de generalizar esse conhecimento, ou seja, que possa flexibilizar o conhecimento em termos do que dá certo ou não em contextos diferentes. Isso quer dizer que o conhecimento tácito, decorrente da experiência, pode ser uma camisa de força que limita o executivo ao que ele vivenciou ao longo de sua trajetória profissional.

Um dos problemas do aprendizado, portanto, é como passar da experiência para a generalização ou como transformar experiência em especialização (*expertise*).

Uma outra questão importante, nesse contexto de aprendizagem, é o fato de que é grande e crescente a quantidade e qualidade das informações disponíveis sobre todos os assuntos. O executivo fica pressionado pela necessidade de se manter atualizado sobre a sua área de conhecimento e com o problema de como transformar essa informação em algo útil em termos de conhecimento tácito.

O que as pessoas sabem

Um executivo possui conhecimento sobre os campos seguintes:
- dados e informações;
- histórias;
- habilidades;
- processos.

Uma pessoa normalmente armazena na memória muitos dados e informações. Esses dados podem ser de natureza geral ou específicos à sua atividade profissional ou ao seu círculo de relacionamento. Como exemplo, podemos saber que Brasília é a capital do Brasil ou que Recife é a capital de Pernambuco. De modo mais específico, e no contexto da empresa, podemos saber que as vendas da empresa cresceram 20% no ano passado. Ter conhecimento desse tipo de informação é funcional no contexto da empresa.

Uma outra forma de uma pessoa guardar na memória dados e informações é por meio de uma narrativa ou uma história. A história do início da Microsoft, que contamos no item anterior, ilustra o poder da narrativa para estruturar uma série de informações de modo contextualizado. Ela facilita que uma pessoa armazene informações na memória porque fornece um modo de agregá-las segundo uma ênfase narrativa que foca a atenção da pessoa. As histórias que os executivos contam são funcionais no sentido de ajudarem a moldar a cultura e até mesmo o modo como os executivos decidem e se relacionam em um dado ambiente. Um exemplo famoso é o da IBM, que utilizava um executivo vestido de trapos para ilustrar, com suas histórias, a importância de um ambiente competitivo, do sucesso e a cultura vencedora.

Um executivo possui habilidades. Uma habilidade é a capacidade de executar uma sequência de atividades, como jogar tênis, tocar piano ou falar uma língua. Algumas pessoas nascem com um tipo de inteligência que lhes facilita uma ou mais habilidades. Trata-se das estruturações da mente, características de uma pessoa que tem facilidade para línguas, para a matemática ou mesmo para o uso do corpo, como um jogador de futebol. Um executivo que tem facilidade para lidar com pessoas e negociar, possui uma habilidade que é cada vez mais importante nos dias de hoje. Algumas habilidades são inatas, outras podem ser desenvolvidas. Essa é a essência de um processo de capacitação do executivo na empresa.

Finalmente, coloca-se a questão de compreender processos, entender o que está ocorrendo de modo sistêmico. Por exemplo, jogar tênis envolve uma habilidade corporal, mas jogar bem tênis requer o domínio de um processo de acompanhar e entender o que o adversário está fazendo para ganhar o jogo. Do mesmo modo, chegar ao cargo de gerente para o executivo é um patamar importante, porque ele vai liderar pessoas. Permanecer no cargo, sendo um bom gerente, entretanto, exige o domínio e controle do próprio processo de gerenciar.

Como dissemos, as pessoas sabem muitas coisas e o aprendizado ou aperfeiçoamento desse conhecimento ocorre, em geral, sem que a pessoa se aperceba. Um exemplo comum desse desenvolvimento natural é a nossa habilidade para entender contextos e fazer confrontos de padrão. A procura por regularidades é inata no ser humano e essa identificação de regularidades ou padrões é uma parte importante do processo de aprendizado do executivo.

O que é um caso?

Utilizado em administração, um caso é uma história que reflete ou sintetiza um tipo de experiência administrativa. Pode ser um processo de decisão ou de administração de um grupo, uma análise contextualizada de uma fusão ou mesmo de um conflito dentro da empresa.

Ricardo Reisen, pesquisador responsável por redigir casos na representação de Harvard em São Paulo, tem a seguinte frase para caracterizar um caso: "O universo em um grão de areia".[1] Com isso ele procurava exemplificar que um caso, bem escrito, rico em detalhes factuais e bem pesquisado, pode atuar como uma lente que permite várias interpretações, dependendo do ângulo que se olhe.

Um caso é redigido segundo uma lente teórica, para refletir um tipo de problema a ser resolvido. Nessa linha, ele começa expondo o contexto e o problema, para dirigir a atenção do executivo para a situação-problema e para as perguntas que serão feitas. Com isso, o caso foca a atenção do leitor para procurar, durante a leitura, os elementos relevantes, as regularidades e os fatores de interesse para o processo de aprendizado.

Finalmente, é preciso lembrar que um caso escrito para representar uma situação de gestão reflete um fenômeno que deve ser contextualizado. Daí a importância de casos locais, que reflitam as particularidades de um país ou de uma região por revelarem com mais precisão o tipo de situação-problema que o executivo poderá enfrentar.

O uso do método do caso no ensino-aprendizagem de administração

O professor pode utilizar um caso de modo dirigido para conduzir a classe aos pontos e reflexões que julga mais relevantes e na sequência que ele determinou. Um professor com boa presença em classe e com boa articulação verbal pode obter a atenção dos alunos e ser bem avaliado no final, porque todo o trabalho de entendimento e de reflexão foi feito por ele.

Um caso pode ser utilizado para ilustrar uma situação, uma decisão ou mesmo uma ideia de gestão. Nesse contexto, a história é utilizada como uma narrativa, cujo objetivo é auxiliar o executivo na absorção e fixação dessa situação ou ideia. Ao ler

---

[1] Em palestra proferida para os professores orientadores de trabalhos do MBA Executivo Internacional em 2002.

sozinho um caso, um executivo pode refletir sobre uma situação semelhante pela qual passou e melhorar o seu próprio entendimento da decisão, por exemplo.

Um outro modo de utilização do caso pelo professor é para explicar um conceito teórico ou um ponto específico de um conceito. Essa maneira de utilizar o método do caso é mais linear e mais fácil de ser aplicado, porque não requer um trabalho prévio do executivo. Uma variante comum utilizada com frequência para esse propósito é fazer os alunos discutirem em grupos e depois cada grupo apresentar sua respectiva conclusão. Com isso, os membros do grupo trocam informações sobre o seu entendimento do caso e contextualizam a narrativa para situações mais próximas da sua realidade. Nesse contexto, é claro que o grupo deverá fazer a discussão utilizando o conceito ou teoria que se quer ilustrar.

O método de ensino com o uso de casos, como praticado na Escola de Negócios de Harvard, corresponde a estimular o raciocínio e a reflexão do executivo pela leitura e discussão de uma história, que é o próprio caso.

Esse processo de análise pode variar em função do objetivo didático do professor e da característica do aluno. É muito importante que o aluno leia e analise o caso para refletir sobre as implicações da história antes da aula. Além disso, o que se espera é que o aluno faça pesquisas adicionais sobre o problema, como ver um filme sobre a empresa ou sobre a situação. As análises podem ser feitas com os dados disponíveis no caso ou por meio da leitura de textos teóricos sobre o assunto. Preparado desse modo, o executivo está apto a participar de uma discussão em classe, em que o professor conduz uma discussão orquestrada por meio de perguntas dirigidas para o objetivo da aula. A discussão de um caso típico demora, em média, uma hora e meia, contabilizado nesse processo o fato de que o professor vai colocando as ideias no quadro, para fazer um fechamento ao final da discussão.

Conclusões e recomendações

Qualquer que seja o método de ensino ou de aprendizagem utilizado, um caso bem feito, com base em situações reais, é um poderoso auxiliar para que o executivo possa complementar a sua experiência própria com a experiência relatada no caso.

Aqui a sabedoria popular é um bom guia: melhor do que aprender com os próprios erros é aprender com os erros dos outros.

Mesmo que o caso seja utilizado apenas como leitura e ilustração pelo executivo, desde que haja um processo de reflexão e de crítica, ele pode ser um bom meio para promover a generalização do conhecimento, permitindo a transição de experiência para a especialização (*expertise*).

Finalmente, já que ler um caso sozinho é trabalhoso e demanda tempo, é válido lembrar que um caso lido com um filme, um documentário ou com o acesso ao site da empresa pode a tornar a leitura e o aprendizado menos árido.

Prof. Dr. Washington Mathias

Sumário

1. O "boi" na Sadia
   - *Décio Zylberstajn* • *Murilo Serrano* • *Tarcisio Bortoletto*
   - *Wilson Arikita*.. *1*

2. Management buy-out
   - *Roy Martelanc* • *Camilo Roda Camargo* • *Elenita Della Líbera*
   - *Jorge Buzzetto* • *Nestor de Castro Neto*............................. *17*

3. Em busca da autossustentação
   - *Adelino de Bortoli* • *Neto Lineu Frayha* • *Lourdes Marques*
   - *Margaret Marras*.. *43*

4. A "sede" das tubaínas
   - *James T. C. Wright* • *Raul Arellano* • *Renato Telles* • *Vitório Pinatto*..... *61*

5. A recuperação do **mam**
   - *José A.G. Silveira* • *Ecaterina Grigulevitch* • *Henrique Cecci*
   - *Ronaldo Bianchi*... *97*

6. Sandálias Havaianas
   - *Carlos Augusto Roza* • *Harold Winnubst* • *Nelson Martinez*
   - *Maurício Jucá Queiroz*... *127*

7. A cerveja dos amigos
   - *James T. C. Wright* • *Renata Giovinazzo Spers*.................. *179*

8. Estratégia em um setor em transformação
   • *Adelino Bortole* • *Newton Sant´Anna* • *Sergio Salomão*
   • *Solange Carvalho*.. 195

9. O caso Gol Linhas aéreas inteligentes
   • *Carlos Honorato Teixeira* • *Gaspar Lopes Romão Júnior*
   • *Nelson Iatallese* • *Wilson Ferreira Júnior*........................... 235

1
O "boi" na Sadia

• Décio Zylberstajn • Murilo Serrano
• Tarcisio Bortoletto • Wilson Arikita

1. Introdução 3
2. O caso – o "boi" na Sadia.. 3
      2.1 SAG da carne bovina 5
      2.2 A Sadia no SAG 7
      2.3 As decisões da Sadia.. 10
      2.4 Desfecho.. 11
3. Tópicos para discussão 11
4. Notas de ensino 12
5. Referências 15

Resumo

Este estudo de caso foi elaborado por alunos do MBA Executivo Internacional sob orientação do Prof. Dr. Décio Zylberstajn a partir de informações obtidas com a Sadia e de domínio público. Procura abordar questões extremamente úteis para a tomada de decisão em empresas que estejam avaliando as alternativas de integração vertical *versus* terceirização.

A partir de uma descrição da empresa e do Sistema Agroindustrial (SAG) de carne bovina, apresenta as decisões tomadas pela Sadia S.A. em seu reposicionamento a respeito de sua linha de processamento de carnes bovinas em 1996.

Dentro de um contexto estratégico, analisa decisões de investimento, relações contratuais, estrutura de mercado e sistemas agroindustriais, convidando o leitor a discutir algumas de suas decisões: mudança da natureza de algumas transações e venda do frigorífico próprio.

Palavras-chave

• Sadia S.A. • Integração vertical • Terceirização • Sistemas agroindustriais

1. INTRODUÇÃO

A Sadia S.A. é uma das mais bem-sucedidas empresas brasileiras, tanto no mercado interno, em que chega a ser líder em diversos segmentos, quanto nas operações exportadoras, ao ser uma das maiores exportadoras do *agribusiness* brasileiro.

Para manter sua posição, precisa avaliar constantemente as estratégias relacionadas a cada linha de negócios. Os desafios muitas vezes envolvem amplos movimentos de transformação, como os verificados na segunda metade da década de 1990.

Em 1996, certas condições levaram a Sadia a reposicionar sua estratégia na linha de carnes bovinas. Como veremos a seguir, a partir da análise do Sistema Agroindustrial (SAG) da carne bovina, a Sadia ajustou o foco de seus negócios, descartando uma atividade tradicional, mas de menor valor agregado.

O caso aborda aspectos de economia de empresas, sistemas agroindustriais, análise de mercados, análise de investimentos, decisões contratuais e regulamentação de mercado. Focaliza as decisões de encerramento das atividades dos frigoríficos de carne bovina e a mudança das relações contratuais na coordenação vertical do segmento.

2. O CASO – O "BOI" NA SADIA

A Sadia iniciou suas atividades no dia 7 de junho de 1944, na cidade de Concórdia, Santa Catarina, com um moinho de trigo e um abatedouro-frigorífico de suínos. Foi fundada por Attilio Fontana com a missão de produzir e comercializar alimentos, contribuindo para a qualidade de vida, o crescimento e a felicidade das pessoas, e firmou-se como um dos maiores nomes no setor agroindustrial e na produção de alimentos.

A história da Sadia S.A. se confunde com a história da indústria alimentícia no Brasil. Nos anos 1950, a empresa iniciou a distribuição dos seus produtos na região Sudeste, com transporte por via aérea, utilizando um avião próprio. No início dos anos 1960, introduziu a avicultura integrada, repetindo o bem-sucedido modelo da suinocultura (um sistema de fomento rural, cujo objetivo era incrementar a produção de suínos via introdução de animais e insumos industriais modernos), que havia sido implantado na década anterior.

Ainda na década de 1960, foi a responsável pela popularização do consumo da carne de frango e uma das primeiras empresas a produzir e abater perus em escala industrial. Sensível às necessidades do consumidor contemporâneo, foi uma das primeiras empresas a produzir alimentos congelados, com o lançamento do quibe, do hambúrguer e da almôndega.

Seu desenvolvimento no comércio exterior foi progressivo. Em 1985, a Sadia já se apresentava como a maior exportadora brasileira de frango, chegando a exportar para 50 países. Contava com escritórios comerciais espalhados pela América Latina, Itália (Milão), Japão (Tóquio) e em um dos Emirados Árabes Unidos (Dubai), além de uma churrascaria em Pequim.

No mercado interno, a Sadia, líder nacional em vários setores, tem seus produtos distribuídos por 60 mil pontos de venda, possui 30 mil funcionários, 12 indústrias de grande porte e 20 filiais comerciais no Brasil. Investe uma média de US$ 100 milhões por ano. Dos US$ 500 milhões referentes ao período de 1996 a 2000, mais da metade foi destinada à produção de alimentos industrializados.

Em 1999, os resultados da companhia atingiram cifras bastante relevantes, tanto para o mercado nacional como internacional, com uma receita operacional bruta de R$ 3.146 milhões, dos quais R$ 840 milhões foram provenientes de exportações. Para efeito de comparação, o maior produtor mundial de frango integrado era a americana Tyson Foods, empresa que exportava, na ocasião, para 75 países, incluindo China, Geórgia, Guatemala, Japão, Porto Rico, Rússia e Cingapura, além de alguns países do Oriente Médio e Caribe, e que apresentava um total de receitas anuais de aproximadamente US$ 8 bilhões; corresponde, no mercado brasileiro, cerca de quatro vezes mais do que a Sadia (cálculo com base no câmbio da época).

Havia poucos anos, a Sadia, que sempre se destacou pela produção de alimentos derivados de carnes bovina, suína, de frango e de peru, incrementou sua produção de alimentos industrializados prontos e semiprontos, feitos a partir de outras matérias-primas. Passou, então, a atuar cada vez mais na fabricação e distribuição de produtos industrializados, congelados e resfriados, de maior valor agregado e que ofereciam maior facilidade e versatilidade de preparo.

Em 1996, a Sadia estava organizada em três grandes divisões: grãos e derivados, carnes *in natura* e industrializados. O "negócio boi" era parte da divisão de carnes *in natura*, com aves e suínos. As três divisões recebiam suporte das áreas funcionais: estratégia corporativa, qualidade e recursos humanos, administração e sistemas, finanças, logística e comércio internacional.

A empresa já havia se consolidado como líder em diversos mercados de carnes no Brasil, notadamente no mercado de carne de frango (ver Tabela 1.1). O mercado de carnes bovinas, atraente por sua dimensão interna e possibilidades de exportação, era explorado pela empresa com as mais modernas técnicas de produção e de distribuição.

Tabela 1.1 Ranking da Sadia no Brasil

Sadia	Posição	Participação de mercado	Fonte
Congelados	1ª	49%	NIELSEN
Industrializados	1ª	28%	NIELSEN
Frangos	1ª	12%	APINCO
Perus	1ª	98%	SADIA
Suínos	1ª	12%	SINDICARNES
Bovinos	2ª	2%	SINDIPEC
Soja	3ª	8%	ABIOVE
Óleo refinado	3ª	11%	IBOPE
Margarina	3ª	18%	IBOPE

Fonte: Relatório Anual da Sadia de 1996. Disponível em: <http://www.sadia.com.br/mainframeset.htm>.

Ao atuar com frigoríficos e diversas linhas de produtos industrializados, enfrentava as dificuldades inerentes à estrutura do mercado de carnes bovinas no Brasil. Tal mercado era fortemente caracterizado pela atuação diferenciada de pequenos produtores e grandes frigoríficos, pela ampla pulverização em todo o território nacional dos segmentos de criação, abate e distribuição de bois, bem como por sua informalidade

A estrutura do mercado de carnes no Brasil havia sido bastante impactada pelo Plano Real. A pecuária passou de um investimento atrativo para especuladores e leiloeiros, ao servir como reserva de valor em épocas de inflação, para um de pouca atratividade devido à necessidade de altos investimentos, queda da lucratividade em virtude da abertura do mercado (até 1992 era proibido importar carne), desvalorização das terras e concorrência crescente de outras carnes (frango, principalmente).

A estrutura de custos – higiene, transporte e impostos – era elevada, demandava um importante fluxo de capital e necessidade de altos investimentos. Para empresas que atuassem de forma eficiente e garantissem a qualidade de seus produtos, esse aspecto poderia até representar uma grande oportunidade de negócios, pois permitia gerar margens diferenciadas em um mercado que carece de uma confiabilidade de produto e padronização de qualidade.

2.1 SAG da carne bovina

O SAG da carne bovina, de acordo com o Programa de Estudos dos Negócios do Sistema Agroindustrial (Pensa), apresentava certas características peculiares, tais como: tendência de crescimento da, então incipiente, segmentação de mercado; expressiva heterogeneidade dos agentes e seu posicionamento estratégico pouco definido; forte processo de reestruturação dos frigoríficos em função de questões de escala, de logística, de solvência e de impactos tecnológicos; e tendência de remodelamento do segmento pecuário que começou a repensar sistemas produtivos de acordo com especificidades regionais.

Quanto ao consumo de carnes, incluindo o de carne bovina, ele ia "bem, obrigado!". Havia crescido durante os dez anos anteriores em função do aumento do PIB per capita proporcionado ao longo da última década e a mudança nos hábitos de consumo para produtos característicos de classes sociais de maior renda, fruto da globalização dos hábitos e padrões.

Os consumidores passaram a ter mais alternativas de consumo de carnes e a avaliar as diferenças de benefícios em sua decisão de compra. A carne bovina começou a ser comparada à de frango, a carne "de primeira" à "de segunda" e a carne "*commodity*" foi confrontada com a carne com atributos qualitativos.

Os *consumidores* modernos, nas faixas de maior renda, alteraram a forma de avaliar sua decisão final de compra. Segundo o Pensa, estes valorizam mais a conveniência, a segurança alimentar, os alimentos mais saudáveis, saborosos, macios e suculentos, enquanto consumidores nas faixas de menor renda tomam suas decisões de compra com base nos preços relativos.

Como resultado dessa mudança de padrões de consumo e após a implantação da Portaria n. 304,[1] a carne desossada nos supermercados sofreu um crescimento de demanda. Uma prova disso foi o crescimento das vendas de *boxed beef* [2] e *case ready*[3] desde 1994.

No mercado externo, o consumidor, composto por indústrias processadoras de alimentos na Europa e algumas indústrias no Japão, demandava a carne bovina cozida congelada e o *corned beef*.[4] A carne bovina cozida e congelada era exigida em grandes volumes e com especificações diferenciadas em relação ao mercado interno. Já o *corned beef*, que em princípio apresentava altíssimo valor agregado e um bom retorno financeiro, teve seus preços drasticamente reduzidos com o desenvolvimento de produtos substitutos, especialmente no Japão.

A *distribuição* das carnes bovinas contava com os seguintes canais de distribuição: supermercados, açougues e indústrias. Cada canal demandava produtos em diferentes proporções. Por exemplo, a carne traseira do boi distribuía 60% de suas vendas aos supermercados e 40% delas aos açougues; a carne dianteira do boi devia 50% de seu consumo à industrialização e 40% delas aos açougues; já a ponta de agulha atribuía 90% à industrialização e 10% igualmente distribuídos por supermercados e açougues.[5]

Quanto aos *frigoríficos*, havia três tipos deles: os *clandestinos*, caracterizados pela compra e venda de mercadorias (principalmente cortes e carcaças sem marca) no mercado informal, nenhum controle sanitário e baixo custo; os *líderes em custos*, que, em alguns casos, orientados para mercados industriais e exportação, eram em sua maioria regularizados, comercializavam carcaças ou peças desossadas sem marca a preços baixos graças à prática de economias de escala e à logística eficiente (aquisição de bois/distribuição de carne); já *os que praticam diferenciação* utilizavam segmentação do mercado, promoção de marca, atuavam

---

[1] A Portaria n. 304 determina a obrigatoriedade da embalagem da carne no transporte do frigorífico até o varejista, em 1994. Contudo, não está sendo aplicada em sua plenitude devido aos altos custos e a dificuldade de fiscalização.

[2] *Boxed beef* são as embalagens usadas no transporte de cortes desde o frigorífico até o varejo. Contêm grande quantidade de carne e não são usadas na comercialização final do produto.

[3] *Case ready* são as embalagens de bandeja com cortes prontos disponíveis nas geladeiras dos supermercados.

[4] *Corned beef* é um extrato de carne bovina congelada, subproduto da cadeia de industrialização. Trata-se de carne pré-cozida enlatada, muito popular na Europa na época da guerra. Hoje pesquisas mostram que o público mais jovem não a consome, portanto é um produto no final do seu ciclo de vida.

[5] Uma carcaça bovina é inicialmente dividida em traseiro especial, dianteiro e ponta de agulha. O traseiro especial é subdividido em coxão (músculo da perna, coxão mole, coxão duro, lagarto e patinho) e alcatra completa (alcatra, filé mignon, contrafilé e capa de contrafilé). O dianteiro se subdivide em acém completo (acém, cupim, peito e pescoço) e paleta completa (paleta e músculo). Por sua vez, a ponta de agulha compreende a fraldinha e a costela.

com supermercados e/ou canais de distribuição específicos e comercializavam produtos de maior valor adicionado, tais como cortes com marca e desossados, com atributos de qualidade específicos, voltados ao consumidor final.

Especialistas do mercado estimam que, na ocasião, os frigoríficos clandestinos representavam 50% do mercado de carne bovina no Brasil. Sua existência, na produção e comercialização de carnes, era explicada pelo caráter pulverizado da produção e do consumo da carne bovina, o que acabava dificultando a fiscalização e gerava concorrência predatória para os frigoríficos regularizados.

Já os *agentes atuantes na geração da matéria-prima* enfrentavam certos desafios. A produção pecuária se caracterizava pelo efeito das economias de escala e da influência do preço da terra sobre o retorno. Apenas os produtores mais eficientes conseguiam obter lucros, por meio de eficiência técnica com maior aproveitamento dos pastos, rotação de pastagens, utilização de terras baratas, mecanização e confinamento.

2.2 A Sadia no SAG

O "negócio boi" dentro da Sadia era visto como uma ramificação importante da cadeia de suprimento de matéria-prima de produtos cárneos (hambúrgueres, almôndegas e quibes). Além de gerar grandes volumes e faturamento, atingia um mercado externo bastante significativo.

Destacada no mercado pela qualidade de seus produtos e tradicionalismo da marca, a Sadia procurou desenvolver no mercado de carne bovina uma proposta arrojada com base em seu modelo produtivo já implementado com sucesso nas linhas de suínos e frangos (sistema de integrados).[6]

O foco da empresa era gerar um produto de excelente qualidade aos mercados interno e internacional por meio de rígidos controles, constante busca de melhorias de procedimentos e redução de custos. Para tanto, uma estrutura montada em P&D para suporte a esse tipo de desenvolvimento foi estabelecida.

Para a fabricação de produtos industrializados, a matéria-prima utilizada pela Sadia, na época, era oriunda na totalidade do seu próprio frigorífico, exceto em situações nas quais não havia disponibilidade de animais para abate no mercado. Nesses casos, a Sadia adquiria o corte no mercado, buscando frigoríficos reconhecidos e de boa reputação.

A participação da Sadia, em 1996, acontecia em diversos elos da cadeia produtiva.

Na *pecuária bovina,* a Sadia, com uma fazenda-piloto de cerca de 35.000 cabeças, trabalhava no desenvolvimento de tecnologias de vacinação, criação, execução de testes com boi confinado e de modelos de sistemas produtivos, além do desenvolvimento de um modelo gerencial para minimizar os riscos e aumentar a rentabilidade das operações. A fim de garantir a qualidade do animal, esses testes e desenvolvimentos eram repassados aos principais fornecedores de matéria-prima (boi vivo).

---

[6] O sistema de integrados se caracteriza por ser regido por contratos padronizados entre os primeiros elementos do SAG e a empresa (Sadia).

No segmento de frangos e derivados, a Sadia, pioneira no sistema de integrados, fornecia pintos de um dia, ração e tecnologia para pequenos granjeiros criarem os frangos, tinha total controle sobre os custos e forma de produção. Comprometia-se, entretanto, a comprar todos os frangos após um período determinado, garantindo, assim, a renda e a lucratividade do produtor. O produtor, por sua vez, beneficiava-se por receber os insumos e a tecnologia, bem como pela garantia de rentabilidade do seu trabalho. Os preços são estabelecidos a partir de estudos da Sadia e do comportamento do mercado, para assegurar a atratividade do negócio para o produtor.

No caso do boi, o objetivo também era a rápida verticalização, garantia de qualidade e origem, assim como o desenvolvimento de técnicas de rápida melhoria na produtividade do plantel bovino.

Figura 1.1 A Sadia no SAG da carne bovina

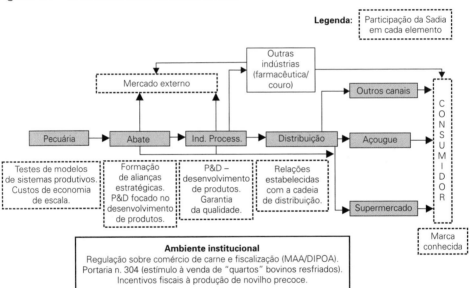

Fonte: Adaptada de Machado Filho (2000).

No entanto, as diferenças do modelo de frango e carne bovina inviabilizavam a operação de integrados na carne bovina. Por exemplo, ao contrário do modelo de frango integrado, no modelo do boi não havia relação de exclusividade entre a Sadia e os fazendeiros, mas, sim, um compromisso "intrínseco" de fornecimento regular que sofria flutuações de acordo com a variação dos preços da arroba. Caso o preço do boi vivo estivesse baixo, mas com expectativas de aumento a curto prazo, o produtor segurava o boi vivo no pasto até que o preço fosse mais atraente. Nesse caso, a Sadia, que comprava boi vivo no mercado, de fazendeiro em fazendeiro, de acordo com as necessidades de abate programado, poderia ficar com capacidade ociosa na produção por falta de matéria-prima.

Tabela 1.2 Dados comparativos: pecuária bovina e criação de frangos

	Carne bovina	Frangos
Capacidade aproximada de abate (Sadia, 1995)	5.000 cabeças/dia	1,5 milhão/dia
Peso unitário médio	420 kg (16 arrobas)[7]	2,9 kg
Preço de mercado	US$ 18 por arroba	US$ 0,50 por frango

Fonte: Adaptada de Relatório Anual da Sadia (1996).

Os aspectos de qualidade bovina não eram fatores limitantes na transação como no modelo de frangos, uma vez que os produtos disponíveis no mercado eram de qualidade adequada para o fornecimento à Sadia.

O *foco do frigorífico* da Sadia era fornecer uma matéria-prima boa e de qualidade assegurada à industria processadora de hambúrgueres, almôndegas, carne cozida e *corned beef*, e ainda de vender os cortes tradicionais no mercado interno brasileiro.

A rentabilidade da operação frigorífica da Sadia, principalmente se focada em carne *in natura* vendida no mercado interno, era prejudicada pela existência de inúmeros pequenos abatedouros que trabalhavam em um sistema de custos extremamente competitivos. Para solucionar tal problema, a Sadia partiu para o investimento em produtos de maior valor agregado, como a carne cozida congelada e o *corned beef*, destinados ao mercado externo constituído de grandes indústrias processadoras localizadas na Europa e no Japão. Para essas empresas, a garantia de fornecimento de uma matéria-prima de excelente qualidade, com regularidade de embarques e a negociação antecipada de preços competitivos era condição *sine qua non*. Esses contratos eram de média e longa duração (um ano ou mais), visto que a Sadia assumia os riscos de variação em moeda local do valor da arroba do boi e eventuais variações cambiais.

A Sadia trabalhava com alguns *distribuidores* em algumas regiões do Brasil e do mundo nos dois segmentos: carnes de aves e de boi. A configuração variava conforme o mercado e perspectivas futuras. No mercado interno, a Sadia utilizava sua estrutura de distribuição própria, que foi gradativamente mudando para uma frota terceirizada. O uso de distribuidores regionais só ocorria em algumas regiões onde não havia sido implementado um meio mais eficiente de distribuição. Nas demais regiões, a existência de estrutura, rotas e canais já estabelecidos e implementados inviabilizava o uso de distribuidores regionais, uma vez que se perderia em escala. Na ocasião, em termos de pontos de venda atingidos diretamente, a Sadia chegou a perder somente para a Coca-Cola.

---

[7] Segundo o Dicionário Aurélio, uma arroba é uma antiga unidade de medida de peso, equivalente a 32 arráteis, ou seja, 14,7 kg, aproximadamente. Ainda hoje é a principal medida utilizada na agropecuária bovina brasileira para medir o peso dos animais.

Quanto ao ambiente institucional, fatores conjunturais, como mudanças econômicas que impactaram a disponibilidade de carne bovina para exportação, cultura do produtor primário, relativa baixa produtividade, pouco controle sanitário e qualidade de produto inadequada, aliados à queda de preços no mercado mundial de extrato de carne bovina, *corned beef*, entre outros, começaram a minar sistematicamente a rentabilidade da operação.

A opção de se profissionalizar mais o setor envolvia diretamente a atuação do governo no sentido de impor controles e legislação mais rigorosos contra itens básicos de controle sanitário, de abate, transporte e distribuição. Esforços foram feitos, e alguns ganhos, como a necessidade de qualquer corte bovino ter que vir embalado individualmente com carimbo da inspeção federal, foram estabelecidos, ainda que não bem implantados.

2.3 As decisões da Sadia

A Sadia, que iniciou a aplicação de seu modelo de comercialização de produtos baseando-se na criação de um rebanho padrão e apoiada no relacionamento com a cadeia de produtores e mercado, deparou-se com alguns problemas em 1996. Esses problemas eram decorrentes de características conjunturais do mercado interno e externo, e particularidades do relacionamento pecuarista brasileiro.

Inicialmente, o modelo sofreu impactos do não comprometimento do canal de fornecimento (produtores de gado bovino), tanto em termos de valores, que variavam conforme o instável mercado da época, quanto em termos de garantia de fornecimento. Isso provocava prejuízos e incertezas, desde equipes e estruturas paradas por falta de matéria-prima até escassez do produto ao consumidor final.

Outra barreira encontrada na utilização do modelo ocorreu em função da concorrência com pequenos produtores, o chamado mercado informal, não controlado em termos de impostos e fiscalizações, considerado desleal e predatório.

Um agravante foi o fato de o ciclo financeiro da criação de gado em muito diferir dos modelos de suínos e frangos, uma vez que entre o início da produção e o corte efetivo decorrem-se praticamente quatro anos.

Com os objetivos de diminuir os riscos oriundos da incerteza do mercado interno e otimizar sua capacidade instalada, a Sadia incrementou as vendas ao mercado externo por meio de sua cadeia de comercialização no exterior, basicamente oferecendo carne cozida e extrato de carne, ambos de alto valor agregado, para a Europa e continente asiático.

Para garantir presença nesses mercados, foram firmados contratos de fornecimento ao exterior configurando obrigações fixas e que não refletiam as flutuações do modelo interno de produção.

No entanto, com o desenvolvimento de produtos alternativos ao extrato de carne, a demanda mundial desse produto viria a reduzir-se sensivelmente, derrubando seu preço no mercado internacional.

Outro ponto impactante foi a expectativa de declínio no mercado de *corned beef*, que sofria de não renovação do mercado consumidor, pois o produto era utilizado pelas populações mais velhas dos países consumidores, e apresentava-se na fase de encerramento do ciclo de vida do produto.

Diante desse panorama, a Sadia decidiu rever sua operação e vender seu frigorífico de carne bovina para a Friboi.

2.4 Desfecho

Dessa forma, a partir de 1997, a Sadia passou a atuar apenas no processamento da carne, tanto na sua linha de produtos industrializados (hambúrgueres, almôndegas e quibe) quanto em alguns contratos internacionais de fornecimento de *corned beef* e extrato. O suprimento da carne bovina como matéria-prima passou a ser feito por mercado, utilizando-se de padrões definidos e acordado com cada um de seus fornecedores.

O modelo de integração vertical praticado pela Sadia nos segmentos de aves e de carne suína não pôde ser implementado no caso da carne bovina. Pelo contrário, houve uma desintegração das operações com a terceirização de diversas atividades que se mostraram mais eficientes ou ajustadas às realidades das atividades praticadas.

Essa prática rompeu com o *modus operandi* da empresa e mostrou que todas as indústrias devem repensar frequentemente suas atividades. Identificar as relações contratuais existentes, as melhores formas de aumentar sua competitividade, verificar os recursos financeiros e estruturais disponíveis e necessários, a rentabilidade das operações, as economias de escalas fundamentais para ser competitivo e a evolução do mercado consumidor são fatores fundamentais na avaliação da competitividade de qualquer empresa.

Além desses fatores, a análise do ambiente institucional e seus impactos na competitividade de qualquer organização precisam ser considerados a fim de se identificar os riscos e oportunidades que podem determinar o futuro de qualquer indústria.

3. TÓPICOS PARA DISCUSSÃO

- "Economias de operação podem ser conseguidas tanto em combinações verticais quanto em combinações horizontais. A principal finalidade de aquisições verticais é tornar mais fácil a coordenação das atividades operacionais intimamente relacionadas" (ROSS, 1995).
    Por meio da análise do caso, quais seriam os motivos que levaram a Sadia à decisão de entrar no mercado de carne bovina? Quais os objetivos esperados? Por que a Sadia retrocedeu em sua decisão e resolveu vender o frigorífico?
- Identifique as principais transações contratuais do caso, suas especificidades e mudanças ao longo do processo. Seria possível à Sadia otimizar algumas dessas transações de outra maneira? Descreva onde elas estão nos eixos Especificidade de Ativos *versus* Incerteza das Transações.
- Quais as diferenças entre os modelos de frango integrado e criação de pecuária bovina que não permitem a adoção da integração no boi?

- Seria possível desenvolver um modelo de diferenciação de produtos de carne *in natura*? Caso positivo, quais as sinergias possíveis dentro da cadeia apresentada?
- Dadas as alterações da conjuntura nacional e até mundial, seria esse modelo de diferenciação aplicável com sucesso nos dias de hoje? E nos próximos cinco anos?
- Sabemos que um dos pontos principais para o direcionamento estratégico foi a forte concorrência do mercado informal. Esse panorama vem sendo alterado ou não vemos soluções em curto espaço de tempo?

4. NOTAS DE ENSINO

O Sistema Agroindustrial (SAG)

A Sadia S.A. se insere no Sistema Agroindustrial (SAG) bovino, ou seja, em cadeias de produção agroindustrial. O SAG bovino, como exposto por Zylbersztajn et alli (2000), trata-se de um conjunto de relações contratuais entre empresas e agentes especializados, cujo objetivo final é disputar o consumidor de determinado produto. Dentro desse contexto, é importante compreender o desenho de políticas públicas, a arquitetura de organizações e até mesmo a formulação de estratégias corporativas.

A descrição dos SAGs seguindo essa proposta é composta de: agentes, relações entre eles, setores, organizações de apoio e ambiente institucional. Como a Sadia faz parte de um SAG, as decisões que tomou em 1996 foram fortemente influenciadas pelo estado das relações contratuais e transações entre diferentes agentes.

Os agentes de um SAG podem ser identificados como:

- o *consumidor*, como foco para o qual converge o fluxo dos produtos do SAG a fim satisfazer suas necessidades;
- o *varejo de alimentos*, responsável pela distribuição dos produtos para o público consumidor em geral, função altamente especializada e realizada por diferentes canais, desde grandes cadeias de supermercados internacionais (por exemplo, Carrefour, Wal-Mart), passando pelas cadeias locais (por exemplo, Pão de Açúcar), até pequenos varejistas como as padarias, açougues, feiras livres etc.;
- o *atacado*, representado pelas grandes centrais públicas desde a década de 1960, é responsável pela concentração da distribuição para grandes centros urbanos e abastece os varejistas;
- a *agroindústria*, que atua na fase de transformação do alimento, sendo de difícil caracterização por sua pluralidade de executores, pois são empresas de portes variados, desde empresas familiares até grandes conglomerados internacionais;
- os *agentes atuantes na geração da matéria-prima* para a indústria de alimentos, que representam um dos elos complexos dos agronegócios; estão distantes do mercado final, em geral têm informações assimétricas, são dispersos geograficamente e bastante heterogêneos;

☐ os *fornecedores de insumos*, tais como sementes, adubos, ferramentas, produtos veterinários etc.; originalmente não tinham contato mais efetivo com o produtor, mas atualmente percebem a importância de ajudar os clientes a resolverem os seus problemas e buscam agregar serviço ao produto, em vez de apenas vender o insumo para o agricultor.

Transações contratuais

☐ Compra de bois para produção de carne e derivados – transação original.
☐ Fornecimento de tecnologia para produção de carne bovina.
☐ Terceirização de atividades dentro do frigorífico (curtume, processamento de miúdos).
☐ Compra de carne bovina processada para produção de derivados e cortes especiais *in natura* (formato atual).

		Incerteza	
		Baixa	Média
Especificidade	Baixa	Fornecimento de tecnologia	Compra de bois
	Média	Terceirização dentro do frigorífico	Compra de carne bovina processada

A compra de bois para produção de carne e derivados é uma transação de baixa especificidade porque a carne bovina é uma *commodity*. A única diferenciação possível é na qualidade da carne fornecida, porém esta não é determinante na relação. A questão da incerteza se verifica no fornecimento irregular de bois para abate e no custo incerto. As eventuais paradas na produção por falta de bois para abate se mostraram significantes no processo. A incerteza em relação ao custo de produção, principalmente nos contratos de fornecimento da Sadia para o mercado externo, também é de extrema relevância. A Sadia, por meio da fazenda-piloto, procurou integrar essa atividade, mas devido à natureza da transação isso se mostrou inviável economicamente.

O fornecimento de tecnologia, apesar de relevante no modelo de frango, se mostrou não atrativo quando comparado ao do boi. A baixa especificidade das pesquisas e a ampla disponibilidade de novas técnicas (ainda que não aplicadas) torna a transação irrelevante no processo.

A terceirização de atividades dentro do frigorífico é uma transação de média especificidade (ativos específicos) e baixa incerteza, confirmando a transação por meio de contratos, como mostra a teoria (BRICKLEY; SMITH; ZIMMERMAN, 1997).

Inicialmente, a partir do fornecimento de animais vivos, a Sadia produzia a carne processada necessária para os seus produtos. Essa foi a principal transformação de transação, visto que atualmente a Sadia compra carne processada de terceiros em uma transação de média especificidade (ativos específicos do frigorífico) e média incerteza (fornecimento da matéria-prima).

Diferenças entre os modelos de frango integrado e criação de pecuária bovina

A principal diferença é em relação ao tempo de imobilização de ativos no caso da pecuária bovina. Um cálculo simples mostra o capital necessário na atividade bovina e na atividade de frangos:

	Carne bovina	Frangos
A – Capacidade aproximada de abate (Sadia, 1995)	5.000 cabeças/dia	1,5 milhão/dia
B – Peso unitário médio	420 kg (16 arrobas)	2,9 kg
C – Preço de mercado	US$ 18 por arroba	US$ 0,50 por frango
D – Tempo de engorda	4 anos (1.460 dias)	45 dias
Capital imobilizado aproximado A x B x C x D (dias)	R$ 3,45 bilhões	R$ 97,9 milhões

Fonte: Adaptada de Relatório Anual da Sadia (1996).

Mesmo considerando que o preço do boi varia desde o nascimento até atingir os quatro anos, a diferença de capital é tão superior que a análise fica simplificada.

Modelo de diferenciação de produtos de carne *in natura*. Seria aplicável?

Existe uma tendência ao consumo de carne com características diferenciadas por uma população de renda mais alta. Essa tendência de diferenciação cria oportunidades para a produção de carnes de mais alta qualidade, com margens mais elevadas. O domínio que a Sadia tem na cadeia de produção (contratos existentes) e distribuição, bem como a notoriedade da marca, abrem oportunidades para a fabricação desses produtos. A escala de produção não é necessariamente alta para os padrões da Sadia, uma vez que o mercado brasileiro de carnes diferenciadas ainda não é significativo. Economias de escala devem ser obtidas nos componentes não específicos da cadeia (comercialização e distribuição).

A aplicabilidade do modelo hoje é incerta a partir dos dados existentes. Uma pesquisa mais específica tem que ser realizada para garantir o desenvolvimento correto do produto e a otimização dos investimentos necessários. Aparentemente, a tendência é de que os efeitos de renda e graduação elevem a demanda por produtos diferenciados, permitindo à Sadia melhores condições de competição.

O panorama de forte concorrência do mercado informal será alterado?

Este tópico é apenas para gerar discussão quanto às questões regulatórias. O caso apresenta somente uma tentativa de regulamentação (Portaria n. 304), que sofre dificuldades de aplicação.

5. REFERÊNCIAS

BRICKLEY; SMITH; ZIMMERMAN. *Managerial economics and organizational architecture*. Homewood, IL: Irwin Eds., 1997.

FARINA, Elizabeth. Organização industrial no agribusiness. In: ZYLBERSTAJN, D.; NEVES, M. F. (Org.). *Economia e gestão dos negócios agroalimentares:* indústria de alimentos, indústria de insumo, produção, agropecuária e distribuição. São Paulo: Pioneira, 2000.

JANK, M. S. *Competitividade do agribusiness brasileiro:* discussão teórica e evidências no sistema carnes. Tese (Doutorado) Faculdade de Economia, Administração e Contabilidade da Universidade de São Paulo. São Paulo, 1996.

MACHADO FILHO, Claudio Pinheiro. *O sistema agroindustrial da pecuária de corte*. Material de aulas, fev. 2000.

MAXIMIANO, A. C. A.; SBRAGIA, R. Método do caso no estudo de administração. In: BOOG, Gustavo (Org.). *Manual de treinamento e desenvolvimento*. São Paulo: Makron Books, 2001.

MONTEIRO, Lúcia. *Boletim Econômico "Em Alta"*. Escola de comunicação e artes da Universidade de São Paulo. São Paulo, ECA-USP. Disponível em: <http://www.eca.usp.br/emalta/agro/boi.htm>.

ROSS, S. A.; WESTERFIELD, R. W.; JAFFE, J. F. *Administração financeira*. São Paulo: Atlas, 1995.

SADIA. Relatório da Administração referente ao segundo trimestre de 2000.

ZYLBERSTAJN, Décio; NEVES, Marcos Fava (Org.). *Economia & gestão dos negócios agroalimentares*. São Paulo: Pioneira, 2000.

2 Management buy-out

- Roy Martelanc • Camilo Roda Camargo
- Elenita Della Líbera • Jorge Buzzetto
- Nestor de Castro Neto

1. Introdução 19
2. O caso – *management buy-out* 19
   - 2.1 Histórico 19
   - 2.2 Prensas Schuler resolve desinvestir 22
   - 2.3 Desfecho 27
3. Comparativo de operação pré-MBO X pós-MBO 29
   - 3.1 Linha de produtos 29
   - 3.2 Mercado atendido 30
   - 3.3 Principais concorrentes 30
   - 3.4 Esquema de vendas e distribuição 30
   - 3.5 Carteira de clientes 31
   - 3.6 Capacidade produtiva 31
   - 3.7 Demonstrativo de vendas 32
4. Conclusão 33
5. Tópicos para discussão 34
6. Notas de ensino 35
7. Referências 41

Resumo

Este estudo de caso foi elaborado por alunos do MBA Executivo Internacional com coautoria do Prof. Orientador Roy Martelanc a partir de informações obtidas com a Prensas Schuler S.A. e de domínio público. O caso apresenta um processo de aquisição classificado como *management buy-out* (MBO) em uma unidade de negócios de macacos hidráulicos de uma empresa metal-mecânica brasileira.

Em virtude de um estudo de reestruturação da empresa Prensas Schuler S.A., decidiu-se vender ou fechar a unidade de negócio que não fazia parte do *core business* da empresa, apesar de ser sólida e rentável.

Nesse contexto, os gerentes do negócio, conhecendo a potencialidade deste, apresentaram uma proposta à empresa para compra.

Este caso expõe as decisões tomadas no processo de venda e aquisição. Abrange o processo de MBO, as decisões de investimento, a estrutura de mercado e a estratégia de crescimento. Além disso, convida o leitor a discutir algumas de suas decisões: política financeira, manutenção da qualidade e posicionamento no mercado.

Palavras-chave

Prensas Schuler S.A. • Processo de aquisição • *Management buy-out* • Estruturação financeira • Estratégia de crescimento

1. INTRODUÇÃO

O processo de globalização contribuiu significativamente para que muitas empresas reavaliassem seus negócios de forma a direcionar os seus recursos e seu foco de trabalho no negócio principal, fazendo com que os negócios de menor interesse fossem disponibilizados para a venda. É importante ressaltar que não necessariamente essas empresas ou negócios eram deficitários.

Cada vez mais se ouve o termo desinvestimento, que significa a venda de ativos. Normalmente, esses ativos são vendidos por não estarem relacionados com os negócios principais da empresa.

O fato de as empresas mostrarem interesse pela venda desses negócios gerou, entretanto, o interesse daqueles que são os maiores conhecedores de um negócio específico, isto é, o próprio corpo diretivo. O primeiro passo é a comprovação de que aquele é um bom negócio, resultado de uma análise financeira de retorno, um plano estratégico de negócio com a respectiva fixação do valor de aquisição e, por final, a estruturação da solução financeira para aquisição da empresa. Naturalmente, no Brasil a estruturação financeira é o passo mais importante de todos devido à sensibilidade dos investimentos às altas taxas de juros praticadas no mercado, o que pode inviabilizar qualquer negócio.

Existem diversas formas de fusão e aquisição de empresas e, em função de suas características, o *management buy-out* (MBO) vem sendo cada vez mais utilizado em um contexto global. Esse processo de aquisição possui uma denominação em inglês, ainda sem tradução para o português, que significa "aquisição da empresa por seu corpo diretivo utilizando-se aporte financeiro deles próprios e de terceiros, sejam bancos ou outras instituições financeiras que agenciam a transação".

O MBO tem se tornado um conceito atrativo para gerentes de negócios. Ganhando real controle operacional e tendo um significativo valor acionário do negócio, esse processo de aquisição pode prover os gerentes com uma excelente plataforma para aumentar o retorno financeiro de seus esforços e ganhos.

Os tipos de companhias que são candidatas ao MBO têm tradicionalmente negócios com pequeno crescimento anual, em indústrias maduras com relativa previsão de performance futura.

O caso que será apresentado neste capítulo nada mais é do que um caso real dessa transação.

2. O CASO – *MANAGEMENT BUY-OUT*

2.1 Histórico

Foi fundada, na Alemanha, em 1839, pelo Sr. Louis Schuler, uma modesta oficina para trabalhar ferramentas em aço ou estanho por processo de forja. Pelo ponto de vista desse visionário apaixonado pela inovação tecnológica, foi substituído gradativamente o trabalho manual por dispositivos desenvolvidos por ele mesmo: tesouras de cortar metal, máquinas de dobrar e prensas de corte.

Em 1851, o Sr. Schuler decidiu concentrar totalmente suas atividades na produção de máquinas para conformação de metais. Sua gama de produtos nesse segmento foi expandida baseando-se principalmente na qualidade, culminando na primeira exportação de máquinas Schuler em 1859, fato que divulgou a marca fora de seus limites fronteiriços.

Em 1965, com a participação da Bardella Indústrias Mecânicas, foi fundada no Brasil a Prensas Schuler Ltda., fundamentada na visão estratégica para atender um mercado que começava a despontar com a vinda de algumas indústrias automobilísticas.

Ao se transformar, em 1969, em Prensas Schuler S.A., a empresa buscou diversificar sua linha de produtos e assinou contrato de licença com a Weber Hidraulik da Alemanha para o fornecimento de macacos hidráulicos para a indústria automobilística brasileira.

O início da fabricação ocorreu por meio do fornecimento para a Mercedes Benz do Brasil, em 1970, e nos anos seguintes para a GM, a Ford e a Fiat Caminhões.

Em 1975, após a consolidação do fornecimento direto às montadoras e visando a diversificação de clientes e mercados, iniciou-se a sondagem do mercado de reposição, concretizada pela nomeação de representantes e pesquisa de mercado externo.

Em 1980, foi alcançada uma participação de mercado de 100% nas montadoras e tiveram início as vendas para o mercado externo.

A partir de 1981, com a crise econômica brasileira, ocorreu significativa queda nas vendas. Essa situação permaneceu até 1985, com a retomada do crescimento econômico que proporcionou o aumento das vendas às montadoras e das exportações, na sequência, impulsionadas pela implantação do Plano Cruzado, que acelerou o crescimento da demanda.

Em 1987, a empresa atingiu o limite de capacidade de produção. No ano seguinte, em função desse limite, foram suspensas as vendas ao mercado de reposição, para garantir o atendimento das demandas requeridas pelas montadoras.

Em 1990, com o Plano Collor, em razão das greves no setor automobilístico (três meses de produção e vendas perdidos) e da limitação de capacidade, contabilizam-se resultados negativos.

Em 1991, com a continuidade da queda na economia, devido aos fracassos dos planos econômicos, a fábrica de macacos hidráulicos, até então um departamento da Prensas Schuler S.A., é reorganizada e passa a ser uma Unidade de Negócios dentro da empresa. Com a redução da demanda no mercado interno inicia-se o processo de internacionalização, partindo-se de feiras especializadas no exterior. Os primeiros resultados da campanha iniciada ocorrem no ano seguinte. A economia ainda permanece recessiva no mercado interno.

Em 1993, iniciou-se a recuperação dos segmentos de montadora e mercado de reposição. Houve um crescimento acentuado das exportações, resultado da maior autonomia da área para decisões estratégicas, em virtude da transformação da divisão de produtos seriados em Unidade de Negócios da empresa. É firmado contrato de cooperação comercial com a Delfabro (fabricante de macacos mecânicos e hidráulicos na Argentina).

Em 1994, são batidos os recordes de produção e vendas devido, principalmente, às exportações, que chegam ao mesmo nível de segmento de praça no mercado interno. Em 1995, mantém-se o alto nível de vendas do ano anterior, com o crescimento das exportações, por um lado, e redução dos programas das montadoras, por outro. Nesse ano alcançou-se o objetivo sempre procurado: de equilibrar-se os três segmentos (praça/montadora/exportação). Além disso, foi feito acordo de cooperação comercial com a Shinn-Fu (megafabricante no mercado asiático de ferramentas manuais e equipamentos diversos para a indústria automobilística, localizado em Taiwan), o que representou um salto na comercialização de produtos importados.

As grandes variações do nível de produção industrial apresentado são características de toda a indústria ligada ao setor automotivo brasileiro que, historicamente, apesar de apresentar crescimento constante do volume de produção, tem uma variabilidade muito grande dos níveis de produção e vendas em função da situação econômica geral do Brasil, no período até 1990, e, a partir daí, também afetada pelas variações econômicas globais.

O Gráfico 2.1 demonstra as fases da indústria automobilística brasileira. Considerados os números de produção de veículos, podemos notar um crescimento constante entre 1966 e 1980, com o número de unidades produzidas passando de 224.000 para 1.165.000, coincidindo com o grande crescimento da divisão de produtos seriados da Prensas Schuler.

A partir de 1981 iniciou-se o período da economia brasileira chamado de "A década perdida", no qual a indústria automobilística sofreu grandes dificuldades até 1990, com o início da importação de veículos e grandes investimentos na área automobilística, a chegada de novas montadoras e a consequente adaptação da indústria existente aos novos patamares tecnológicos exigidos pelo mercado, que se pode caracterizar pela frase do então presidente Fernando Collor de que os automóveis brasileiros eram "verdadeiras carroças".

De 1990 a 1997, verifica-se que devido aos investimentos realizados pelas montadoras já instaladas e os trazidos pelas outras, iniciou-se um novo período de crescimento, com novos patamares de produção, maior competitividade e maior competição na comercialização dos veículos, inclusive com a presença de muitos veículos importados.

De 1997 a 1999, as crises econômicas internacionais, como a crise asiática e a russa, fizeram com que o governo brasileiro tomasse medidas econômicas que restringissem o consumo entre elas à alta das taxas internas de juros, que imediatamente afetaram os volumes de vendas e a produção de veículos, culminando com a liberação cambial e os seus efeitos nos custos de produção e consequente aumento dos preços de venda.

No ano de 2000, tendo passado o impacto dos ajustes da desvalorização cambial, inicia-se uma nova fase de crescimento.

Gráfico 2.1 Produção de veículos (milhares de unidades)

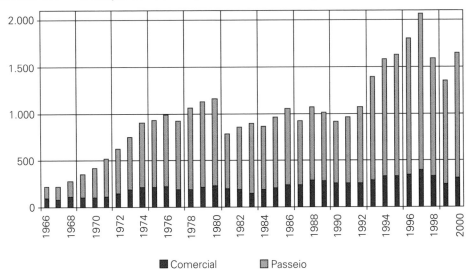

Nota – O volume referente ao ano 2000 é projetado com base na produção realizada de janeiro a outubro.

Fonte: Anuário da Indústria Automobilística Brasileira. ANFAVEA, 2000.

2.2 Prensas Schuler resolve desinvestir

Em 1996, o Grupo Bardella, como resultado de um plano de reorganização de suas empresas, decidiu concentrar os esforços nos melhores negócios, e a Prensas Schuler S.A. resolveu verificar a viabilidade econômica, operacional e de competitividade da operação de produtos seriados. Contratou-se, então, a consultoria McKinsey & Company Inc., que analisou os aspectos econômicos da operação desses produtos.

2.2.1 Análise da operação de venda da unidade (pré-MBO)

Como ponto de partida, considerou-se o desejo dos proprietários de verificar a viabilidade do negócio. Por meio da análise concluiu-se que para manutenção do fluxo de caixa futuro nos mesmos patamares de 1996 seriam necessários investimentos de R$ 1,77 milhão para modernização e mudança da fábrica.

Após analisar o fluxo de caixa projetado referente à venda de macacos hidráulicos importados da linha Shinn-Fu, R$ 1,87 milhão, mais o fluxo de caixa projetado dos produtos fabricados, R$ 2,72 milhões, chega-se a um valor referente ao negócio de macacos de R$ 2,82 milhões (considerando uma taxa de retorno de 22% ao ano, significa um retorno de investimento em 73,5 anos), como ilustra o Gráfico 2.2.

Gráfico 2.2   Valor presente líquido da operação da unidade

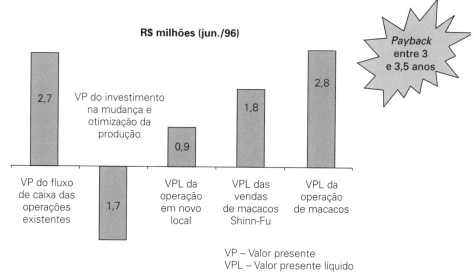

Fonte: Elaborado pelos autores.

2.2.2 Valor presente líquido da operação da unidade

Fluxo de caixa descontado da fabricação própria	R$ 2.720.000,00
−	−
Investimento total necessário	R$ 1.770.000,00
=	=
Valor presente líquido	R$ 950.000,00
+	+
Operação macacos hidráulicos Shinn-Fu	R$ 1.870.000,00
=	=
Valor da operação macacos hidráulicos	R$ 2.820.000,00

"A nova proposta de operação de macacos tem valor presente líquido positivo em R$ 2,82 milhões (R$ 0,95 milhões para a nova fábrica), mas com *payback* de mais de três anos" (Análise realizada pela McKinsey & Company Inc.).

A preocupação manifestada, anteriormente, pelos consultores é coerente com a regra do período de *payback* (ROSS, 1995, p. 123), que é utilizada para a tomada de decisão de investimento. A partir do estabelecimento de um determinado prazo-limite de tempo, específico para cada tipo de negócio, é comparado o prazo estimado para o retorno do investimento em questão. Se o retorno estimado é inferior ao prazo-limite estabelecido, o projeto é aprovado; caso contrário, o projeto é rejeitado.

2.2.3 Os riscos e a sensibilidade do valor da operação

Para avaliação do risco e da sensibilidade do valor da operação houve uma simulação variando-se preços e custos com relação à base (ver Gráfico 2.3).

Caso 1 → Preços 5% menores e custos fixos e variáveis 5% maiores.
Caso 2 → Preços 5% maiores, custos fixos e variáveis 5% menores e investimento 10% menor.

Gráfico 2.3 Análise de sensibilidade do valor da operação

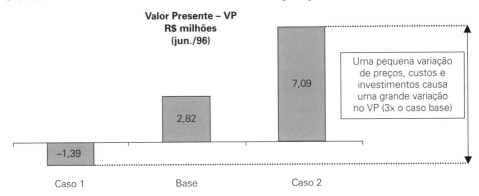

Fonte: Elaborado pelos autores.

A conclusão da Consultoria Mckinsey & Company Inc. sobre a operação foi que os riscos envolvidos no projeto são consideráveis, uma vez que a variação do valor presente é grande para pequenas alterações de preços, custos e investimento.

O valor da operação vinculado à rentabilidade tem comportamento semelhante ao da variação da lucratividade de um produto em função da variação do seu preço de venda, conforme demonstrado por Kotler (1998, p. 455).

	Antes	Depois	
Preço	$ 10,00	$ 10,10	(1% de aumento)
Unidades vendidas	100	100	
Receita	$ 1.000,00	$ 1.010,00	
Custos	$ (970,00)	$ (970,00)	
Lucro	$ 30,00	$ 40,00	(aumento de 33,3%)

2.2.4 Opções consideradas

Adicionalmente às análises do valor presente e da sensibilidade da operação, também foram analisadas outras alternativas disponíveis.

a) Alugar um edifício no interior de São Paulo para instalação fabril utilizando-se o maquinário em operação, mantendo-se o depósito e a estrutura de comercialização existentes.

b) Substituir a produção local por importados, mantendo a comercialização de todas as linhas, inclusive as já importadas.

Gráfico 2.4 Análise das alternativas

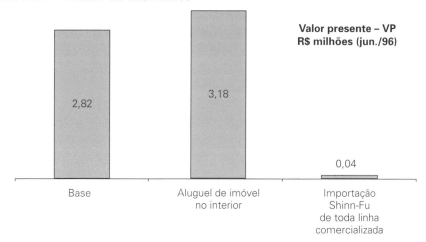

Fonte: Elaborado pelos autores.

As conclusões foram:
a) Deve-se considerar cuidadosamente o valor positivo (de longo *payback* e sensível) da solução estudada com os recursos gerenciais deslocados para a nova unidade (tanto pessoas como atenção da diretoria) frente ao grande esforço por parte da Equipamentos Schuler (com gerenciamento de uma carteira anual superior a R$ 110 milhões).
b) A opção de importação da linha toda tem valor pequeno, pois os macacos Shinn-Fu que poderiam ser importados para compensar a não produção são poucos e não competitivos.

Conforme Vasconcellos (1996, p. 85), o principal fator a influenciar na decisão de investir é o retorno esperado do investimento, o qual depende do fluxo de receita futura que o indivíduo espera do investimento comparado com os gastos incorridos em sua execução. O fluxo de receitas futuras depende das condições do mercado no momento em que se iniciará a venda do produto em cuja produção se está investindo, ou seja, depende do preço futuro da mercadoria e da quantidade que se espera vender.

Após análise da consultoria e ponderados todos os aspectos econômicos, de competitividade e riscos, adicionalmente à análise estratégica do negócio macacos hidráulicos em relação ao negócio principal das prensas Schuler, os proprietários resolveram desinvestir.

Paralisaram-se todos os investimentos, manutenções preventivas, reposição de pessoal, bem como diminuiu-se drasticamente a agressividade em vendas na praça, chegando à suspensão de vendas. Também foram cessadas as exportações e as importações, mantendo-se apenas o segmento montadoras, exceto à Mercedes Benz, para a qual também foi negociada a paralisação.

A oferta preparada pelos integrantes do grupo formado para o MBO e aceita pela Schuler representou 25% do valor inicialmente pedido pelo negócio. Deve-se atribuir parte dessa redução de valor ao fato de a vendedora ter anunciado antecipadamente seu desinteresse pelo negócio, e reduzido nesse período sua participação no mercado.

2.2.5 A venda

O negócio valorado inicialmente pela Schuler e a assessoria contratada, em R$ 4 milhões para pagamento à vista, não despertou no mercado o interesse de compra que a Schuler esperava. Esse valor foi atribuído com base nos recursos materiais da unidade que se pretendia vender, ou seja, esse montante era composto pelos seguintes itens: R$ 1,1 milhão em máquinas; R$ 400 mil em instrumentos, dispositivos e ferramentas; R$ 2,5 milhões em tecnologia, carteira e mercado. Além dos estoques, que em 21/03/1996 (sem contar os importados) somavam aproximadamente R$ 1,4 milhão, em 24/05/1996 (sem contar os importados), R$ 800 mil e em 24/05/1996 (considerando os importados) era em torno de 1,33 milhão.

Em contrapartida, colocou-se em prática um plano para vender o negócio de macacos hidráulicos, oferecendo inicialmente aos parceiros comerciais (Shinn-Fu e Delfabro); posteriormente, aos concorrentes nacionais e internacionais.

Após demonstrada a falta de interesse pelos seus contatos, passou-se a procurar investidores interessados em novos negócios. Entre eles, o "Clube de Investimento da CSN", que chegou a fechar o negócio em contrato de compromisso de compra e desistir cerca de dois meses mais tarde.

A produção atingiu no segundo semestre o nível mais baixo de sua história (aproximadamente 5.000 un./mês).

Diante do pouco interesse do mercado na aquisição, o grupo decidiu pelo MBO com base, principalmente, em fatores motivadores (marca forte; produto reconhecido pelo mercado; gestores com pleno *know-how* técnico, produtivo e comercial; existência de forte rede comercial; instalação, máquinas e ferramentas compatíveis com os requisitos de produção; potencial para novos produtos; equipe entusiasmada; parceiros no negócio) e decisivos (financiamento Schuler sem garantias; manutenção do nome Schuler agregado à nova marca).

2.2.6 Proposta

Por meio da assessoria jurídica e empresarial que assistia à Schuler, foi elaborada uma proposta de aquisição da unidade de produtos seriados por um grupo de Gerentes do Negócio com o amparo de alguns investidores.

A proposta apresentada pelo grupo foi o pagamento de R$ 1 milhão em 36 meses com 10 meses de carência, e pagamento de juros iguais à TJLP. Além disso, o grupo desejava usar a marca por dois anos. As indenizações trabalhistas seriam por conta da Schuler; estas somavam R$ 300 mil para os funcionários e R$ 500 mil para os representantes. O processo de mudança teria um prazo de sete meses e meio para sua finalização (inserido em um cenário otimista).

Em dezembro de 1996 foi aceita pelo Conselho de Acionistas da Prensas Schuler S.A. uma proposta de compra por um grupo de Gerentes do Negócio. Assim ocorreu a caracterização do MBO.

2.2.7 "A nova empresa"

Em 5 de março de 1997, fundou-se a Macfort Industrial, caracterizando, então o processo MBO.

Composição acionária pós-MBO

Participantes	% de participação sobre o capital total	% de ações com direito a voto
Um gerente sênior do negócio – CEO Macfort	37,7	50,6
Três gerentes de negócio	18	0
Três investidores externos	44,3	49,4

Em abril ocorreu a mudança para as novas instalações em Itapeva, São Paulo, com ênfase na fase de planejamento da mudança e estruturação da fábrica. Foram definidas antecipadamente quais seriam as necessidades e fontes de recursos, todas as máquinas de produção foram incluídas no negócio, as estruturas de apoio (manutenção, ferramentaria e afiação) precisaram ser desenvolvidas localmente por meio de planejamento e treinamento de longo prazo.

A opção foi buscar outro local para a instalação da fábrica, mais perto da grande São Paulo, aproximando os canais de distribuição com a produção e área comercial.

2.3 Desfecho

A produção teve início em 16 de maio de 1997, e nos dois últimos meses do ano atingiu o nível de produção e vendas de 11.000 un/mês.

Os principais problemas enfrentados na época foram devidos à desqualificação da mão de obra regional, pois os novos funcionários foram contratados quase exclusivamente na região, exceto para os cargos técnicos específicos. Não havia na época nenhuma unidade do Senai na região para formação de aprendizes e criação de novos talentos.

Quando houve desligamento dos empregados pela Schuler, não ocorreu nenhuma ação do sindicato, pois todas as precauções legais haviam sido tomadas. Na nova empresa, desde o início das atividades não houve interferência do sindicato. A avaliação do clima organizacional é feita pelos gerentes periodicamente, por meio da avaliação subjetiva sobre pontos a serem melhorados nas relações trabalhistas.

A taxa de *turnover* era alta (3,4% ao mês), e havia grandes expectativas dos empregados quanto à melhoria salarial e benefícios mínimos (refeição no local, transporte coletivo e plano de saúde).

As vendas iniciaram-se em 11 de junho do mesmo ano. Houve a concessão do licenciamento da marca por dois anos e com prorrogação por mais dois anos. O nome Schuler foi agregado à marca da nova empresa no produto (exemplo: Macacos Hidráulicos Macfort/Schuler). O grande desafio da nova empresa foi reconquistar o mercado, pois a partir do momento em que a Schuler manifestou ao mercado que sairia do ramo de negócios de macacos (após conclusão do trabalho da Mckinsey em vender a unidade), houve uma reação desastrosa: praticamente em um ano perdeu-se quase todo o mercado de exportação (responsável por um terço do faturamento), algumas montadoras e 90% do mercado de reposição. A estratégia de recuperação foi iniciada com a veiculação nos meios de comunicação ligados diretamente ao negócio da criação da nova fábrica + marca Schuler, dando ênfase na produção, qualidade, atendimento de mercado e continuidade das pessoas-chaves no negócio.

Recuperou-se parcialmente o segmento de mercado de reposição, deu-se continuidade aos fornecimentos às montadoras, retomou-se o acordo com a Delfabro e reiniciaram-se as exportações. Colocou-se os primeiros pedidos de importação, reativando o acordo comercial com a Shinn-Fu.

A rápida recuperação do mercado demonstrou a importância do foco na administração do negócio. A manutenção de pessoas-chaves que conheciam o negócio alavancou e facilitou a retomada do mercado.

2.3.1 Financiamento da operação

Em uma operação de MBO, um dos principais aspectos é a forma de financiamento do capital necessário para realizar a operação. No Brasil esse quesito é especialmente importante sobretudo quando se considera os níveis de taxas de juros praticados no mercado financeiro. Nesse caso, o corpo gerencial contou com um financiamento sem comparação fornecido pela Schuler e teve três anos para pagar, com juros diferenciados em relação ao mercado.

Adicionalmente no primeiro ano, o estoque foi reduzido de R$ –1,33 milhão para R$ –784 mil, representando o fato de que os novos donos utilizaram parte do estoque como capital de giro.

Embora a operação tenha contado com o financiamento da vendedora, esse foi um financiamento de médio prazo e, portanto, de difícil pagamento com a geração de caixa. Assim, foi necessária a participação de investidores externos, que entraram com parte do capital necessário dividido como é mostrado a seguir.

O capital dos investidores externos foi utilizado basicamente para a instalação da fábrica (em torno de R$ –400 mil).

Esse capital entrou como capitalização da empresa, significando que se transformou em ações. Na divisão da propriedade da empresa foi considerada a condição especial dos gerentes do negócio, uma vez que estes, embora tenham entrado com menor participação no capital, ficaram com uma maior participação das ações. Conforme a literatura, esse fato se repete em casos de MBO, cabendo aos gerentes do negócio uma fatia percentual de participação nem sempre necessitando de contrapartida financeira.

Adicionalmente ao exposto, verifica-se a alavancagem para pagar o investimento ao se analisar o balanço de 1998 em comparação com o de 1997, no qual o nível de endividamento com instituições de crédito cresceu em 53% (de R$ –353 mil para R$ –543 mil). Por meio da análise dos balanços dos três últimos anos (Anexo 2), verificamos que a empresa tem baixo nível de endividamento, fato característico do mercado brasileiro, no qual, embora o endividamento seja baixo, as despesas financeiras são altas (no caso, para um endividamento em 1998 de R$ –543 mil, as despesas financeiras alcançaram R$ –237 mil).

O resultado líquido dos anos 1997, 1998 e 1999 somados (Anexo 2) é R$ –1.861 milhão, uma vez que, após três anos, já foi obtido o retorno sobre o capital investido (26% por ano).

3. COMPARATIVO DE OPERAÇÃO PRÉ-MBO X PÓS-MBO

A variação da linha de produtos, o reposicionamento nos mercados locais e de exportação, como consequência do MBO, e também a evolução da concorrência proporcionam condições de crescimento segundo a visão dos novos gestores.

3.1 Linha de produtos

Anteriormente ao processo de venda da unidade, o mercado estava exigindo alterações na linha de produtos, além de novos produtos para complementação do portifólio, mas não houve desenvolvimento nem interesse em investir nessa proposta.

Após o MBO, o foco de desenvolvimento, produção e atendimento ao requisitado pelo mercado foi prioritário, gerando principalmente comprometimento do fornecedor com as expectativas dos clientes tradicionais, novos e em desenvolvimento.

Na Tabela 2.1 verifica-se a variação da gama de produtos.

Tabela 2.1 Linha de produtos

| Macacos hidráulicos ||||
Tipo de garrafa	MBO	Capacidades (ton.)	
1 pistão + fuso	Antes	1,5 / 2 / 3 / 5 / 8 / 12 / 20 / 25 / 30 / 35	
	Após	Anteriores mais os novos modelos de 15 / 20	
2 pistões	Antes	2 / 3.6 / 10 /12	
	Após	Anteriores mais os novos modelos de 2 (4 versões) e 12 (1 versão)	
2 pistões + fuso	Após	3,5	
3 pistões	Antes	1,5 / 4	
Tipo Jacaré	Antes	1,5 / 2,5	

3.2 Mercado atendido

3.2.1 Nacional

A nova empresa concentrou os esforços de vendas nas seções do mercado com maior competitividade, menos complexidade no fornecimento e, principalmente, maior giro.

No segmento de montadoras foram mantidas as vendas para pick-ups, caminhões e ônibus, e desativadas as vendas para tratores.

No segmento de mercado de reposição foram mantidas as vendas para lojas de autopeças e ferramentas, distribuidores de pneus e cooperativas, e desativadas as vendas para lojas de departamentos e supermercados.

3.2.2 Exportação

Devido às flutuações cambiais de mercado (perda de competitividade), aliadas ao recuo de produção pré-MBO, foram reduzidas as exportações e mantidas as vendas para os seguintes países: Arábia Saudita, Argentina, Bolívia, Costa do Marfim, Canadá, Chile, Colômbia, Costa Rica, Egito, El Salvador, Equador, Honduras, Israel, Madagascar, Malásia, Peru, Porto Rico, República Dominicana, Cingapura e Uruguai.

Deixaram de ser atendidos na exportação os países: Alemanha, Austrália, Bélgica, Hong Kong, Inglaterra, Jordânia, Kuwait, Marrocos, México, Moçambique, Estados Unidos e Venezuela.

3.3 Principais concorrentes

O recuo da atividade econômica no mercado interno levou ao desaparecimento de alguns fabricantes/concorrentes nacionais e propiciou a efetivação de novos acordos comerciais (fabricantes e *tradings* internacionais com alguns fabricantes nacionais ou diretamente nos pontos de comercialização a terceiros).

No segmento de montadoras surgiu um novo concorrente, a Mecason, ao passo que a Bovenau manteve sua atuação no negócio. Já no segmento mercado de reposição, surgiram a Big Hawk e a Bonevau. A Maxitork saiu do negócio, resultando na lista abaixo dos que permanecem atuando: Mecason, Potente Hidroval, Emig, Imatex, Hidro Phoenix, Manfro, Big Hawk, Eureka e Bovenau.

3.4 Esquema de vendas e distribuição

O esquema de vendas se manteve sem alterações após o surgimento da Macfort, ou seja, montadoras atendidas exclusivamente pela equipe de venda própria, clientes internacionais atendidos tanto por essa equipe como por representantes internacionais, e demais clientes atendidos apenas por representantes nacionais.

O fluxo de faturamento e logística dos produtos é direto da empresa para o cliente. A Figura 2.1 representa graficamente a situação:

Figura 2.1 Esquema de vendas e distribuição

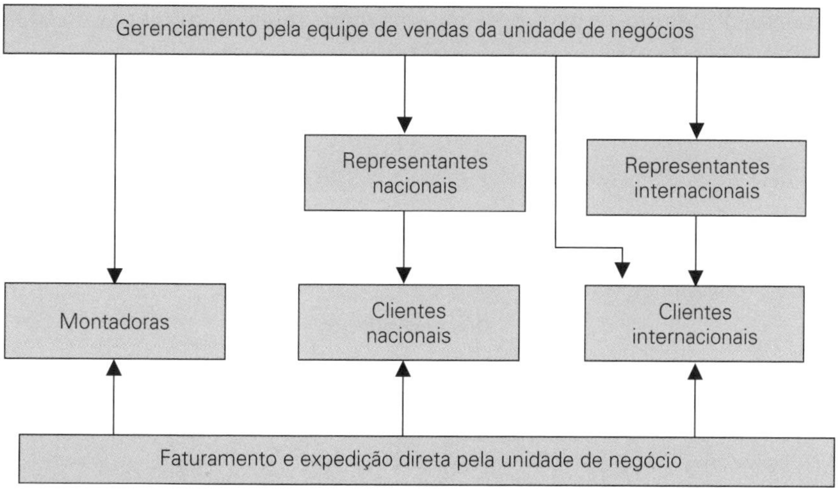

```
                    Gerenciamento pela equipe de vendas da unidade de negócios
                                            │
                            ┌───────────────┴───────────────┐
                            ▼                               ▼
                    Representantes                  Representantes
                      nacionais                      internacionais
                            │                               │
        ┌───────────────────┼───────────────────────────────┤
        ▼                   ▼                               ▼
   Montadoras           Clientes                        Clientes
                       nacionais                     internacionais
        ▲                   ▲                               ▲
        └───────────────────┴───────────────────────────────┘
                Faturamento e expedição direta pela unidade de negócio
```

Fonte: Elaborada pelos autores.

3.5 Carteira de clientes

A comunicação ao mercado pela Schuler da decisão de venda da unidade levou algumas montadoras a reagirem transferindo as suas demandas para outros fornecedores, ocasionando a perda de venda e do nível de produção.

No segmento de montadoras, a Mercedes Benz, Ford e Caterpillar deixaram de comprar, permanecendo como clientes a GM, Volvo, Scania, Toyota, Kia, Asia e JPX.

Após o MBO foram conquistadas a Mitsubishi, Iveco, International, VW e Troller.

No segmento de mercado de reposição existiam 2.764 clientes cadastrados, dos quais 250 estavam ativos. Cerca de 12 meses depois, em torno de 1.800 estavam ativos.

No segmento exportação existiam 73 clientes cadastrados, dos quais 44 estavam ativos antes do MBO e 30 estavam ativos no final da década.

3.6 Capacidade produtiva

Não houve investimento em novos ativos (pós-MBO), pois a queda de venda retraiu a liberação de verbas no momento inicial e o mercado não absorvia aumento de produção. A capacidade produtiva era de 20 mil un./mês no ano de 2000.

3.7 Demonstrativo de vendas

O Gráfico 2.5 representa, conforme descrito anteriormente, as variações de unidades vendidas em função da variação dos volumes de produção da indústria automobilística. Ressaltamos a significativa queda das vendas entre 1995 e 1997, período no qual, aliado à queda do mercado, temos o desinteresse da Schuler pelo negócio, atingindo-se as piores marcas em termos de números de unidades seriadas vendidas. O recomeço do aquecimento das vendas no mercado ocorreu com a concretização do MBO (gerentes do negócio atuando fortemente na retomada do mercado).

Gráfico 2.5   Volume de vendas 1975 – 1999

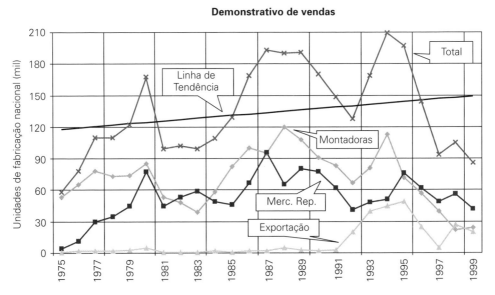

Fonte: Informações cedidas pela empresa.

É interessante notar que, em 1999, mesmo com as quedas de vendas da indústria automobilística (Gráfico 2.6), quando são esperadas quedas nas vendas de macacos, o número de macacos caiu, porém, o faturamento não, e ao analisarmos os balanços houve um crescimento de partes importadas. Em uma empresa em que o foco do negócio não fosse somente macacos, possivelmente não teríamos vendas de produtos importados, pois claramente há uma razão para a queda nas vendas, mas os novos donos não podem suportar queda no faturamento e, portanto, procuram alternativas para a sua manutenção.

Gráfico 2.6 Faturamento jun./97 – ago./2000

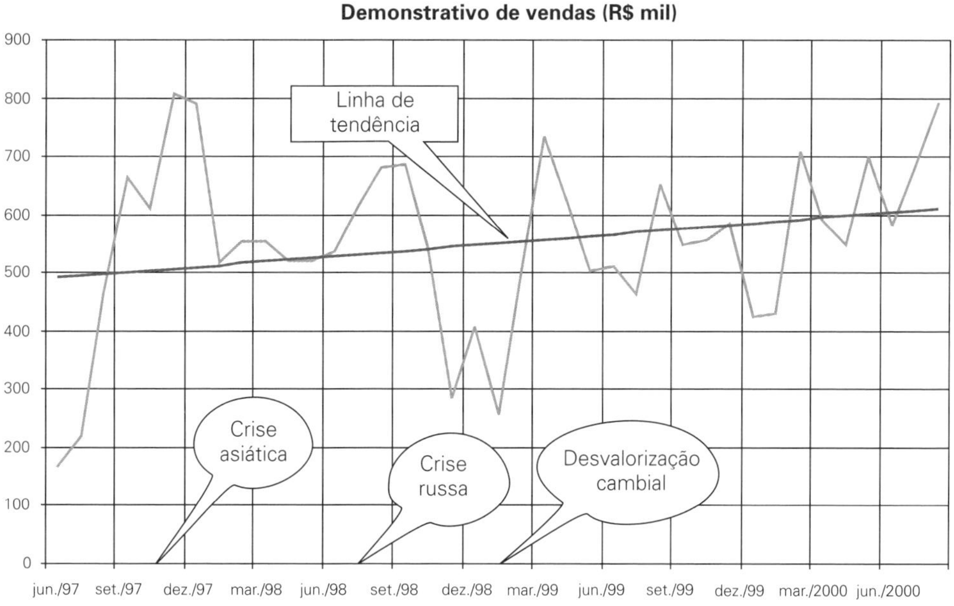

Demonstrativo de vendas (R$ mil)

[Gráfico de linha mostrando dados de jun./97 a jun./2000, com anotações: "Linha de tendência", "Crise asiática", "Crise russa", "Desvalorização cambial"]

Fonte: Informações cedidas pela empresa.

4. CONCLUSÃO

Pela avaliação do processo descrito de transferência de ativos da Schuler ao seus executivos *seniors*, podemos verificar que a transação ocorreu dentro dos limites esperados para uma transação MBO, ou seja, houve um desinteresse dos acionistas pelo negócio da vendedora, um interesse na compra pelo corpo gerencial, a participação de investidores com aporte de capital à transação e o suporte de uma consultoria especializada em avaliação de valor de empresas.

O investimento foi realizado em um momento de incerteza, de um produto atuante em um mercado maduro e teve o Valor Presente Líquido (VPL) com a base de análise dos consultores.

A análise da sensibilidade da operação pela McKinsey indicou um risco considerável ao projeto pelo fato de que a variação do VPL era grande para pequenas alterações de preços. No entanto, a nova proposta de operação de macacos hidráulicos tinha um VPL positivo de R$ 2,82 milhões, mas com um *payback* de três anos, considerados muito alto pela consultoria (o resultado real seguiu a previsão, atingindo aproximadamente 26% ao ano).

Essas incertezas fizeram com que o valor inicial do negócio fosse negativo para a Schuler, uma vez que o valor pago pelos novos donos estava muito próximo do valor do estoque, e ainda a Schuler teve que arcar com os custos trabalhistas, ou seja, a Schuler vendeu o estoque todo com um desconto e não recebeu nenhum prêmio pelo negócio.

Seguindo a teoria na prática, dois itens considerados importantes para a realização de um MBO estiveram presentes na transação, ou seja, o negócio foi realizado com um valor reduzido da empresa e ainda obteve financiamento a custos incomparáveis (TJLP) em relação aos custos reais de mercado.

As vantagens tributárias citadas na literatura como uma das principais alavancas teóricas para a justificativa para um MBO, nesse caso empresarial, não foram mencionadas, mas têm que ser consideradas, pois naturalmente demonstram as mudanças de ambiente com leis diferentes. Adicionalmente, outro aspecto importante a ser considerado e receber especial atenção é o tratamento das leis trabalhistas, pois os custos no Brasil, oriundos de sua aplicação, podem influenciar fortemente o negócio.

A primeira ação, realizada pelos novos proprietários, foi a busca de uma retomada de participação de mercado que teve uma grande redução pela demonstração de desinteresse pela Schuler um ano antes da efetiva transação. Se por um lado houve a perda de participação de mercados, por outro a aquisição se tornou mais atrativa porque o valor de aquisição da companhia foi menor do que o seu valor original de mercado.

A recuperação parcial da participação decorreu da substituição de alguns clientes internos (montadoras), pois no ano de 1998 houve uma dramática redução do mercado de autopeças, seguindo a redução da produção automobilística.

Por fim, pode-se verificar, pelo interesse da empresa em desenvolver novos produtos, que o foco no negócio, bem como a necessidade de crescer na participação de mercado, faz com que a empresa seja mais rápida e eficiente na resposta às necessidades mercatórias.

5. TÓPICOS PARA DISCUSSÃO

- Qual a influência do mercado nesse tipo de operação?
- Ao seu ver, quais foram os principais pontos positivos e negativos da operação? O que você faria de diferente?
- Quais os principais fatores que levaram o grupo de Gerentes do Negócio a decidir pelo MBO?
- A decisão corporativa de se desfazer do negócio deveria ter sido seguida pelas atitudes de desinteresse com relação à divisão de produtos seriados?
- Desconsiderando o valor da marca, dos processos trabalhistas e dos custos do processo de mudança, qual o valor presente na proposta apresentada pelo grupo de Gerentes do Negócio? (Considere a TJLP sendo 19% ao ano) Proposta: "(...) pagamento de R$ 1 milhão em 36 meses com 10 meses de carência, e pagamento de juros iguais à TJLP. Além disso, o grupo desejava usar a marca por dois anos. As indenizações trabalhistas seriam por conta da Schuler; estas somavam R$ 300 mil para os funcionários e R$ 500 mil para os representantes. O processo de mudança teria um prazo de sete meses e meio para sua finalização (...)".

6. NOTAS DE ENSINO

Fusões e aquisições

Conforme indicado em Ross (1995, p. 587-589), a aquisição de uma empresa é evidentemente um investimento feito em condições de incerteza. A determinação do valor de uma empresa no momento de uma transação é dado pelo Valor Presente (VP) dos fluxos de caixa. Uma transação só é recomendada se esta gerar VPL positivo para os acionistas da empresa compradora.

> Valor Presente + Geração de Valor (pela aquisição) – Valor Pago = Valor Presente Líquido

Sob aspecto legal existem basicamente três formas de se adquirir uma empresa: fusão ou consolidação; aquisição de ações; e aquisição de ativos.

Fusão ou consolidação

É a criação de uma empresa totalmente nova a partir das duas anteriores, na qual tanto a empresa adquirente quanto a empresa adquirida deixam de existir legalmente. Aquisições por meio de fusão e consolidação resultam na combinação dos ativos e passivos das empresas adquirente e adquirida.

Aquisição de ações

Outra forma de aquisição de uma empresa é adquirir as ações com direito a voto mediante pagamento em dinheiro, ações ou outros títulos. A compra pode ser efetuada por meio de uma oferta privada da administração de uma empresa à outra ou por meio de uma oferta pública de aquisição de ações de uma empresa-alvo.

Aquisição de ativos

Uma empresa pode comprar outra adquirindo todos os seus ativos. Nesse caso, exige-se a aprovação formal dos acionistas vendedores. A aquisição de ativos envolve a transferência de propriedade destes.

Management buy-out

Na literatura verificamos vários subconjuntos dessa forma de transação. Conforme a GS Private Equity, empresa especialista em MBOs, *management buy-outs* (MBOs), *leveraged buy-outs* (LBOs) *e management buy-ins* (MBIs) são todos subconjuntos de uma forma mais generalizada de transação, a aquisição financeiramente alavancada.

Uma aquisição alavancada é a aquisição de um negócio na qual uma grande proporção de débito a ser paga aos acionistas é utilizada para capitalizar a compra.

Como uma regra prática básica, uma aquisição na qual, digamos, metade ou mais dos fundos utilizados tomam a forma de débito seria adequadamente vista como uma aquisição alavancada. Mais especificamente, o débito incidido para efetuar a aquisição alavancada é invariavelmente servido pelo próprio negócio.

Um MBO é uma aquisição alavancada por algumas ou todas as equipes de gerenciamento *senior* do negócio em questão, geralmente associado com um ou mais investidores externos.

Um MBI é uma aquisição alavancada de um negócio por gerentes *seniors*, novamente em associação com um ou mais investidores externos, mas na qual os controladores originais continuam a participar como acionistas.

Um LBO é talvez melhor definido como uma aquisição alavancada por alguém externo. Isto é, os acionistas no lado do comprador não incluem nenhum dos proprietários existentes ou gerenciadores do negócio, pelo menos no início da transação.

De acordo com Crawford (1987, p. 1-5), esse processo de LBO surgiu nos Estados Unidos e coincidiu com a tendência de desconglomeração no início dos anos 1970 (reversão da tendência de conglomeração dos anos 1960), ou seja, o fracionamento de grandes conglomerados em unidades menores, mas mais valorizadas por unidade de ação.

Conforme Auerbach (1988, p. 87-101), o processo de aquisição MBO surgiu no início dos anos 1980 nos Estados Unidos em empresas de capital aberto. Nessas transações, um time de investidores, incluindo os gerentes, tomam emprestado o dinheiro e compram as ações dos acionistas das empresas de capital aberto. Os recursos financeiros envolvidos nesse tipo de transação provêm do corpo diretivo da empresa em questão, bancos de investimento, investidores institucionais, como companhias de seguro (fundos de pensão) e, em algumas vezes, do fundo de pensão dos próprios empregados.

O MBO surgiu como um tipo particular de aquisição alavancada no qual os gerentes participam da compra do capital acionário de uma empresa de capital aberto. O capital próprio dos investidores diretos normalmente é reduzido, estando na maioria dos casos em uma relação com o capital de terceiros (emprestado) de um para seis (alguns casos de até 12). No Brasil, naturalmente devido ao alto custo do dinheiro, essa alavancagem normalmente é de menor vulto.

As mudanças estruturais da economia americana entre o final dos anos 1970 e início dos 1980 incrementaram a facilidade e a rentabilidade das aquisições de ativos fixos corporativos usados.

Um dos mais importantes fatores para o crescimento dos MBOs nos Estados Unidos foi a inflação. Primeiro, pelo fato de que a inflação americana aumentou o valor real dos ativos corporativos acima de seu valor histórico (o balanço das empresas mostrava o ativo com valor histórico, lembrando que nesse país não existe correção monetária no balanço das empresas), o que criou uma oportunidade de compra de ativos fixos usados com baixo valor residual, e promovendo um aumento do valor do bem na hora de ativá-lo (valor real pago). Esse tipo de transação tornou-se mais atrativa a partir de 1981 com o *Economic Recovery Tax Act* (ERTA), lei fiscal americana que permitiu a depreciação acelerada de compra de ativos usados, bem como novos ativos. Essas transações são especialmente vantajosas do ponto de vista tributário se a companhia que vende os bens é liquidada na transação, uma vez que assim não há necessidade de pagamento de nenhum imposto sobre ganhos de capital da transação. No entanto, se a empresa que está vendendo os bens não for liquidada, ela terá que pagar imposto sobre a diferença de valores entre o registrado no balanço e o registrado na venda (ganho de capital). Por essa razão, a maioria dos MBOs nos Estados Unidos é classificada como compra de ativos, constituindo-se uma nova empresa, normalmente de capital fechado, e liquidando a anterior. Na nossa análise do caso real, como veremos mais adiante, essa vantagem econômica devido a leis tributárias não se aplica no Brasil.

Como indicado em Auerbach (1988, p. 90), uma segunda consequência da inflação americana alta foi a substancial redução dos débitos corporativos. Uma vez que o pagamento de juros não eram indexados, poucos anos de inflação alta reduziram substancialmente os débitos. Após alguns anos de inflação, algumas firmas estavam claramente operando abaixo de sua capacidade de endividamento. Esse efeito permitiu às empresas voltarem a investir, aumentando o endividamento e utilizar a vantagem fiscal de deduzir os juros do imposto de renda. O fluxo de caixa de muitas corporações aumentou substancialmente, uma vez que seu faturamento aumentou com a inflação, enquanto o pagamento do serviço da dívida não.

A existência de fluxo de caixa livre pode conduzir uma corporação ao desperdício e influenciar os gestores a tomar decisões em interesse próprio, e não no interesse da empresa. A dívida da empresa normalmente obriga os gestores a trabalharem de forma rígida para permitir o pagamento dos juros e do principal, enquanto a ausência de dívidas em geral leva ao desperdício. Essa redução de dívida devido à inflação não só criou capacidade de endividamento adicional como também, de certa forma, obrigou as empresas a se endividarem mais.

Além da inflação, duas outras mudanças impulsionaram o mercado de controle corporativo. A primeira foi impulsionada por empréstimos sem garantias pelo amplo acesso aos *pools* de fundos de pensão ou de ações institucionais, com recursos próprios ou mesmo por meio de empréstimos bancários, *junk bonds* e outros modelos de empréstimos que cinco anos antes eram impossíveis. Outra situação que alavancou os MBOs foi o uso de fundos de pensão dos empregados americanos. Em 1981, o ERTA elevou a capacidade dos fundos de pensões dos empregados de emprestar dinheiro dos bancos, comprar participação em firmas por meio de compra de ações e deduzir dos impostos devidos tanto os juros quanto o principal do empréstimo.

Mudanças no ambiente, tais como inflação em alta, mercado de capital mais atuante e a legislação fiscal nesse período, criaram substancial oportunidade de aumento de riqueza aos acionistas por meio da reestruturação e recapitalização. Ganho de valor pôde ser realizado pelo fechamento de fábricas, pela diversificação de estratégias, alavancagem, enxugamento de ativos e surgimento de fundos de pensão dos empregados.

Essas mesmas mudanças no ambiente, incrementaram a pressão de *takeovers* hostis com grandes ganhos, o que influenciou fortemente os gestores a tomarem uma ação defensiva estruturando a compra das empresas e, com isso, manter os próprios empregos. Conjugado ao fato exposto outras mudanças no ambiente que influenciaram positivamente a realização dos MBOs foram as melhores oportunidades de empréstimos e grandes ganhos tributários que acabaram por subsidiar essas transações.

Fontes de ganho em um MBO

Além do prêmio que é pago aos bancos de investimentos ou investidores institucionais em processos de MBO, outras três fontes de ganhos são plausíveis de consideração:

- ganhos tributários;
- subavaliação dada a uma companhia antes da realização do MBO;
- incremento de eficiência.

Ganhos tributários

A fonte de ganhos de um MBO mais comumente discutida é o ganho fiscal por meio do valor de transferência aceito pela receita, da dedução de juros, do arranjo de ativos para efeito de depreciação e do uso do fundo de pensões dos empregados. No Brasil, somente uma parte desses ganhos podem ser auferidos, sendo importante o valor de transferência, a dedução dos juros que permitam que o Fisco pague parte do investimento e, naturalmente, o arranjo dos ativos. No Brasil, todavia, fundos de pensão e de ações são ainda incipientes, preferindo investimentos em ações de empresas de primeira linha e raramente investindo em negócios menores.

Ganhos pela subavaliação do valor da companhia

A importância da subavaliação do valor de uma companhia relativamente ao valor real é dependente de hipóteses de eficiência do mercado. Em um mercado eficiente, o preço de transação é o valor real da empresa. Os gestores têm informações privilegiadas que os habilitam a saber quando suas companhias estão subavaliadas mesmo quando o valor das ações é totalmente racional com base nas informações limitadas do mercado. Existe uma teoria de que os gestores interessados em um MBO distorcem os números reais da empresa, fazendo com que esta se desvalorize, viabilizando o MBO; essa teoria, entretanto, não se evidenciou na realidade.

Ganhos de eficiência

Não menos importante é a discussão da real criação de valor de um processo de MBO, reconhecendo que a sua avaliação econômica se torna crucial na realização dos ganhos de eficiência. Os ganhos tributários e a compra de firmas subavaliadas pelos acionistas são exemplos de transferência de valor entre partes, e não criação real de valor. Enquanto essas transferências mudam a distribuição do "bolo", elas não afetam o seu tamanho. A questão da criação de valor é saber se com o MBO o "bolo" se torna maior ou não.

Avaliando a criação de valor, o primeiro aspecto a ser notado é que a propriedade e a estrutura financeira nos MBOs são altamente direcionadas para prover aos gerentes incentivos para buscar valor adicional além dos ativos da companhia. Essa motivação é conseguida basicamente de três formas.

Primeiro, são dados aos gerentes grande volume de participação acionária nas firmas, as quais incrementam seu benefício visando a melhoria da eficiência.

Segundo Key (1995, p. 183-188) o *Chief Executive Officer* (CEO) precisa adotar uma abordagem de "mãos na massa". É importante um bom relacionamento com os principais provedores do financiamento e seus agentes. A troca de filosofias de negócios, a discussão de planos estratégicos e a comparação de estilos irão ajudá-lo a determinar como será o relacionamento de longo prazo.

Enquanto a participação acionária motiva os gerentes a trabalharem arduamente, a necessidade de alcançar o equilíbrio entre despesa e receita faz com que se dediquem totalmente à sua empresa, uma vez que sua falha pode custar-lhes sua independência e, possivelmente, seus empregos.

Por último, mas não menos importante, os bancos de investimentos usualmente também são donos de uma substancial quantidade de capital acionário da firma em questão, e são frequentemente capazes de demitir gerentes cuja performance esteja aquém do esperado.

Outro ponto a ser considerado no quesito eficiência é o ganho devido a um ganho substancial de foco na empresa, principalmente quando se trata de um desinvestimento de uma unidade de negócios que não fazia parte do negócio principal da empresa anterior e estava sujeito a uma política corporativa focada no *core business* corporativo.

O risco

A existência de ganhos tributários, subavaliação ou o potencial de ganhos de eficiência não são somente as únicas importantes características de um candidato ao MBO. Primeiro, o incrementado risco financeiro incorrido por um pós-MBO altamente alavancado significa que o risco do negócio deve ser baixo.

Segundo Auerbach (1988, p. 99), uma companhia operando em um ambiente instável, no qual seu fluxo de caixa esteja sujeito a grandes flutuações, não pode tomar 80-90% de dívida e ainda atender seus compromissos regularmente. Adicionalmente, os gestores com obsessão pelo lado financeiro, aliado ao fato de que tem limitado acesso a novo financiamento, fazem com que o crescimento da empresa e áreas como desenvolvimento de produto e marketing tenham dificuldades por falta de investimentos. No caso dessas áreas serem fontes de futuros rendimentos, esse MBO tenderia a ser bastante prejudicado.

Os requerimentos de um fluxo de caixa equilibrado para alcançar o pagamento dos débitos também explica a necessidade de retenção de um time de gerentes experimentados.

Enquanto os organizadores de um MBO correm substancial risco, eles também apreciam um grande potencial de crescimento próprio.

A transação

Conforme comentado por GS Private Equity, um *management buy-out* é uma transação difícil. Habilidades e *expertise* especiais são necessárias para assegurar que todas as partes interessadas estejam satisfeitas e que a logística da transação seja gerenciada com sucesso. Os executivos, normalmente em uma intermediação desse porte, têm qualificações e experiência em investimento bancário, leis, contabilidade, economia, administração de negócios, consultoria de gerenciamento e engenharia.

Os MBOs estão cada vez mais frequentes a ponto de hoje em dia haver várias empresas especializadas em ajudar em sua avaliação execução. Empresas que intermedeiam MBO podem agregar maior valor quando há um papel principal no desenvolvimento de uma proposta para o *management buy-out*, bem como na negociação e estabelecimento de preço, termos de aquisição, fundos da aquisição e estruturas legais e tributárias.

As responsabilidades específicas típicas de uma intermediação durante transações incluem:

- provisão de capital acionário;
- estruturação e providências no sentido de obtenção de financiamento com bancos e outras instituições;
- negociação com os acionistas que estão vendendo a empresa e, se apropriado, que representam os interesses da gerência compradora;
- desenvolvimento de uma estrutura de capital que maximize retornos para os acionistas a um nível aceitável de risco financeiro, enquanto permite à gerência adquirir uma porção apropriada das ações, com base no seu investimento inicial e nos seus esforços gerenciais;
- gerenciamento do trabalho de consultores legais, tributários e outros profissionais que assistam a estruturação e documentação da aquisição;
- condução da transação até a execução. Por sua natureza, MBOs apresentam uma quantidade de assuntos e problemas cujas soluções requerem um grau considerável de determinação, assim como de *expertise*.

Após a transação

O objetivo primário de uma empresa consultora, quando da execução de um MBO, é gerar retornos para seus investidores, e não gerenciar negócios de rotina, o qual é de domínio da equipe de gerenciamento. Entretanto, o objetivo de maximizar retornos requer que a consultoria seja um investidor ativo e interessado em vez de um investidor passivo.

Após o MBO ser completado, o papel da consultoria inclui participação na diretoria da companhia comprada, monitoramento da performance dos negócios e assistência no estabelecimento de planos estratégicos a longo prazo.

A experiência tem mostrado que o largo campo de habilidades e contatos individuais dos diretores de companhias compradas são de valor substancial a estas e fornecem um conforto adicional aos credores no sentido de que os negócios estão sendo bem gerenciados.

Realização da transação

As empresas de intermediação esperam que os investimentos sejam seguros por três a sete anos, tendo um papel importante a desempenhar na maximização do preço adquirido na "saída". A maior parte dos retornos em um investimento aparecerá na realização definitiva deste, seja por venda ou recapitalização da companhia comprada. Além disso, buscam ajudar na seleção da melhor rota de saída e no gerenciamento dos processos designados para maximizar o preço de "saída".

Conforme a GS Private Equity, cada investimento de MBO deve ser cuidadosamente pesquisado e avaliado. Existem vários traços que provavelmente caracterizarão oportunidades de investimento atraentes para a sua concretização, por exemplo:

- a equipe de gerenciamento pretende fazer um compromisso financeiro significativo para o negócio;
- as projeções financeiras mostram um retorno combinado em uma pré-taxa projetada de pelo menos 25% ao ano (quando os créditos imputados e quaisquer outros benefícios tributários estão incluídos);
- o negócio-alvo tem bens ou ganhos anuais além de R$ 50 milhões (e preferencialmente R$ 100 milhões);
- alavancagem pode ser usada no negócio-alvo para enfatizar retornos aos acionistas;
- há o potencial de realizar investimentos dentro de sete anos.

Com a identificação dos gestores bem-sucedidos busca-se no processo de MBO trabalho em equipes de gerenciamento com registros sólidos e integridade incontestável.

A estrutura de capital é desenvolvida para cada negócio e fornece capital suficiente para se juntar a ele e permiti-lo crescer enquanto maximiza os retornos sobre o patrimônio. Alavancagens financeiras prudentes podem contribuir para o retorno aos investidores.

7. REFERÊNCIAS

ROSS, Stephen A.; WESTERFIELD, R. W.; JAFFE, J. F. *Administração financeira*. São Paulo: Atlas, 1995.

AUERBACH, Alan J. *Mergers and acquisitions*. Chicago: The National Bureau of Economic Research, 1988.

CRAWFORD, Edward K. *A management guide to leveraged buyouts*. New York: John Wiley & Sons, 1987.

KEY, Stephen L. *Guia da Ernst & Young para administração de fusões e aquisições*. Rio de Janeiro: Record, 1995.

KOTLER, Philip. *Administração de marketing*: análise, planejamento, implementação e controle. São Paulo: Atlas, 1998.

VASCONCELLOS, M. A. S.; GREMAUD, A .P.; TONETO JR., R. *Economia brasileira contemporânea*. São Paulo: Atlas, 1996.

GS PRIVATE EQUITY. Disponível em: <http://www.gsprivatequity.com.au>. Acesso em: 21 mar. 2000.

INDUSTRIAL GROWTH PARTNERO. Disponível em: <http://www.igpequity.com>. Acesso em: 22 jun. 2000.

3 Em busca da autossustentação

• Adelino de Bortoli • Neto Lineu Frayha
• Lourdes Marques • Margaret Marras

1. Introdução 45
2. O caso – em busca da autossustentação 45
   2.1 Histórico 46
   2.2 Limites do caso 50
   2.3 Resultados das ações estratégicas 50
   2.4 Diagnóstico da situação 52
3. Tópicos para discussão 55
4. Notas de ensino 55
5. Referências 59

Resumo

Este estudo de caso foi elaborado por alunos do MBA Executivo Internacional com coautoria do Prof. Orientador Adelino de Bortoli a partir de informações obtidas com o Centro de Tratamento e Pesquisa – **Hospital do Câncer** A. C. Camargo e de domínio público.

O caso apresenta as decisões tomadas pelo Hospital do Câncer visando à diferenciação no mercado por meio da especialização e do aumento da competitividade. Desenvolve-se a partir da análise dos impactos das diversas estratégias adotadas para a sustentação do hospital no período de 1990 a 1999.

Ele convida o leitor a investigar os impactos das estratégias adotadas, no período de 1994 a 1999, principalmente quanto à eficácia operacional. Em cada período pode-se avaliar a adequação ou não das decisões e o grau de alinhamento existente entre as estratégias organizacionais, competitivas e os subsistemas operacionais em termos de gestão de recursos, custos e planejamento financeiro, além de abrir espaço para discussão sobre sinergia e da cultura organizacional.

Palavras-chave

• Hospital do Câncer • Estratégias operacional, corporativa e competitiva • Autossustentação

1. INTRODUÇÃO

Os hospitais brasileiros apresentaram nos últimos anos um crescimento da receita sem evolução no gerenciamento dos controles e rotinas/processos da escala e da variedade de atividades e serviços oferecidos.

Até 1994, a inflação facilitava a vida financeira da fonte pagadora/compradora de serviços e da rede provedora (hospitais). Com o impacto da estabilidade, as receitas financeiras deram lugar às receitas operacionais, forçando um melhor gerenciamento dos custos. A competência para administrar custos, faturamento, contas a receber e compras passou a ser o diferencial competitivo nesse mercado de baixa margem operacional. O problema da falta de controle é agravado pela falta de ferramentas de Tecnologia de Informação específicas para a área hospitalar e pela falta de recursos financeiros para investir (SISTEMA HOSPITALAR, 1998).

O Hospital do Câncer não foge à regra vivida atualmente pelos hospitais brasileiros em relação à evolução de seus controles.

2. O CASO – EM BUSCA DA AUTOSSUSTENTAÇÃO

O Centro de Tratamento e Pesquisa – **Hospital do Câncer** A. C. Camargo, localizado em São Paulo, no bairro da Liberdade, é uma entidade filantrópica especializada no atendimento e tratamento de pacientes portadores de câncer, mantido pela Fundação Antonio Prudente.

O hospital dispõe atualmente de 207 leitos, seu corpo clínico é composto por 210 especialistas em oncologia, cerca de 6.000 pacientes novos são atendidos anualmente e, de acordo com a legislação específica, 62,19% do volume atendido é coberto pelo Sistema Único de Saúde (SUS).

Atualmente o câncer é uma doença que tem altos níveis de cura. Doentes tratados em instituições gabaritadas têm margem de cura acima de 50%. O Hospital do Câncer apresenta um índice de recuperação de 66%, o que demonstra o alto nível de trabalho desenvolvido. O fator decisivo para esse alto nível de cura é o tratamento multidisciplinar aplicado na instituição, de uma maneira global, integrando as especialidades médicas.

A cura depende da precocidade com que se faz o diagnóstico: quanto mais cedo esse diagnóstico é feito, maior a probabilidade de o paciente ser curado. O estímulo à pesquisa básica e o emprego dos mais modernos avanços na área de diagnósticos, utilizando inclusive técnicas de engenharia genética e a aplicação pioneira de alguns ensaios bioquímicos, têm proporcionado esse índice de cura.

O desenvolvimento da atual capacitação técnica do complexo hospitalar foi acelerado pela parceria estabelecida com o Instituto Ludwig de Pesquisas sobre o Câncer, que veio se localizar fisicamente dentro do complexo em 1982. Esse instituto rapidamente se constituiu em uma das instituições de maior significado e impacto do País, graças ao volume e à qualidade de suas publicações científicas.

As atividades de assistência médico-hospitalar, ensino e pesquisa do Hospital do Câncer são desenvolvidas em seu complexo hospitalar, englobando a Escola de

Cancerologia Celestino Bourroul, o Curso de Pós-graduação em Ciências, o Centro de Estudos, o Centro de Pesquisas e a Escola de Enfermagem.

Desde sua criação, em 1953, a instituição está orientada para:

❑ *Assistência médica* – atendimento ao paciente com câncer.

❑ *Ensino* – dirigido à formação de especialistas (residência médica e pós-graduação).

❑ *Pesquisa* – para o avanço do conhecimento do câncer, adaptada e voltada ao paciente, atendendo principalmente às necessidades regionais e nacionais.

Considerando a complexidade não só da instituição em si como também do setor de saúde, o qual revela muitas especificidades que o distinguem dos demais setores da economia, o caso foi circunscrito ao período de 1990 a 1999. Nesse ínterim, o então novo presidente, Dr. Brentani, tomou diversas decisões que serão relatadas a seguir.

2.1 Histórico

2.1.1 Período 1990 a 1992

Em 1990, assumiu a presidência da Fundação Antonio Prudente o Prof. Dr. Ricardo Renzo Brentani, catedrático da cadeira de Oncologia da Faculdade de Medicina da Universidade de São Paulo e diretor do Instituto Ludwig de Pesquisas sobre o Câncer.

Como primeira tarefa, ajudado por alterações regimentais aprovadas pelo Conselho Curador presidido pelo Dr. José Ermírio de Moraes Filho, o Dr. Brentani substituiu algumas chefias e membros titulares do corpo clínico, que estavam tecnicamente desmotivados, por médicos de competência reconhecida na comunidade médica e científica. Essa medida, que representou substituição de cerca de 20% de seu total de médicos, teve como objetivo principal aumentar a produtividade e a qualidade dos serviços médicos prestados.

Outra medida importante tomada em 1990 foi a ampliação do atendimento a pacientes de convênios de saúde. Em 1991, com o aviltamento da tabela de remuneração do antigo Inamps (posteriormente Sistema Único de Saúde – SUS), viu-se compelido a reduzir o atendimento a esses pacientes, retornando à média histórica dos anos anteriores, a fim de não inviabilizar a instituição, como ocorreu com os inúmeros hospitais conveniados com o SUS no Estado de São Paulo e em todo o País. Nessa época, o atendimento a pacientes conveniados cresceu significativamente. Mesmo assim, o volume de atendimento aos pacientes do SUS representou 75% do total e apenas 40% da receita. Isso porque os convênios pagavam em média seis vezes mais pelo mesmo procedimento.

Além da modificação do perfil do doente que passou a procurar o hospital, as mudanças mencionadas tiveram impacto na produção científica, medida seja por meio da publicação em revistas internacionais (16) e nacionais (21), seja por participação em congressos nacionais (80) e internacionais (10).

Paralelamente, nesse mesmo período, o Dr. Brentani procurou dar melhores condições de infraestrutura de trabalho para algumas áreas críticas e equipar os departamentos, como o de imagem, com equipamentos modernos e de grande precisão.

No segundo semestre de 1992, ele iniciou o estabelecimento de uma nova forma de relação de trabalho com o corpo clínico, terceirizando as equipes médicas. A remuneração oferecida, nessa época, baseou-se na produção de cada equipe de médicos, o que aumentou, ainda mais, o interesse e a motivação destes para o crescimento constante do número de atendimentos, além de possibilitar a atração de profissionais de alto nível. A remuneração média auferida por esses profissionais tornou-se superior à proposta apresentada pelo sindicato da categoria, sendo esse valor mais elevado do que os melhores salários pagos pelo mercado da época.

2.1.2 Período 1993

Apesar do crônico problema de atraso dos pagamentos por parte da Saúde Pública, a consolidação financeira da instituição foi atingida no ano de 1993. Todos os compromissos passaram a ser saldados pontualmente, o que em muito contribuiu para a manutenção da credibilidade da administração com os funcionários, prestadores de serviços e fornecedores, propiciando um clima favorável para a continuidade dos trabalhos. Nesse mesmo momento, consolidaram-se os bons acordos que já vinham sendo firmados com os convênios.

O número de pacientes conveniados atendidos representou um aumento significativo no faturamento desse segmento, o que exigiu e possibilitou a implementação de medidas voltadas para a melhoria da qualidade em vários setores do hospital. Portanto, iniciou-se em 1993 uma política salarial mais adequada para os funcionários da enfermagem e administrativos, não apenas corrigindo distorções entre as categorias funcionais mas também procurando se aproximar do valor praticado pelo mercado. O resultado dessa política pode ser constatado pela diminuição da taxa de rotatividade (de 49%, em 1992, para 32%, em 1993) e aumento de produtividade por funcionário. Embora não tenha atingido a taxa ideal, pode-se constatar uma melhora de produtividade quando comparam-se os dados de 1991 com os de 1993. Em 1991, o hospital atendeu 210 mil pacientes com um quadro de 1.254 funcionários, representando 167,5 atendimentos/funcionário; em 1993 foram atendidos 220 mil pacientes com um quadro de 778 funcionários. A esse número deve-se acrescentar 339 empregados de empresas contratadas pelo hospital, dentro da política de terceirização encetada em 1992, representando 197 atendimentos/funcionário, um aumento de 17,5%. Convém ressaltar que essa política demonstrou-se altamente interessante, uma vez que proporcionou uma significativa melhoria de qualidade nos serviços (segundo relatórios internos do Serviço de Atendimento ao Cliente) e um controle mais efetivo de despesas.

O atendimento aos pacientes do SUS passou a ser limitado pelo teto físico-financeiro máximo imposto pela Secretaria de Estado da Saúde (por falta de recursos do governo), mas apesar disso o número foi superior aos atendimentos registrados em anos anteriores e representou 77% do volume total. Apesar desse aumento de volume de atendimentos a pacientes do SUS, pôde-se encerrar o exercício com equilíbrio no resultado econômico e a necessária reserva de caixa.

Isso somente foi possível graças ao incremento no atendimento aos pacientes conveniados, que já vinha sendo efetuado. Assim, percebeu-se que a única forma de aumentar a cobertura aos pacientes do SUS, no futuro, dependeria da capacidade de aumentar o volume de atendimento a pacientes de convênio.

Em 1993, a instituição celebrou seu quadragésimo aniversário, com a certeza de ser um centro de excelência ao tratamento do doente canceroso e com o desafio de reverter a imagem diante da sociedade, que sempre associou a instituição a uma entidade de caráter filantrópico, voltada para o atendimento exclusivo de doentes terminais, crença fortalecida pela suposta incurabilidade da doença.

2.1.3 Período 1994

O ano de 1994 foi um ano especial. As reservas de caixa permitiram suportar os contínuos atrasos do SUS, bem como a defasagem de sua tabela. A situação financeira de tranquilidade incentivou os pesados investimentos em reformas e aquisição de equipamentos para tornar o hospital mais competitivo. Nesse sentido, foram implantados a cirurgia videolaparoscópica, a cirurgia a laser, o transplante de medula óssea, a braquiterapia de alta taxa de dose e a introdução de técnicas de engenharia genética na rotina laboratorial diagnóstica. Essa evolução colocou o hospital na vanguarda se comparado com outras instituições locais.

2.1.4 Período 1995

O ano de 1995 foi o ano de consolidação da qualidade do hospital. Embora a nova ordem econômica ditada pelo Plano Real tivesse repercutido positivamente na situação financeira do hospital, houve também um acréscimo bastante significativo da demanda, que só não foi maior devido ao esgotamento da capacidade de internação. Isso justificou a continuação dos investimentos para um aumento da capacidade de atendimento. A evolução do desempenho do ensino e da pesquisa também foi significativa. Oficialmente foi implantada a biologia molecular na rotina diagnóstica, e tornou-se rotina a realização de transplante autólogo (células do próprio paciente) de medula óssea. Enfim, era evidente o crescimento e o desenvolvimento do hospital.

2.1.5 Período 1996

Em 1996, após seis anos da nova gestão da Fundação Antonio Prudente, os números mostravam que se havia atingido a consolidação definitiva graças a um crescimento expressivo da participação de pacientes de convênios, com consequente aumento da receita bruta e uma posição financeira segura (manutenção do valor da reserva de caixa). Atribuiu-se o resultado à realização de importantes reformas e à compra de novos equipamentos, o que levou o hospital à plena utilização de sua capacidade durante a maior parte do tempo, ou seja, taxa de ocupação média acima de 80%, considerada ideal para o segmento. O volume de atendimentos a pacientes do SUS continuou acima de 60%, à despeito da baixa remuneração e do não pagamento de alguns atendimentos considerados de primeira linha e não contemplados pela tabela de preços praticada pelo SUS. Nessa mesma época, foi anunciada a reformulação do mercado privado de saúde e o ingresso iminente de multinacionais do setor. O novo desafio passou a ser o de buscar recursos para novos investimentos, visando o aprimoramento da equipe.

2.1.6 Período 1997

O ano de 1997 foi marcado pelo início de um trabalho de comunicação dirigido a todos os públicos, inclusive à classe médica, com o objetivo de informar sobre a excelência dos serviços, desmistificar o câncer e orientar a população na procura de um centro especializado. Nesse trabalho, o hospital assumiu o nome tradicional de Hospital do Câncer, que sempre o consagrou, e apresentou um novo logotipo, sua visão, missão e princípios. Entretanto, esse foi um ano difícil. Constatou-se que houve aumentos significativos nos custos e despesas operacionais do hospital, devidos principalmente a gastos realizados na área de recursos humanos e serviços de apoio, com o objetivo de dotar a instituição de condições ideais para absorver os altos investimentos realizados na modernização de equipamentos e na reformulação de suas instalações. Esse ano marcou também o início oficial das atividades do curso de pós-graduação – mestrado e doutorado – credenciado no final do ano de 1996 e o primeiro do Brasil desvinculado de uma universidade.

2.1.7 Período 1998

Durante o ano de 1998, o Dr. Brentani continuou inovando e criando novas áreas de atendimento, como aconselhamento genético e internação domiciliar, além de continuar reformando as instalações existentes, com sensível melhora e conforto nas acomodações. Nesse ano também foi inaugurado o site http://www.hcancer.org.br, de cunho informativo e educacional. Os esforços continuaram no sentido de consolidar a imagem do hospital como centro de referência no tratamento do câncer, podendo oferecer à comunidade os melhores serviços em oncologia.

2.1.8 Período 1999

O ano de 1999 foi produtivo para o hospital, pois foi o ano em que se concretizaram algumas das iniciativas inovadoras, como a participação do Hospital do Câncer no Projeto Genoma Humano de Câncer, colaborando com o Instituto Ludwig de Pesquisa sobre o Câncer e com a Fapesp. Inaugurou-se, também, a primeira estação de biochips do País, visando a produção de chips para diagnóstico e avaliação prognóstica de vários tipos de tumores. Isso trouxe um novo patamar para a medicina genômica e outra vez o hospital foi pioneiro. Nesse ano, registrou-se as primeiras defesas de teses do departamento de pós-graduação e consequente publicação dos temas em revistas científicas internacionais. Outro aspecto relevante foi a expansão da base de atendimento, que alcançou 370 mil atendimentos durante o ano, a qual estava em torno de 210 mil no início dessa gestão.

Os investimentos continuaram para proporcionar acesso a tratamentos de ponta para todos os pacientes. O Registro Hospitalar de Câncer foi publicado mostrando uma margem de cura de 66%, um percentual muito acima da média. Esse indicador comprova e consolida, mais uma vez, a imagem do Hospital do Câncer como a vanguarda na luta contra a doença no Brasil.

2.2 Limites do caso

No âmbito da instituição observou-se significativas mudanças estratégicas, aparentemente não acompanhadas por sistemas de informações e de monitoramento eficazes, isso devido ao fato de não existir em nosso país uma cultura voltada para esse fim. Nela também esbarrou-se com as idiossincrasias da cultura típica dos ambientes formados pelos profissionais da área médica, com seus "poderes" sobre a vida e a morte.

Já na esfera setorial, ressaltam-se as específicas relações comerciais em que os usuários não decidem sobre a compra dos produtos ou serviços. No setor de saúde observa-se também a deficiência das informações comparativas e a falta de indicadores de resultados, que favoreceriam uma análise mais objetiva dos impactos das diferentes estratégias.

Outras variáveis intervenientes seriam a conjuntura econômica brasileira e os avanços tecnológicos ocorridos na área que chegaram ao Brasil, especialmente no período de pós-abertura econômica, contexto em que a oferta pode criar a demanda, como demonstra Porter (1999) em seu livro *On competition*. Tal complexidade setorial e institucional direciona uma limitação de escopo que, nesse caso, privilegiará uma análise mais profunda focada em um único aspecto, aqui eleito como eficiência operacional.

2.3 Resultados das ações estratégicas

Pode-se resumir os resultados obtidos por meio das ações estratégicas adotadas no período de abrangência deste estudo de caso, conforme descrito a seguir.

2.3.1 Aumento da produtividade

Substituição de 20% do total do efetivo médico entre 1990 e 1992 e mudança na forma de remuneração dos médicos, que passou a ser baseada na produção de cada equipe. Em 1993, foi adotado para os demais profissionais do hospital uma política salarial mais adequada, fato que reduziu a taxa de rotatividade de 49%, em 1992, para 32%, em 1993. Como consequência das políticas mencionadas, houve um aumento da produtividade média por funcionário, que pode ser constatada comparando-se os seguintes números: em 1991 houve 210 mil atendimentos para um quadro de 1.254 funcionários. Em 1993, o hospital atendeu 220 mil pacientes com um quadro de 778 funcionários e 339 terceiros, o que representou um aumento de produtividade de 17,5%. Essa estratégia representou, também, um aumento da produtividade média por funcionário de 35% no período de 1994 a 1999.

2.3.2 Aumento do faturamento médio por paciente

Entre 1990 e 1993 houve uma abertura no sentido de se ampliar o atendimento a pacientes de convênios de saúde que pagavam, em média, seis vezes mais que a tabela de remuneração do antigo Inamps (posteriormente substituído pelo SUS) pelo mesmo procedimento médico.

Essa medida, além do aumento no faturamento, atraiu outro perfil de paciente para atendimento no hospital, o que implicou investimentos no sentido de modernizar e melhorar as instalações e equipamentos, acarretando melhoria na qualidade dos serviços prestados. O aumento da receita em função da mudança de mix entre pacientes do SUS e pacientes de convênios particulares de saúde possibilitou esses investimentos, mantendo, ainda, equilíbrio no resultado econômico e encerrando o ano de 1993 com reserva de caixa. Apesar da participação de pacientes do SUS continuar percentualmente elevada (acima dos 60%), o crescimento da participação de pacientes de convênios, com o consequente aumento da receita bruta, e dos investimentos em modernos equipamentos e melhoria das instalações continuou expressivo até 1996, levando o hospital a acreditar que havia atingido uma consolidação financeira definitiva. O faturamento médio por paciente aumentou em 187% no período de 1994 a 1999.

2.3.3 Aumento da taxa de ocupação

Os investimentos efetuados na modernização dos equipamentos e instalações e a consequente melhoria na qualidade de atendimento tiveram como resultado um aumento significativo na demanda, levando o hospital à plena utilização de sua capacidade de atendimento em 1995 e durante a maior parte do tempo em 1996. Esse fato justificou a continuidade dos investimentos no sentido de aumentar a capacidade de atendimento do hospital e continuar a dotá-lo de equipamentos e técnicas de última geração. Foi evidente o crescimento e o desenvolvimento do hospital, o que pode ser constatado pela crescente evolução do desempenho do ensino e da pesquisa, medidas pelo aumento de publicações em revistas e participações em congressos, tanto nacionais quanto internacionais. A taxa de ocupação aumentou em 35% no período de 1994 a 1999.

2.3.4 Aumento dos custos

Em 1997, 61% do volume total de atendimentos realizados pelo hospital foram feitos pelo SUS, representando 24,75% do faturamento com a prestação de serviços médico-hospitalares a pacientes. Os pacientes pertencentes a convênios médicos, apesar de comporem 37% do volume total de atendimentos, foram responsáveis por 70,32% do faturamento. O faturamento do Hospital do Câncer, em 1997, foi de R$ 45,96 milhões, um crescimento de 2,86% em relação ao ano anterior. No período compreendido entre 1994 e 1997, o incremento foi da ordem de 173,05%, sendo 1995 o ano que apresentou o maior aumento: 72,96% sobre 1994. As despesas operacionais chegaram a R$ 56,2 milhões em 1997, significando um aumento de 13,84% em relação ao ano anterior (de R$ 49,3 milhões) e de 60,23% em relação a 1995, quando elas foram de R$ 35,1 milhões. Os custos com prestação de serviços médico-hospitalares passaram de 67,13%, em relação às despesas operacionais, em 1995, para 75,1% em 1997, representando um aumento de 310,7% nos custos no período de 1994 a 1999 contra um aumento da receita de 287,6% no mesmo período.

Como demonstrado, em 1997, constatou-se que houve aumentos significativos nos custos e despesas operacionais do hospital, em razão, principalmente, dos gastos realizados nas áreas de recursos humanos e serviços de apoio, com o objetivo de dotar a instituição das condições ideais para absorver os altos investimentos realizados na modernização de equipamentos e na reforma de suas instalações. Nesse mesmo ano, deu-se oficialmente o início das atividades do curso de pós-graduação – mestrado e doutorado –, credenciado no final de 1996. Os custos desse curso são suportados pelo hospital. A partir de 1997, o hospital começa a apresentar novamente resultado econômico negativo. Apesar disso, os investimentos em modernização e reforma continuaram, bem como a criação de novas áreas de atendimento. Grandes esforços são feitos no sentido de consolidar a imagem do hospital como centro de referência no tratamento do câncer.

Em 1998 e 1999 os resultados econômicos continuaram negativos e a situação em 1999 foi de reserva de caixa decrescente, colocando em risco a autossustentação do hospital.

2.4 Diagnóstico da situação

2.4.1 Estratégia operacional e corporativa

Em 1997, foram traçadas a visão e a missão do hospital, as quais expressam claramente os objetivos estratégicos para a sustentação da empresa.

A visão foi definida como: "Ser o melhor e mais moderno centro de tratamento, pesquisa e ensino de câncer da América Latina, por estabelecer os métodos de tratamento mais eficazes e os maiores índices de cura".

Já a missão foi descrita como: "Atender os pacientes com rapidez, eficácia e calor humano, gerar receitas para custear os tratamentos com qualidade, conquistar a contínua evolução, contribuir com pesquisas relevantes e aprimorar a formação e especialização de profissionais".

Também foram explicitados os princípios corporativos que alavancariam o alcance dos objetivos mencionados. Estes seriam:

- *Atuação* – melhorar os resultados terapêuticos e o índice de cura, proporcionando condições que satisfaçam e ajudem os pacientes.
- *Estratégia de trabalho* – para cada projeto ou rotina de trabalho, estabelecer objetivos, medidas e metas específicas de obtenção de resultados.
- *Desenvolvimento pessoal/treinamento* – preparar-se e desenvolver-se por meio do treinamento e da orientação para a execução dos serviços com rapidez, eficácia e eficiência. Aprender e pesquisar sobre novas e definitivas soluções para problemas rotineiros, buscando com criatividade o que for melhor.
- *Independência financeira* – evitar desperdícios e planejar a aplicação correta de cada projeto/rotina de trabalho, buscando resultados que propiciem a saúde financeira do Hospital do Câncer, garantindo estrutura de trabalho e estabilidade com uma qualidade melhor.

Uma leitura cuidadosa dos princípios revela a estratégia operacional da fundação. Neles estão evidenciadas as diversas características de desempenho desejáveis que possibilitariam a eficácia operacional, que viabilizaria uma diferenciação no mercado por especialização, garantindo a autossustentação financeira da fundação.

Nos princípios está claro o objetivo de aumentar a competitividade do hospital por meio:

- da melhoria dos resultados terapêuticos e do índice de cura;
- da melhor gestão dos recursos, tendo medidas e metas claras para cada rotina ou projeto, garantindo efetividade nas ações;
- de treinamento para manter o quadro de funcionários altamente preparados;
- de pesquisa, que garantiria a efetividade dos tratamentos, além de ser instrumento alavancador de imagem:
- de controle de gastos, visando aplicação correta dos recursos disponíveis.

Ao sairmos da descrição da visão estratégica interna, elaborada pela nova gestão do hospital, e partirmos para uma análise do ponto de vista dos clientes, poderemos melhor avaliar o alinhamento entre os princípios e a estratégia operacional, por meio da identificação dos critérios de performance desejados por esse público externo.

Pode-se dizer que os clientes do hospital estão divididos em três grandes categorias: sistema público de saúde/SUS, convênios e particulares. Uma vez que os critérios de avaliação da qualidade dos serviços nem sempre são os mesmos para os diferentes tipos de clientes, ou seja, para o sistema público de saúde/SUS o que importa é a disponibilidade de atendimento e a quantidade de leitos, "os pacientes devem ser atendidos"; já para os convênios, o fator preço e prazo de atendimento, visto que este também impacta em custo, são os mais importantes. Por sua vez, para os clientes particulares, o critério de elegibilidade reconhecido é a infraestrutura de hotelaria, incluindo serviços e aparência das instalações.

Assim, mesmo considerando-se as diferentes demandas dos diversos tipos de clientes, pode-se resumi-las em eficácia no tratamento, preço e serviços. Havendo eficácia, reduz-se o tempo de tratamento, disponibilizando-se mais leitos para os pacientes do governo e também aliviando-se os gastos para os convênios. Preços competitivos atraem ainda mais convênios. Serviços de qualidade e mão de obra qualificada irão atrair os pacientes particulares.

Confrontando-se os critérios de performance desejados pelos clientes com os princípios corporativos, percebe-se haver um alinhamento entre o que buscou a estratégia operacional, representada pelos princípios, e a demanda dos clientes, ou seja, um alinhamento conceitual. A pergunta seria se houve também esse alinhamento na prática, e para respondê-la cabe uma análise sobre o gerenciamento dos recursos.

Os recursos necessários à operacionalização do hospital estão descentralizados e são gerenciados por diferentes áreas, as quais, embora reportando-se ao presidente, possuem relativa autonomia quanto ao seu gerenciamento, buscando sua eficiência como "área".

Quadro 3.1   Organograma

Área Administrativa
- Auditoria médica
- Faturamento
- Supervisão e controle de faturamento
- Processos de organização
- Supervisão de treinamento

Área Comercial
- Atendimento
  - Abertura de prontuário conv./part.
  - Contas médicas particulares
  - Internação conv./part.
- Credenciamento de convênios

Áreas Gerais e Apoio Adm.
- D.S.I. (informática)
  - Desenvolvimento
  - Treinamento
  - Suporte
  - Rede
- Manutenção
  - Clínica
  - Geral
  - Obras
- SAME
- Serviço de nutrição e dietética
- Segurança patrimonial
  - Brigada de incêndio
  - Segurança
  - Estacionamento
- Serviços gerais
  - Elevadores
  - Limpeza
  - Telefonia
  - Transporte
  - Central de cópias
  - Central de fax

Área de Materiais
- Almoxarifado
  - Estoque central
  - Estoque de medicamentos
- Centrais de distribuição (UI,QT,CC,UTI)
- Compras nacionais
- **Farmácia**
- Importação
- Prog. planejamento

Controles Financeiros
- Bancos, contas, movimentos
- Caixa geral
- Contas a pagar
- Contas a receber

Contabilidade
- Contabilidade
- Contabilidade de custos
- Orçamentos – planej. geral
- Patrimônio
- Seguros

Jurídico

Biblioteca
C.C.I.H.
Centro de Estudos
Centro de Pesquisa
Comissão de Ética
Comissão Prontuários
Comissão de Óbitos
C.T.A.
Departamentos Médicos
- Anatomia patológica
- Anestesiologia
- Central da dor
- Cirurgia abdominal
- Cirurgia cabeça/pescoço
  - Audiologia
  - Fonoaudiologia
- Cirurgia pélvica
- Cirurgia reparadora
- Cirurgia torácica
- Cirurgia vascular
- Clínica médica
- Emergência
- Endoscopia digestiva
- Estomatologia
- Fisioterapia
- Ginecologia
- Imagem
- Infectologia
- Mastologia
- Neurocirurgia
- Neurologia
- Oftalmologia
- Oncologia clínica
- Patologia clínica e hemoterapia
- Pediatria
- Psiquiatria e psicologia
- Radioterapia
- Tumores cutâneos/dermatologia
- Transplante renal
- U.T.I.

Desenho e Fotografia
Enfermagem
- Lavanderia

Esc. de Cancerologia
Esc. de Enfermagem
Pós-graduação
Serviço Social
- Abertura de prontuário SUS
- Internação SUS
- Serv. atendimento ao cliente
- Triagem social

Fonte: Quadro cedido pelo Hospital do Câncer da cidade de São Paulo.

A participação de três diferentes áreas dentro do hospital para o gerenciamento dos recursos financeiros, humanos e tecnológicos são fundamentais para se obter:

- otimização da capacidade de atendimento, o que implica redução de custos operacionais e mão de obra especializada;
- preços competitivos, baixos custos operacionais com valor agregado e efetividade no tratamento;
- adequada infra-estrutura de serviços e hotelaria.

Ocorre que as mencionadas áreas sempre foram bastante independentes e focadas em seus resultados específicos. As decisões operacionais, na maioria das vezes, são tomadas emergencialmente, não havendo tempo ou cultura para as soluções "*cross* funcionais" ou colegiadas.

O alinhamento conceitual que observamos entre as estratégias corporativa, competitiva e operacional já não é tão claramente observado em termos de sua implementação, uma vez que as áreas gestoras dos recursos muitas vezes não revela, em suas ações independentes, preservar adequado grau de consistência entre os objetivos departamentais e os corporativos, o que pode comprometer a viabilização da estratégia operacional.

3. TÓPICOS PARA DISCUSSÃO

- Quais seriam os principais problemas do Hospital do Câncer no sentido de viabilizar a estratégia operacional e garantir a sua autossustentação?
- Após a avaliação do contexto estratégico em que está inserido o Centro de Tratamento e Pesquisa – **Hospital do Câncer** A. C. Camargo, pode-se dizer que houve alinhamento entre as estratégias corporativa, competitiva e operacional?
- Observou-se que as estratégias corporativa, competitiva e operacional não foram claramente visualizadas em termos de sua implementação, gerando uma falta de integração entre as áreas que compõem a "operação" do hospital. O problema era agravado pelo fato de visões departamentalizadas e de curto prazo estarem comprometendo a sinergia entre as áreas. Você foi contratado como consultor para resolver esse problema. Quais orientações você daria para que as estratégias fossem implementadas com sucesso?

4. NOTAS DE ENSINO

Como pôde ser observado, há um alinhamento conceitual e normativo adequado entre as estratégias corporativa, competitiva e operacional. Contudo a integração entre as áreas que compõem a "operação" do hospital parece carecer de maior atenção. A sinergia entre as áreas envolvidas pode ser comprometida por visões departamentalizadas e de curto prazo.

Deveria ser avaliado com maior rigor, por exemplo, se a área de pesquisa se posiciona como um fim em si ou um meio para suportar a sustentação do hospital, bem como se a área clínica, pela própria natureza, visa apenas a cura e a reputação individual do médico envolvido ou se também teria uma visão gerencial mais desenvolvida. Até que ponto esbarra-se na vaidade da classe médica que se utiliza das técnicas mais sofisticadas mesmo que estas não agreguem valor diferencial ao diagnóstico ou ao tratamento, trazendo apenas custos extras? Também é válido perguntar se o sistema de remuneração, que encoraja a produção, não incentiva também maiores gastos.

Quanto à área financeira, que tipo de envolvimento teria com as demais áreas? Identifica-se a necessidade de se ter controles mais efetivos, mas também deveria funcionar como uma consultoria de gerenciamento de orçamentos e de investimentos. Já a área de administração parece ser aquela que deveria, com a diretoria geral, fomentar a sinergia entre todas as diretorias, atuando como um facilitador e catalisando os recursos para que seu gerenciamento esteja alinhado às estratégias da empresa. Para se atingir a excelência operacional, as diversas áreas devem atuar *cross* funcionalmente no gerenciamento dos recursos financeiros, humanos e tecnológicos.

De modo geral, a instituição mostrou ter alinhamento entre a estratégias corporativa, representada basicamente pela missão do hospital, e em garantir a autossustentação financeira pela eficácia dos serviços prestados; a competitiva, baseada na especialização e aperfeiçoamento dos recursos técnicos (equipamentos e instalações) e humanos; e a operacional, representada principalmente por seus princípios.

A questão é: quanto isso foi efetivo? Parece haver ainda um intervalo a ser preenchido, pois a receita não está mais sendo suficiente para cobrir as despesas. E parece que o grande trabalho que deve vir pela frente seja estabelecer o alinhamento das diversas áreas no sentido de viabilizar a estratégia operacional colegiadamente, uma vez que a área de operações, como vimos, é composta por diversas outras áreas dentro do hospital.

Depois de tudo o que já foi feito, esse próximo passo pode não ser tão difícil se pensarmos em termos funcionais, mas, se considerarmos o grande impacto cultural que está implícito nessa proposta, talvez haja um grande desafio pela frente.

Estratégia competitiva

Segundo Porter (1989), em uma formulação estratégica deve-se ter como ideia principal o enfrentamento da competição. A competição, no entanto, não está apenas na figura dos concorrentes mas também nos clientes, fornecedores, novos entrantes e produtos substitutos, todos concorrentes, podendo ser mais ou menos ativos, dependendo do setor.

Ainda conforme Porter (1989), o estado da competição em um setor depende de cinco forças básicas, conforme ilustra a figura a seguir.

Figura 3.1 Forças que governam a competição em um setor

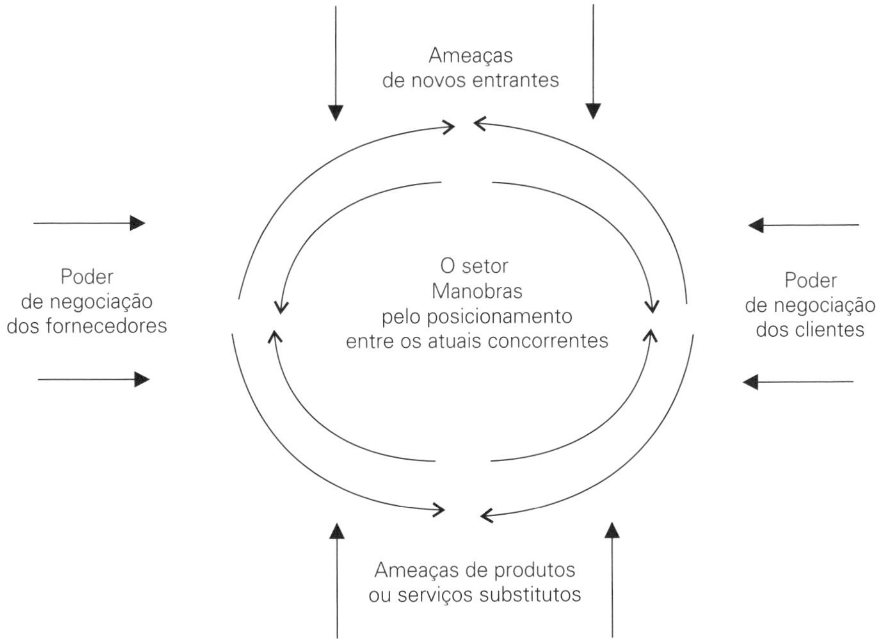

```
                    Ameaças
                    de novos entrantes
                         │
                         ▼

  Poder                 O setor                  Poder
  de negociação         Manobras                 de negociação
  dos fornecedores      pelo posicionamento      dos clientes
                        entre os atuais concorrentes

                         ▲
                         │
                    Ameaças de produtos
                    ou serviços substitutos
```

Fonte: Adaptada de Porter (1989).

O objetivo da estratégia empresarial é, de posse do conhecimento dos seus pontos fortes e pontos fracos e da compreensão dos fatores que determinam as peculiaridades do ambiente setorial, encontrar uma posição na qual a empresa seja capaz de melhor se defender contra essas forças ou de influenciá-las em seu favor.

Fazendo uma breve análise dessas forças relativas ao setor hospitalar e comparando com a estratégia corporativa adotada pelo Hospital do Câncer, representada pela sua visão e missão, e das estratégias adotadas pela sua direção desde o início dos anos 1990, podemos identificar:

1) **Ameaça de novos entrantes**

Para o setor hospitalar, as principais barreiras de entrada seriam:

a) Diferenciação do serviço

Uma imagem forte, de excelência nos serviços prestados aos pacientes, associados à especialização do hospital e aos trabalhos realizados na área de pesquisa criaram uma identificação entre o paciente particular, os convênios e o sistema público de saúde/SUS com o hospital. Quanto mais forte essa identificação, maior a barreira para novos entrantes, pois estes teriam que despender investimentos vultuosos para tentar superar a lealdade dos clientes mencionados com o hospital. A direção do Hospital do Câncer tomou várias medidas no sentido de reforçar a imagem de um serviço diferenciado na área de atendimento a pacientes com câncer, como o trabalho de comunicação realizado em 1997, dirigido ao público em geral, inclusive à classe médica, informando sobre a excelência dos serviços prestados, desmistificando o câncer e orientando a população na procura de um centro especializado. Como parte dessa estratégia, o hospital assumiu naquele ano o nome de "Hospital do Câncer", que o havia consagrado, associado a um novo logotipo. O início das atividades do curso de pós-graduação – mestrado e doutorado –, ocorrido em 1997, que culminou com a publicação de artigos com os temas das teses em revistas científicas internacionais, e o desenvolvimento de pesquisas em colaboração com o Instituto Ludwig de Pesquisa sobre o Câncer, bem como a criação de novas áreas de atendimento especializado e de um site, em 1998, de cunho informativo e educacional, visaram consolidar a imagem do hospital como referência no tratamento do câncer.

b) Exigências de capital

A necessidade de investimentos em instalações adequadas e equipamentos de última geração é bastante significativa e requisito essencial para a competitividade de um hospital, constituindo uma importante barreira de entrada. Quanto melhor as instalações físicas do hospital e quanto melhores e mais modernos forem os equipamentos disponíveis, maior é a barreira para novos entrantes. Nesse sentido, o Hospital do Câncer fez pesados investimentos, desde o início da década de 1990, tanto na melhoria da infraestrutura como na reforma dos apartamentos e demais instalações do hospital e na aquisição de modernos equipamentos, de grande precisão, para procedimentos e diagnósticos.

2) **Poder de negociação dos fornecedores**

Os principais fornecedores que são capazes de exercer o poder de negociação sobre os hospitais são os de medicamentos e de equipamentos especializados, em função desses setores serem dominados por poucas empresas, cujos produtos possuem uma diferenciação e, algumas vezes, são exclusivos. Apesar de os fornecedores poderosos disporem de condições para minar a rentabilidade de um setor que não consiga compensar os aumentos de custos nos próprios preços, nos casos dos hospitais isso não chega a representar uma ameaça, pois as opções são praticamente as mesmas para todos eles e não há uma diferenciação importante das condições de aquisição dos produtos, tornando o impacto das pressões de preço adotadas pelos fornecedores praticamente uniforme para todo o setor, podendo, assim, repassar esses custos para seus clientes.

3) **Poder de negociação dos clientes**

Os clientes, da mesma forma que os fornecedores poderosos, são capazes de afetar a lucratividade de um setor, uma vez que podem forçar uma redução de preços, de exigir melhor qualidade e cobrar melhor prestação de serviços utilizando a concorrência entre as empresas. Para os hospitais, os clientes que podem exercer o poder de negociação são os convênios e o SUS, em função de serem "compradores" de grandes volumes. As ações estratégicas adotadas pelo Hospital do Câncer para reduzir o efeito desse poder de negociação estão baseadas em dois pontos principais:

a) No trabalho realizado para sensibilizar os clientes de que o hospital, por ser especializado, possui um serviço diferenciado no tratamento do câncer, sendo um centro de excelência. Esse fato agrega valor no sentido da importância que tem a qualidade percebida dos serviços médicos fornecidos aos pacientes.

b) Uma maneira de uma empresa melhorar a sua posição estratégica é avaliar se ela tem condições de selecionar os seus clientes, de forma a reduzir o poder destes em afetá-la negativamente. O Hospital do Câncer exerceu essa estratégia a partir de 1990, quando aumentou a participação de atendimento a pacientes de convênios e particulares e reduziu a participação dos atendimentos dos pacientes do SUS. Essa estratégia aumentou a rentabilidade média do hospital.

4) **Produtos substitutos**

No caso de um hospital, que consolida sua imagem como um centro especializado, não há produto substituto ou alternativa que possa substituí-lo. Nos casos de tratamento de câncer que exigem internação, obrigatoriamente o paciente deve recorrer a um hospital. Portanto, não se vislumbra, em um futuro visível, esse fato como uma ameaça, não cabendo no momento nenhuma estratégia para isso.

5) **Posicionamento do hospital no setor**

Quando pacientes com câncer necessitam de internação, preferencialmente procuram hospitais que dispõem de melhores recursos para curá-lo. Nesse sentido, os grandes recursos investidos pelo Hospital do Câncer nos últimos anos em aquisição de equipamentos de última geração e na qualificação do corpo clínico, bem como na modernização de suas instalações, visam conferir-lhe um importante diferencial competitivo.

5. REFERÊNCIAS

COUTTOLENC, B. F.; ZUCCHI, P. *Gestão de recursos financeiros*. São Paulo: Faculdade de Saúde Pública da Universidade de São Paulo, 1998. v. 10 (Série Saúde & Cidadania).

ESTUDOS AVANÇADOS. *Dossiê saúde pública*. São Paulo: Universidade de São Paulo/Instituto de Estudos Avançados, v. 13, n. 35, jan./abr. 1999.

GIANESI, I. G. N.; CORRÊA, H. L. *Administração estratégica de serviços*: operações para a satisfação do cliente. São Paulo: Atlas, 1996.

KISIL, M.; PUPO, T. R. G. B. *Gestão da mudança organizacional*. São Paulo: Faculdade de Saúde Pública da Universidade de São Paulo, 1998. v. 4 (Série Saúde & Cidadania).

PORTER, M. E. *Competição – on competition*. Estratégias competitivas essenciais. 2. ed. Rio de Janeiro: Campus, 1999.

PORTER, M. E. *Vantagem competitiva*: criando e sustentando o desempenho superior. Rio de Janeiro: Campus, 1989.

RELATÓRIO ANUAL. Fonte das informações obtidas dos Relatórios Anuais do Centro de Tratamento e Pesquisa – HOSPITAL DO CÂNCER A. C. Camargo – período de 1990 a 1999.

SISTEMA HOSPITALAR. *Análise Setorial*. Panorama Setorial da Gazeta Mercantil, 1998. v. III.

SLYWOTZKY, A. J.; MORRISON, D. J. *A estratégia focada no lucro. The profit zone.* Desvendando os segredos da lucratividade. 2. ed. Rio de Janeiro: Campus, 1998.

VECINA NETO, G.; REINHARDT FILHO, W. *Gestão de recursos materiais e de medicamentos*. São Paulo: Faculdade de Saúde Pública da Universidade de São Paulo, 1998. v. 12 (Série Saúde & Cidadania).

4 A "sede" das tubaínas

• James T. C. Wright • Raul Arellano
• Renato Telles • Vitório Pinatto

1. Introdução 63
2. O caso – a "sede" das tubaínas 64
   2.1 O mercado de refrigerantes no Brasil................. 64
   2.2 O avanço das tubaínas no mercado 69
   2.3 A ameaça à vista 70
   2.4 A reação 71
   2.5 O desafio de evolução e rentabilidade 71
3. Tópicos para discussão 73
4. Notas de ensino 73
5. Conclusão 92
6. Referências 94

Resumo

Este estudo de caso foi elaborado por alunos do MBA Executivo Internacional, sob orientação do Prof. Dr. James T. C. Wright, a partir de informações fornecidas por profissionais do setor e de domínio público. Procura analisar aspectos do mercado de refrigerantes no Brasil.

Aborda a concorrência existente entre as pequenas e médias empresas regionais e os grandes produtores bem estabelecidos e estruturados, buscando averiguar se essa concorrência chega a representar uma ameaça para estes últimos.

Convida o leitor a estudar, em mais detalhes, o "negócio" pelo ponto de vista do pequeno e médio produtor e atenta para a questão da rentabilidade e até mesmo da continuidade dessas empresas em virtude do aumento considerável de novas empresas competindo avidamente.

Por meio de análises estruturadas, procura identificar possíveis medidas que possam alavancar sobremaneira tanto o mercado como o crescimento de seus participantes de forma rentável.

Os principais limitantes deste estudo foram a impossibilidade de obter dados mais detalhados de custos, a não atuação em pesquisas de campo com consumidores e a escassez de bibliografia específica.

Palavras-chave

• Pequenas e médias empresas • Setor de bebidas • Análise de mercado • Rentabilidade

1. INTRODUÇÃO

Você já tomou Bacana, Boleba, Vedete ou Quipo? Já experimentou Jesus? Já sentiu o sabor do Arco-íris? Não se espante. Caso você não more no Pará, no Maranhão ou no Rio Grande do Sul, talvez você não saiba que tudo isso é marca de refrigerante. Desses de distribuição limitada, que nunca saem das suas regiões e que se convencionou chamar de tubaínas[1] – os refrigerantes populares. Mesmo com a distribuição restrita e com a concorrência de indústrias como a Coca-Cola, a Antarctica e a Brahma, essas pequenas fábricas não perdem o rebolado nem vacilam na linha de produção.[2]

Dia a dia a participação das marcas regionais de refrigerantes vem crescendo e conquistando posições pertencentes a concorrentes de peso como Coca-Cola, Pepsi, Antarctica e Brahma, que, consequentemente, têm perdido participação de mercado.

Os refrigerantes regionais atuam no mercado conforme a seguinte estratégia: preço mais baixo que os líderes, em média 30% a 40% menores; forte distribuição regional, que raramente ultrapassa um raio de 100 km; e foco na embalagem PET de 2 litros.

No Brasil sempre existiram marcas regionais de refrigerantes, empresas familiares na maioria, porém, com atuação modesta, pois a grande barreira contra novos entrantes no negócio era atribuída às embalagens nas quais a garrafa de vidro ou vasilhame era o grande ativo do negócio envolvendo grande soma de capital. Todo refrigerante tipo regional era distribuído em garrafas de vidro de 290 ml e 600 ml, como a cerveja, com exceção das marcas líderes, que distribuíam em garrafas de 290 ml e 1000 ml. O Gráfico 4.1 ilustra a evolução das embalagens.

Com a introdução das embalagens descartáveis de PET (polietileno de tereftalato) de 2 litros a partir dos anos 1990, a indústria de refrigerantes, como um todo, mudou sua forma de comercialização, popularizando mais ainda tal bebida, dando um salto de consumo, pois o consumidor não necessita mais trocar os vasilhames vazios por cheios.

Outro fator importante que impulsionou a indústria de bebidas foi a implantação do Plano Real em julho de 1994, com o programa de estabilização da economia. Segundo a *Gazeta Mercantil* (1998), o consumo de refrigerantes aumentou de 6,4 bilhões de litros para 10,5 bilhões entre 1994 e 1997 e, a partir disso, o consumo per capita passou para 58 litros.

---

[1] O nome tubaína surgiu no interior do Estado de São Paulo e identifica as bebidas sem álcool vendidas em cidades do interior ou periferia das capitais. A marca está registrada no INPI e pertence à Ferráspari S/A de Jundiaí – SP. Além de tubaína, há variantes como Itubaína, Frutaína, Taubaína, entre outras. No presente estudo, o nome tubaína será utilizado para identificar, genericamente, o refrigerante carbonatado produzido por empresas que atendem às características apresentadas.

[2] Trecho de artigo sobre as tubaínas, extraído da extinta *Revista 2K* em 2000.

Gráfico 4.1 Evolução das embalagens

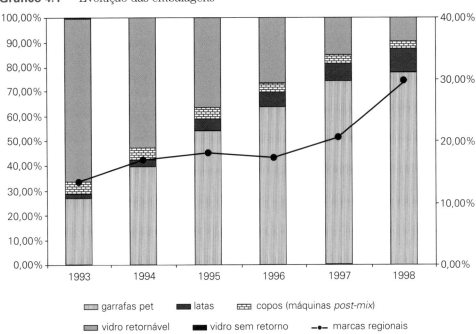

Fonte: Brasil DataFocus – Datamark/Regional/Brands – Nielsen.

2. O CASO – A "SEDE" DAS TUBAÍNAS

2.1 O mercado de refrigerantes no Brasil

Refrigerante é toda bebida que compreende todos os produtos sem álcool e carbonatados, ou seja, que sejam incorporados ou misturados em sua formulação gás carbônico (CO_2). Excetua-se dessa categoria a água com gás.

Sua formulação é composta por 85% de água e 15% de concentrado de suco natural ou uma fórmula (no caso de "colas"), xarope e gás carbônico. Entende-se como concentrado a mistura de sucos de frutas concentrados nas dosagens estabelecidas pela lei. No caso da laranja, de 10%, e do limão, 5% da bebida final.

Em 1996, o Brasil estava na terceira posição entre os maiores consumidores do mundo. Os líderes eram, por ordem crescente, Estados Unidos em primeiro lugar e México logo em segundo.

Com o programa de estabilização da economia propiciado pelo Plano Real em 1994, as vendas de bebidas, principalmente cervejas e refrigerantes, cresceram acima da média histórica. A estabilidade econômica do Brasil forneceu base para uma perspectiva positiva à indústria de refrigerantes. A expansão do consumo, de 4,6 bilhões de litros para 11,03 bilhões, entre 1994 e 1998, gerou um crescimento da produção no período de 71,9% e foi importante para a ascensão dos refrigerantes regionais.

2.1.1 Estrutura

O dinamismo da indústria de refrigerantes depende diretamente do nível do poder aquisitivo da população. As condições climáticas são outro fator que influencia o consumo de refrigerantes. Os picos de vendas acontecem nos meses de temperatura elevada, uma vez que eles são consumidos principalmente refrigerados.

Estima-se que existam mais de 700 empresas de refrigerantes no Brasil. A Associação das Indústrias de Refrigerantes (Abir) possui 125 associados espalhados pelo País. Elas geram 58 mil empregos e têm como suporte logístico as redes distribuidoras, nas quais trabalham mais de 30 mil funcionários. De acordo com a Abir, a indústria de refrigerantes atende a 970 mil pontos de venda. Segundo a Coca-Cola Ltda., seus refrigerantes estão em 980 mil pontos de venda pulverizados pelo mercado brasileiro. Já a AmBev estima que seus produtos (refrigerantes e cervejas) podem ser encontrados em 1 milhão de estabelecimentos.

Ao contrário das grandes empresas, com distribuição nacional, a maioria dos fabricantes de refrigerantes de pequeno e médio portes opera regionalmente. Algumas companhias já expandiram suas vendas para locais mais distantes. A Schincariol, de Itu, no interior de São Paulo, inaugurou em 1997 sua segunda unidade brasileira, na Bahia, e já inaugurou em 1999 uma terceira, no Estado do Rio de Janeiro.

Quanto ao faturamento, segundo a *Gazeta Mercantil*, na década de 1990 registrou-se forte crescimento. As vendas do segmento cresceram de US$ 4,5 bilhões em 1994 para US$ 6,3 bilhões em 1995, um aumento de 40%. Em 1996, quando o faturamento chegou a US$ 6,8 bilhões, a expansão foi de 7,9%. Nesse período foi acirrada a concorrência de mercado entre os fabricantes de refrigerantes. Houve aumento da participação das pequenas e médias empresas em mercados regionais, motivadas pela utilização das garrafas PET, cuja embalagem diminuiu os custos de produção e de logística dos produtos, e pelos impactos do Plano Real.

Em 1997, as vendas do segmento de refrigerantes expandiram mais 12,79%, atingindo US$ 7,67 bilhões. De acordo com estimativas do mercado, a indústria brasileira de bebidas movimenta aproximadamente US$ 24 bilhões. Com esse faturamento, o segmento de refrigerantes é responsável por 31,96% do total, e o de cervejas por 37,5%.

Em relação aos custos é possível dizer que não possuem a mesma estrutura se comparados às marcas líderes. Os investimentos em campanhas de marketing são quase inexistentes. Seu sistema de distribuição é composto por pequena frota de veículos para entregas das mercadorias. Em determinadas empresas, terceiriza-se tal fase de transporte. Seus ativos industriais, máquinas e equipamentos são bem simples e fabricados por empresas de menor poder tecnológico, adaptando-se perfeitamente às necessidades de produção do engarrafador, não agregando tanta tecnologia em termos de capacidade de produção e envase devido a menores volumes de produção.

O segmento de bebidas trabalha com estoques baixos. Tudo o que é produzido é praticamente consumido em curtíssimo prazo.

2.1.2 Consumo

A demanda por refrigerantes, que se manteve no patamar dos 5 bilhões de litros desde a década de 1980, explodiu de 6,44 bilhões de litros, em 1994, para 9,14 bilhões de litros, em 1995. Em um ano, segundo a Abir, o crescimento foi de 41,93%. Esse salto da demanda foi particularmente elevado no período imediatamente após a implantação do Plano de Estabilização.

Nos anos seguintes, o consumo continuou aumentando, mas não no mesmo ritmo. Em 1996 totalizou 9,86 bilhões de litros, um volume 7,88% maior que o do ano anterior. Depois de enfrentar um primeiro semestre com retração de vendas de 1%, quando comparado com o mesmo período do ano anterior, o consumo cresceu mais 7,20% em 1997, chegando a 10,57 bilhões de litros. O crescimento apresentado foi devido, principalmente, ao desempenho das marcas consideradas de "segunda linha", de baixo preço, e à política de fortes descontos promocionais adotada pelos fabricantes.

Passada a fase inicial de euforia da estabilidade da economia brasileira, os consumidores desaceleraram seus gastos com bens não essenciais. Mesmo assim, o consumo de refrigerantes continuou se expandindo muito acima do nível de crescimento do PIB brasileiro. As projeções do Banco Nacional de Desenvolvimento Econômico e Social (BNDES) eram de que o setor mantivesse um aumento anual no patamar dos 7%.

No primeiro semestre de 1998, a indústria de refrigerantes aumentou o ritmo de crescimento. O consumo da bebida foi 10% maior em comparação a igual período do ano anterior. Em volume, somou 5,23 bilhões de litros.

Em 1994, o Brasil era o terceiro maior produtor de refrigerantes do mundo, com 6,41 bilhões de litros. Em 1997, o País produzia 10,57 bilhões de litros, atrás dos Estados Unidos (55,53 bilhões de litros) e México (13,07 bilhões de litros).

Porém, o consumo per capita brasileiro registrava níveis baixos em relação ao potencial do mercado existente no Brasil. Em 1995, o volume consumido por pessoa chegou a 58 litros. Nos Estados Unidos e México, o consumo per capita anual chegava a mais de 180 litros e 120 litros, respectivamente.

De acordo com a Abir, as classes de maior poder aquisitivo são as principais consumidoras de refrigerantes. Participavam com 63% do consumo total da bebida. Eram 174 litros de refrigerantes distribuídos por pessoa.

Esse patamar cai para 31 litros per capita nas classes C e D. Trata-se de 65% da população, cuja demanda representa 35% das vendas totais. É nessa faixa de mercado, considerada a mais promissora na indústria, que fabricantes pretendem alavancar sua venda, uma vez que a fidelidade à marca não é uma característica forte. Segundo uma pesquisa realizada pelo Instituto Marplan, 16% dos brasileiros compravam refrigerantes da marca Coca-Cola em 1995, independentemente do preço. Em 1996, esse número caiu para 9%.

O menor volume de consumo é registrado pelos mais pobres. Eles representam 15% da população e absorvem 2% do total, o que significa 8 litros por pessoa. É o segmento da população que mais consome os chamados refrigerantes de "segunda linha" – tubaínas.

O consumo é intensificado nos meses mais quentes do ano, como dezembro e janeiro, e é menor nos meses que registram temperaturas mais baixas, como julho e agosto. As fábricas da bebida estão em pleno funcionamento entre os meses de outubro e abril, com praticamente 100% da capacidade de produção.

O mercado consumidor de refrigerantes no Brasil está concentrado na região Sul-Sudeste, que corresponde a 72% do consumo do País. Até 1996, as linhas de envase de bebida também se concentravam nessa região, mas ocorreu uma descentralização, especialmente para o Nordeste.

O Nordeste responde por 16% do consumo brasileiro. O intenso turismo na região, aliado ao clima quente, atraiu as unidades envasadoras de refrigerantes e cervejas. As novas instalações também visaram atender aos locais mais distantes das fábricas erguidas nas regiões Sul e Sudeste do Brasil, formando-se, assim, polos de distribuição para o mercado regional.

Gráfico 4.2 Distribuição de consumo em 1999

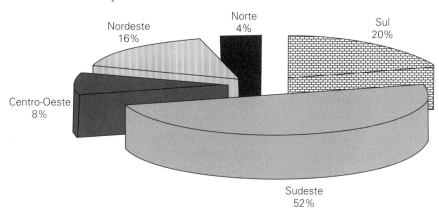

Fonte: IPC – Atlas do Mercado Brasileiro n. 2, *Gazeta Mercantil*, nov. 1998.

Os consumidores podem ser agrupados por preferência de sabor. No caso dos refrigerantes à base de laranja, a procura é concentrada entre as pessoas que estão na faixa etária de 12 a 29 anos. São 1,4 bilhão de litros de refrigerantes do segmento de laranja bebidos pelos brasileiros.

A maior preferência dos consumidores é pelas colas, com 39,5% de participação – os dados referem-se ao período de abril/maio de 1998. O sabor cola é um composto de xarope (açúcar misturado em água quente), água e uma fórmula que contempla uma série de especiarias como canela, noz moscada, caramelo entre outros. O guaraná também é bastante consumido, com 26% de participação. O guaraná Antarctica é a principal marca.

Em seguida, estão os sabores laranja 13%, limão 7%, uva 2% e tônica 0,8%, esta última feita de quinino, água com gás e açúcar. Como reflexo do aumento da preocupação com a saúde e estética por parte dos consumidores, os refrigerantes diet e light, que são fabricados com os outros sabores, têm 7% de participação no mercado de refrigerantes. Os 4,7% restantes são referentes aos sabores tutti-frutti, maçã, abacaxi, cereja, tangerina e maracujá, segundo dados da Abir.

O segmento cola, o sabor mais consumido entre os refrigerantes, é liderado disparadamente pela marca Coca-Cola, que possui 84,3% de participação no mercado – os dados referem-se ao período de agosto/setembro de 1998. A Pepsi-Cola, hoje fabricada e distribuída pela Cervejaria Brahma, vem em seguida, com 11,7%. Além do segmento cola, a Coca-Cola também possui as maiores parcelas dos segmentos laranja, com a marca Fanta (35,9%); limão, com a Sprite (24,4%); e uva, com a Fanta Uva (57,6%). Perde posição apenas no segmento guaraná, no qual a Antarctica mantém-se na frente das demais empresas com 26,6% do mercado.

Quanto ao estabelecimento de preços, o mercado vive uma guerra entre fabricantes. Isso é reflexo, de um lado, da briga das grandes empresas por fatias do mercado e, do outro, de uma resposta delas ao avanço dos pequenos fabricantes, conhecidos como tubaineiros.

2.1.3 Preços e práticas

Os grandes fabricantes de bebidas têm utilizado a política de descontos como uma alternativa. Como o consumo está relacionado ao preço de venda, os descontos nos preços da bebida tornam o produto mais atraente e dão às empresas a chance de conseguirem um *market share* maior.

A Coca-Cola e a AmBev já estão implantando estratégias para diminuir os preços dos seus produtos e concorrer com os pequenos fabricantes. A AmBev vem implantando um processo de distribuição direta, que reduz os gastos com os distribuidores. O sistema elimina a margem do distribuidor, que varia de 15% a 30% no caso, e diminui os preços dos produtos.

Os preços dos refrigerantes são formados pelos custos de fábrica, impostos e margem de distribuição e varejo. De acordo com a Abir, a unidade do litro de refrigerante sai das fábricas a US$ 0,38 (43,7% do preço final). No valor são acrescentados US$ 0,26 de impostos (29,9% do preço final) e US$ 0,23 (26,4% do preço final) para a margem de distribuição e varejo. No varejo, o consumidor final paga US$ 0,87 para adquirir um litro (valores de 1998 antes da desvalorização cambial).

A formação dos preços básicos de bebidas é impactada diretamente pelo Imposto sobre Produtos Industrializados (IPI), Programa de Integração Social (PIS), Contribuição para Financiamento da Seguridade Social (Cofins), Imposto sobre Circulação de Mercadorias e Serviços (ICMS), Imposto sobre Serviços (ISS) e Contribuição Provisória para Movimentação Financeira (CPMF).

Em comparação com outros países, o refrigerante brasileiro sofre uma das taxações mais altas do mundo, segundo pesquisas da Abir que considerou dados de 10 países. Foi inferior apenas à cobrada na Inglaterra. Com dados de 1998, enquanto a carga tributária no Brasil chega a US$ 0,26 por litro, na Argentina corresponde a US$ 0,21 e no Chile é de US$ 0,14. "Nos Estados Unidos e Espanha, a taxação é de U$ 0,07, e na Venezuela e México, apenas de U$ 0,04".

A *Gazeta Mercantil* (1998) faz uma comparação do preço dos refrigerantes livre de impostos entre os países da América do Sul. O preço do Brasil lidera com US$ 0,38, enquanto o Chile e a Venezuela apresentam preços menores (US$ 0,27 e US$ 0,20 respectivamente). Além disso, com uma carga tributária de apenas US$ 0,04 e uma margem do varejo de US$ 0,12 no mercado venezuelano, o preço ao consumidor é de US$ 0,36, ou seja menor que o valor do refrigerante brasileiro quando sai da fábrica.

2.2 O avanço das tubaínas no mercado

As tubaínas também são conhecidas como refrigerantes de "segunda linha", devido à menor quantidade de gás e ao maior teor de açúcar em relação às demais bebidas da categoria, além de se posicionarem sobretudo nos sabores guaraná, tutti-frutti, limão e laranja. O consumidor que antes apenas consumia refresco em pó pôde ter acesso a esses refrigerantes, principalmente com as ofertas de preços baixos.

Calcula-se que no setor existam mais de 180 marcas de refrigerantes de segunda linha. Várias delas surgiram após o Plano Real, motivadas pelo aumento do poder aquisitivo da população de baixa renda. No mercado estima-se que a cada quatro refrigerantes vendidos em 1998 no Brasil, um é envasado por uma fábrica regional.

O rápido crescimento pode ter dificultado o controle da qualidade dos produtos por parte dos industrializadores. Uma pesquisa realizada pelo Ministério da Agricultura em São Paulo, em julho de 1998, revelou que de 215 amostras de refrigerantes analisadas, 47 estavam adulteradas.

Com o objetivo de auxiliar o governo no controle da fabricação de refrigerantes, a Abir pediu ao Ministério da Justiça a elaboração de um código de ética para o segmento.

Seu modelo de distribuição restringe-se a um raio de 100 km, pois basicamente está transportando água com açúcar, onerando demasiadamente seu custo de distribuição em função do alto valor do frete.

O avanço dos pequenos e médios fabricantes no segmento foi promovido, particularmente, pelo uso das embalagens PET. As garrafas plásticas permitem custos menores na fabricação do produto e distribuição com menos riscos. Ao contrário do vidro, as embalagens PET não quebram, são mais fáceis de serem transportadas e são descartáveis. O envase em latas ainda é muito raro entre as tubaínas. Segundo alguns fabricantes regionais que dispõem de envase em lata, seu custo final no produto é alto e o consumidor não agregou valor a esta, recusando-se, portanto, a pagar o valor estipulado e preferindo a compra em embalagens de 2 litros.

A façanha de vender refrigerante a preços baixos, de acordo com produtores do setor, é resultado de uma combinação entre diminuição das margens de lucro e substituição de garrafas de vidro pelas de plástico.

De acordo com a *Gazeta Mercantil* (1988), a redução dos custos operacionais de engarrafamento em plástico possibilitou uma diminuição dos preços do produto. Em alguns pontos de venda, os produtos são vendidos a um valor 45% menor do que os preços das grandes companhias. Além disso, eles conseguem vender a garrafa de 2 litros por menos de R$ 1,00. A *Gazeta Mercantil* ainda apresenta pesquisas de varejo que revelam que 60% a 80% de decisão de compra de alimentos e bebidas ocorrem nos locais de venda, no qual o preço baixo é favorecido por uma fraca fidelidade à marca.

Os investimentos dos fabricantes de tubaínas em mídia são baixos, o que ajuda a reduzir os custos de seus refrigerantes e a praticar preços mais competitivos. O uso de marketing, um dos instrumentos mais utilizados pelas grandes empresas para a venda de seus produtos e que exigem altos investimentos, é praticamente ausente nesse nicho de mercado.

Outros motivos para o crescimento dos pequenos e médios fabricantes de refrigerantes são as embalagens mais modernas e os sabores semelhantes aos dos produtos mais tradicionais do segmento.

Mais um motivo contribuiu para esse fenômeno: após a junção da Brahma e Antarctica, muitos distribuidores foram descredenciados e abriram suas próprias fábricas, distribuindo seus artigos regionalmente.

As perspectivas parecem otimistas para os pequenos fabricantes de refrigerantes. O objetivo de alguns é manter o avanço no mercado por meio de investimentos em infra-estrutura. Pretendem expandir as operações com melhorias na distribuição e logística. O aperfeiçoamento dos canais de distribuição e o sistema de logística abrem oportunidades para a realização de negócios com redes varejistas.

2.3 A ameaça à vista

Os refrigerantes nacionais avançaram com grande velocidade sobre as grandes fabricantes já estabelecidas. O grande engarrafador é moroso na mudança ou adaptação de uma nova estratégia de mercado, enquanto o tubaineiro movimenta-se mais rapidamente, pois, normalmente, são empresas familiares, e as decisões de investimentos, alterações/adaptações de formulações, vendas e compras de insumos são tomadas com grande velocidade.

Essa agilidade transforma-se em vantagem competitiva, pois tende, em um primeiro momento, a quebrar o que já foi estabelecido pelo grande engarrafador como estratégia de atuação.

Em entrevistas feitas com profissionais do setor, observou-se que o temor quanto à sonegação fiscal também pode atrapalhar, e muito, seu negócio, derrubando o preço do produto, movendo o consumidor à compra de marcas regionais. Uma vez reduzido o preço, torna-se difícil retomar o patamar anterior.

Em resumo, as grandes marcas acreditam que a extrema agilidade do engarrafador regional em adaptar-se às situações adversas que o mercado oferece, transformando-se em um forte competidor regional com custos menores, de uma forma geral, e a sonegação são os fatores que oferecem as maiores ameaças ao seu negócio.

2.4 A reação

O crescimento da participação dos tubaineiros no mercado de refrigerantes provocou uma mudança nas estratégias das empresas líderes. O incômodo foi tanto que até a norte-americana Coca-Cola sentiu uma ameaça a sua quase total supremacia. Nesse sentido, a Pepsi-Cola Company, do grupo PepsiCo, deixou de ser sua principal rival em território brasileiro. A Pepsi-Cola juntou-se à Brahma, que a distribui. A estratégia da Coca-Cola para o Brasil incluiu desde o recuo de um possível acordo para a compra da Antarctica até a mudança de presidente da subsidiária brasileira para o cargo de vice-presidente.

Além disso, a Coca-Cola reposicionou o seu guaraná Taí em um patamar mais baixo do mercado, reduzindo seus preços. A empresa também possui uma marca regional chamada Simba, em que seus concentrados são produzidos na Zona Franca de Manaus.

De acordo com a *Gazeta Mercantil* (1998), de janeiro a maio de 1998, os negócios de produtos "segunda linha", como a Baré-Cola Light, Baré Tutti-Frutti e Frisante Polar Light (lançados em 1998), cresceram 122%, enquanto o volume de vendas dos refrigerantes tradicionais aumentaram apenas 4,8%.

A Brahma, por sua vez, também apostou no aumento de participação ao reduzir o preço dos produtos de sua linha de refrigerantes e adquiriu a Antarctica para, entre outras vantagens, ganho de *market share*.

2.5 O desafio de evolução e rentabilidade

Do cenário exposto até o momento, é interesse neste trabalho analisar o mercado de tubaineiros e identificar medidas para sua estruturação completa de forma rentável e competitiva.

Para estes, há um evidente mercado, ocorrido no decorrer da última década e ainda em rápido desenvolvimento, e que por essas características não apresenta indícios claros sobre sua rentabilidade.

De fato, se a expansão dos tubaineiros passar a seguir o modelo de instalações, rede de distribuição, política de marketing etc., já consagrado para os grandes, eles passarão a sentir o efeito da falta de rentabilidade que afeta hoje as grandes marcas. Haverá apenas uma troca de posição que os fatos evidenciam como desfavorável. Segundo a revista *Exame* (2000), a maior distribuidora da Coca-Cola no Brasil, a Panamco, obteve, em 1999, um prejuízo de 17 milhões de dólares e uma queda no faturamento de 50% em relação a 1998.

No entanto, o modelo dos tubaineiros, de empresas regionais com baixa tecnologia, pouco investimento em marketing, competindo fortemente em preço e dirigido a classes inferiores da população, embora coletivamente ameace cada vez mais a hegemonia das grandes empresas, não apresenta, para cada tubaineiro, grandes perspectivas de evolução, tendo ainda sua rentabilidade instável e em risco constante.

Da mesma forma que as grandes empresas estão arduamente buscando soluções para voltarem a ser rentáveis, abandonando conceitos e modelos mantidos por décadas, é de se esperar que existam outras soluções intermediárias entre os dois modelos existentes que possam servir para evolução dos tubaineiros, trazendo-os à área de crescimento e rentabilidade.

Apenas do lado do mercado, medidas como a ascensão ao mercado consumidor de maior renda, no qual o consumo per capita é muito maior, mercado de bares e restaurantes, em que a bebida resfriada pode ser comercializada a preços melhores, ou ao mercado de embalagens de menor porte, ainda que localmente distribuídas, podem ser alternativas de crescimento que não comprometem a rentabilidade.

Observe-se que a questão do lucro já está bastante explorada no caso do grande engarrafador. Nestes, identifica-se a rentabilidade no modelo de multicomponentes descrito por Slywortzky e Morrison (1998). Nesse modelo, as margens ocorrem de forma desproporcional nos diversos segmentos, porém é necessário manter os canais de distribuição de menor rentabilidade para propiciar a venda dos demais. É sabido que as margens de venda em supermercado são baixíssimas, porém compensadas por vendas em bares e restaurantes, máquinas de auto-serviço e *post mix*, nos quais o tubaineiro não atua.

De acordo com a referência bibliográfica, encontramos o quadro exposto a seguir, que identifica produtos *commodities* como aqueles de mais baixo nível de proteção ao lucro. Enquanto de um lado os grandes engarrafadores atuam fortemente na administração e domínio da cadeia de valor, com alto grau de proteção de seus lucros, os tubaineiros se mantêm mais na comercialização de *commodities* em um nível de custo próximo ao domínio zero de proteção de lucros.

Quadro 4.1 A estratégia focada no lucro

Poder de proteção do lucro	Índice	Ponto de controle estratégico
Alto	10	Propriedade padrão
	9	Administração da cadeia de valor
	8	Posições predominantes
	7	Propriedade do relacionamento com o cliente
Médio	6	Marca
	5	Liderança de 2 anos no desenvolvimento do produto
Baixo	4	Liderança de 1 ano no desenvolvimento do produto
	3	*Commodity* com 10% a 20% de vantagem de custo
Zero	2	*Commodity* com paridade de custo
	1	*Commodity* com desvantagem de custo

Fonte: SLYOWOTZKY; MORRISON, 1998, p. 52.

Por fim, na questão preço, o tubaineiro objetiva a prática do preço de sobrevivência definido por Kotler (1998), que somente cobre os custos variáveis e alguns fixos. A agregação de valor é, a longo prazo, essencial para a sua sobrevivência.

3. TÓPICOS PARA DISCUSSÃO

- ☐ Quais são os condicionantes mais relevantes do setor de refrigerantes? Quais os pontos fortes e fracos, as principais ameaças e oportunidades?
- ☐ Seria viável a pequena indústria de tubaínas aumentar seu porte e continuar competitiva? Há como aumentar a participação de mercado e concorrer com as grandes empresas de refrigerante, por exemplo, a AmBev?
- ☐ É possível, aplicando conceitos bem estruturados de segmentação de mercado, marketing, análise econômica, estratégias de operação e logística integrada à cadeia de valor do setor, propor um modelo de atuação para a evolução das empresas que atuam no segmento das tubaínas?
- ☐ Evidencia-se que os grandes engarrafadores buscam o modelo de cobertura ampla. Já o pequeno engarrafador não pode fazê-lo. Qual o mix de marketing que você, como consultor, sugeriria que fosse praticado pelos tubaineiros para que fossem atingidas as classes A, B e C?

4. NOTAS DE ENSINO

A percepção do valor do consumidor atribuído ao preço, qualidade, marca e distribuição

De acordo com os modelos de mercado-alvo definidos por Kotler (1998), evidencia-se que os grandes engarrafadores buscam o modelo de cobertura ampla em que o fornecedor tenta atender a todos os grupos de consumidores, em todos os produtos que estes possam necessitar. Já o pequeno engarrafador, no estágio atual, se porta claramente voltado ao atendimento do mercado de especialização por produto. Não são verificados esforços significativos de pequenos produtores atuando, por exemplo, com embalagens diferentes ou com outros canais de distribuição que não o supermercado. Estas seriam condições de atendimento de novos mercados, quer por oferta de novos produtos, quer por canal de distribuição.

Essa condição induz de imediato que se realize a comparação de valores apenas para o produto "refrigerante em embalagem PET de 2 litros distribuídos em supermercado", uma vez que não há, fora desse ambiente, a participação significativa do tubaineiro.

Em termos de segmentação, é importante identificar, afinal, qual a variável que realmente evidencia a percepção do valor pelo consumidor em relação às duas alternativas.

Por exemplo, uma segmentação por variáveis geográficas traria a informação de preferência entre as alternativas de locais diferentes, de pouca valia para análise de valor do produto, sem uma investigação complementar. É necessário evidenciar qual(is) variável(is) de segmentação de mercado influi(em) de forma significativa no seu comportamento para, então, chegar a uma possível conclusão sobre o valor de cada uma das partes.

A opção de segmentação surge de forma mais clara quando se analisa o mix de marketing de Jerome McCarthy, proposto no início da década de 1960 e ainda aplicável. As maiores diferenças apontadas entre as alternativas estão resumidas a seguir:

Quadro 4.2 Mix de marketing

	Grandes engarrafadores	Tubaineiros
Produto	Sabor padrão. Qualidade do produto assegurada.	Variações de sabor entre produtos de um mesmo tipo de vários fabricantes; algumas vezes, até do mesmo fabricante.
Distribuição	Encontrado em todos os pontos de venda.	Encontrado em pontos de venda vizinhos aos centros de produção.
Promoção	Propaganda abundante de sustentação de imagem.	Inexistente.
Preço	100	De 45 a 70

Fonte: Elaborado pelos autores.

Os elementos mais marcantes das duas opções sugerem que sejam analisadas variáveis de segmentação voltadas à renda e ao grau de instrução, visto que o preço se apresenta com uma diferença significativa. Qualidade do produto e disponibilidade de informação são diferenciais marcantes e, eventualmente, variáveis comportamentais.

Entre as variáveis de segmentação sugeridas por Kotler (1998), a segmentação de mercado por classe social acaba se apresentando como a que melhor responde pelas condições apresentadas.

Assim, o questionamento foi dirigido para que se obtivesse um resultado de percepção de valor dentro da segmentação por classe social.

Não se inclui no escopo deste estudo a elaboração de uma pesquisa direta a consumidores para avaliar a importância do valor de cada parte do produto tubaína ou refrigerante em geral. As informações que se seguem foram obtidas de entrevistas efetuadas com profissionais da área, conforme apontado nas referências deste trabalho.

Classe A

A classe A vem diminuindo o consumo de refrigerantes per capita, optando por águas, chás, sucos, isotônicos etc. Verifica-se que consomem refrigerantes em bares e restaurantes. Em casa utilizam também embalagens diferentes das de 2 litros. Além disso, rejeitam significamente a alternativa tubaína por inúmeros motivos, os quais são listados a seguir.

- Falta de consistência do sabor. Uma mesma marca pode vir com sabor diferente em diversos lotes.
- Falta de alternativa para a embalagem PET 2 litros. Por serem famílias menos numerosas, a garrafa de 2 litros não é consumida de uma só vez, gerando perda de gás, exigindo espaço em demasia na armazenagem etc.
- Disponibilidade incerta. Nem sempre encontram a mesma marca disponível nos vários locais de consumo.
- Temem ingestão de produto de origem pouco conhecida sem devido controle de higiene, dosagem e outros condicionantes de qualidade.

O fator marca de um refrigerante e sua associação à qualidade e ao sabor são aspectos que mais valorizam, seguidos pela disponibilidade. Como era de se esperar, o preço tem pouca importância na decisão de compra dessa classe.

Classe B

Nessa classe ainda se faz escolha prioritariamente pelo critério de preço. Em relação à classe C, priorizam a qualidade, marca e manutenção do sabor. A falta de produto na gôndola, no entanto, não impede a compra de outra marca.

Consomem refrigerantes em canais de distribuição diferentes do supermercado e costumam distribuir suas preferências de embalagens em mais de um padrão.

Classe C

Consomem refrigerantes principalmente em casa, quase sempre em embalagens PET de 2 litros. Não são fiéis a marcas, adquirem o produto quase sempre em supermercados, motivados por preço, bem como não apresentam rejeição significativa ao consumo de tubaína.

Em vista de a opção de compra ser fortemente concentrada na opção preço, a disponibilidade, marca, promoção e qualidade do produto passam a ser de baixa relevância.

Os *drivers* de custos do sistema

Segundo dados da Abir, os custos do produto representam 43,7% dos preços de venda, os custos de distribuição representam 26,4% e impostos, 29,9%, já mencionado no início.

Uma análise mais apurada dos componentes desses custos poderia ser obtida por meio da técnica do custeio *Activity Based Costing* (ABC) ou Custeio Baseado em Atividade –, a partir da definição dos direcionadores de custos.

No método ABC, as atividades são o foco do processo de custeio. Os custos são investigados, relacionando-se as atividades aos produtos, com base na demanda por tais atividades pelo produto durante o processo de produção ou o serviço em questão. Portanto, as bases de alocação usadas no custeio, fundamentadas na atividade, são medições das atividades executadas segundo Cooper e Kaplan (1998). Estas podem incluir horas do tempo de ajuste de máquina, número de vezes em que isso foi feito ou demais maneiras de distribuição em função da atividade que está sendo analisada, seja industrial, de serviço ou *overhead*.

No método ABC, o direcionador de custos ou *cost driver* é o fator que causa mudança no desenvolvimento de uma atividade, mensurando os respectivos recursos exigidos, ou seja, é o causador do volume de recursos consumidos.

Como exemplos de *cost drivers* podemos citar, energia elétrica, salários, total de salários pagos, manutenção e número de microcomputadores, desenvolvimento de sistemas, horas alocadas, número de funcionários por atividades, número de cópias, de notas fiscais emitidas, de ordens de compras de carros por atividade.

Para gerenciar todos esses custos de atividades podemos utilizar o sistema de gerenciamento com base nas atividades por meio da metodologia do ABC.

No desenvolvimento deste trabalho, os dados relativos a custo e forma de custeio não foram disponibilizados pelas empresas contatadas ou por meio da pesquisa secundária. Isso impossibilita maiores discussões sobre esse assunto de forma quantitativa. No entanto, abordaremos de forma conceitual nos itens seguintes os possíveis direcionadores de custos existentes e as diferenças entre as grandes, médias e pequenas companhias.

Insumo, custo e evolução técnica

O crescimento da indústria de refrigerantes impulsionou positivamente o crescimento e o desenvolvimento dos fornecedores de insumos, embalagens, máquinas e equipamentos. Na década de 1990, houve uma maior procura de embalagens para o envase de refrigerantes, assim como forte demanda de máquinas e equipamentos para as novas fábricas e suas ampliações.

Como insumos utilizados pelos fabricantes podemos contar com: água, açúcar, suco concentrado de frutas, extrato de guaraná, acidulantes, ácido cítrico, xarope, composto de extrato de vegetais, corantes, gomas, entre outros. Também requer a utilização de gás carbônico e, obviamente, máquinas e equipamentos compostos de caldeiras, tanques de preparação de xaropes simples e compostos, misturadores, tubulações diversas de inox, recravadeiras para tampar garrafas, filtros, rotuladoras, máquinas de envase, empacotadoras etc.

Na produção dos refrigerantes, como exposto, são utilizados água, açúcar, acidulantes, essências naturais, sucos de frutas e gás carbônico. Ao xarope simples (açúcar misturado na água quente) resfriado são adicionados os componentes de cada sabor (essências naturais, sucos, ácido cítrico, entre outros), segundo a formulação de cada produto e de acordo com os padrões de qualidade e identidade do Ministério da Agricultura.

Observamos uma forte movimentação de empresas nacionais e multinacionais no fornecimento de essências naturais já adicionadas aos corantes naturais e artificiais devidamente estabilizados. Assim, estima-se que o custo e o tempo de preparação dessa mistura tornam-se reduzidos. Mais adiante, como nova tecnologia de preparação, empresas especializadas já fornecem a mistura homogeneizada, estabilizada e pasteurizada, eliminando mais uma etapa do processo de fabricação do concentrado.

Esse sistema de preparação de concentrado é exatamente o que a Coca-Cola e a AmBev já desenvolveram durante anos e oferecem a seus franqueados. As pequenas e médias engarrafadoras, vislumbradas por esse sistema de facilidade operacional, estão caminhando para esse modelo de preparação.

A expansão desse mercado de refrigerantes também atraiu muitos investimentos estrangeiros para o Brasil no segmento de máquinas e equipamentos. Vieram recursos das multinacionais do setor que também atendem às cervejarias, outro segmento da indústria de bebidas que vem apresentando desempenho positivo.

Em um primeiro momento, os fabricantes de máquinas e equipamentos se beneficiaram com a expansão da capacidade de produção. Passado esse período, a demanda do setor diminuiu. Muitos investimentos realizados entre 1995 e 1997 foram concluídos com as fábricas praticamente montadas. Alguns produtores de máquinas e equipamentos registraram forte queda nos pedidos de seus clientes de maior porte.

Para os engarrafadores de menor porte ou tubaineiros abriu-se uma forte demanda por máquinas e equipamentos reformados e novos de menor capacidade a preços baixos de investimento, em torno de R$ 300 mil por uma linha completa, incluindo-se o gaseificador, tanques de preparação, enchedora e recravadora de tampas, além de tubulação de interligação dos respectivos equipamentos.

O setor de embalagens também passa por fortes transformações. A embalagem de vidro está perdendo espaço para o PET, conforme dados já apresentados.

Logística

Segundo a mais importante associação de especialistas da área, o *Council of Logistics Management* (Conselho de Administração Logística), sediada nos Estados Unidos, a definição adequada do termo é a seguinte:

> ... a administração logística é a parte do processo da cadeia de abastecimento que planeja, implanta e controla de forma eficiente e eficaz o fluxo e a armazenagem de bens, serviços e a informação relacionada desde o ponto de origem ao ponto de consumo com o objetivo de atender aos requerimentos dos clientes.

A partir desse ponto de vista, e como veremos a seguir, a logística praticada pelas grandes companhias é muito mais sofisticada por ter acesso a instrumentos, recursos e conhecimentos mais amplos do que as pequenas e médias empresas. Estes são extremamente importantes para reduzir os custos de todo o sistema de *inbound* de matérias-primas, produção e entrega (distribuição) de produto acabado aos clientes.

Diferem, no entanto, em relação ao foco, pois as "grandes engarrafadoras têm o foco disperso em 950 mil a 1 milhão de pontos de entrega" (GAZETA MERCANTIL, 1998), em muitos e variados segmentos ou nichos de mercado, cujo custo de serviço torna-se extremamente alto.

Já as pequenas e médias companhias acabam por compensar a falta desses recursos ao direcionarem os seus produtos para competir apenas em segmentos ou nichos de mercado específicos, como o de supermercados e pontos de venda tradicionalmente regionais.

As grandes empresas contam com sofisticados sistemas centralizados de compras, com a qualificação e desenvolvimento de fornecedores, certificações de qualidade etc. Na entrega a clientes com a utilização de softwares de roteirização, estado da arte, como o *Roadshow*, programam-se as pré-vendas no dia anterior e depois roteirizam-se os "milhares de veículos da Brahma (7 mil), Coca-Cola (14 mil) e Antarctica (15 mil) (números de frota antes da fusão da AmBev) para fazer as entregas resultantes das pré-vendas somadas aos das televendas" (GAZETA MERCANTIL, 1998).

Direciona-se também toda a criatividade possível no desenvolvimento de veículos especialmente desenhados para ter uma maior produtividade na carga e descarga, bem como para a maior utilização da capacidade do veículo. Além disso, empregam-se todas as linhas de financiamento possíveis e criativas para essas frotas, com "*leasings* operacionais e terceirizações totais de frotas tirando esses ativos dos seus balanços. Empresas como a Panamco e a Brahma conseguiram reduzir as suas frotas em até 15% com a utilização dessas estratégias" (GAZETA MERCANTIL, 1998). O número de unidades de produção também foi reduzido com o objetivo de diminuir estoques, obter ganhos de escala e produzir quase conforme a necessidade diária do mercado, reduzindo drasticamente os custos de inventários. Apesar dessa centralização da produção e de estoques, houve, entretanto, um incremento nos custos de transporte.

Ainda assim, para ganhar da barreira da distância, quando necessário, as grandes empresas têm utilizado engenhosas estratégias de *crossdocking*, que, segundo definição da *Joint Industry Project on Efficient Consumer Response* (Projeto Conjunto da Indústria para a Resposta Eficiente ao Consumidor, associação formada por centenas de associações da indústria e comércio de todo o mundo), é um sistema de distribuição no qual a mercadoria recebida em um armazém ou centro de distribuição não é armazenada, mas colocada em outro veículo menor, que fará as entregas ao varejo. Essas operações têm sido implantadas com o objetivo de reduzir os custos de entrega nos grandes centros, em que a pulverização dos pontos de entrega é muito grande (por exemplo, 10 mil a 15 mil pontos de entrega ativos na cidade de São Paulo para as grandes empresas) (GAZETA MERCANTIL, 1998, p. 42).

A utilização de sistema de rastreamento via satélite também já está sendo normal entre as grandes empresas, seja por questões de logística ou por questões de segurança. A informação coletada por meio desse sistema, por exemplo o Autotrac (companhia de Nelson Piquet), permite controlar até a perícia do motorista na troca de marchas do veículo e como ele afeta o consumo de combustível deste.

Entretanto, as pequenas e médias empresas, que não possuem tanta sofisticação, atacam segmentos de mercado específicos. Contratam carreteiros ou transportadoras que trabalham em sua maioria com motoristas agregados à sua frota, a custos quase de sobrevivência. Algumas empresas pequenas chegam até a utilizar softwares de roteirização, enquanto outras buscam intuitivamente melhorar as suas operações.

Muitas praticam uma espécie de guerrilha de mercado, em que o supermercado parece cobrir apenas os custos fixos da sua operação e permite que a pequena distribuição regional que possui lhe proporcione os lucros desejados por meio dos distribuidores tradicionais que desenvolveram ao longo dos anos. Esses distribuidores consolidam suas entregas com outros produtos, como bebidas quentes ou águas, fazendo com que os custos de entrega sejam bastante competitivos comparados com os custos das grandes empresas.

Aparentemente, os compradores dos supermercados não querem abdicar da possibilidade de efetuar bons negócios nas compras, fazendo negociações *spot* com os produtores.

No entanto, algumas novas iniciativas buscam mudar a forma como se compra e se vende no canal do varejo e têm sido amplamente divulgadas como iniciativas formais da indústria e do varejo. Por exemplo, o *Efficient Consumer Response* (ECR) que, segundo a *Joint Industry Project on Efficient Consumer Response*, é a "estratégia na qual os parceiros comerciais, varejista, distribuidor e fornecedor, estudam métodos para trabalhar de forma mais próxima e eliminar os excessos de custos da cadeia de abastecimento de produtos de consumo e servir melhor ao consumidor", e o *Vendor Managed Inventory* (VMI) que, segundo o *CRP Best Practices Group* do mesmo ECR, definiu como "a prática de parceria entre os membros de um canal de distribuição que mudam a forma tradicional do processo de reabastecimento de pedidos gerados pelo distribuidor para um processo onde o armazém do distribuidor transmite diariamente dados sobre a sua posição de estoques e pedidos das lojas de forma eletrônica ao fornecedor, cabendo a este criar os pedidos necessários para assegurar que o armazém do distribuidor possa atender às suas necessidades".[3] Essas mudanças podem tornar-se uma grande ameaça às pequenas e médias empresas se implantadas amplamente pelas grandes redes de supermercados, uma vez que consideram a quase eliminação do papel do comprador e do vendedor no processo logístico.

Se grandes e amplos contratos puderem ser fechados entre grandes redes e grandes produtores, os avanços dos médios e pequenos empreendimentos nesse segmento poderão ser drasticamente afetados.

Custos de transação

A base para definir os custos de transação, conforme Zylbersztajn (1999), que, citando Arrow (1999), são os custos para mover o sistema econômico. No caso dos refrigerantes, dependendo do segmento de mercado, por exemplo, o dos supermercados, os custos de transação são bastante altos, como veremos a seguir. Os custos com desenho, estruturação, monitoramento e garantia de implementação dos contratos são expressivos.

O mercado é caracterizado, segundo Williamson (1996), em primeiro lugar pela frequência da transação. No caso dos refrigerantes, o grande volume de compras no varejo não cria o desejo nem o acúmulo de informações necessárias para a formação da reputação, pois o agente final das compras, ou seja, o consumidor, é anônimo. Portanto, existe para o varejista um valor maior pelo rompimento oportunístico de uma relação comercial para a obtenção de um benefício por um menor preço que o ganho obtido pela formação de uma reputação ou contrato de longo prazo com o fabricante.

Nesse setor praticamente inexistem contratos entre fornecedores e varejistas. No entanto, em algumas grandes redes de supermercados, há uma tendência a

---

[3] Disponível em: <http://www.ecrbrasil.com.br>.

se querer desenvolver uma reputação pela repetição frequente de transações de compra e venda, atribuindo, então, um valor ao comportamento não oportunístico entre os agentes. Isso leva a um desenvolvimento de processos em que os custos de preparação e monitoramento dos contratos sejam menores e, consequentemente, faz com que os custos de transação diminuam.

Em relação aos contratos entre as grandes companhias e suas franqueadas e distribuidoras, aparentemente o custo de rompimento oportunístico dos contratos pelas grandes companhias era menor que o custo da possibilidade de gerar novos concorrentes entre os dissidentes. Mas, como o relacionamento entre distribuidores, franqueados e o varejo não é anônimo, formou-se no tempo uma reputação entre o antigo franqueado ou distribuidor e o varejo, o que abriu as portas para a criação de muitos fortes concorrentes "tubaineiros" provenientes dos empreendedores descredenciados pelas grandes companhias.

Outra característica dos custos de transação, definida por Williamson (1996), é a especificidade dos ativos, ou seja, a perda do valor dos ativos envolvidos em determinada transação, no caso de esta não se concretizar ou do rompimento contratual. Na maioria dos segmentos do varejo de bebidas não é relevante a perda ocasionada por uma ou ambas as partes no caso da não realização ou rompimento do contrato, existindo, portanto, uma baixa especificidade dos ativos. Por exemplo, as conservadoras, ou *vending machines*, são de propriedade das grandes engarrafadoras, e se houver o rompimento de acordo com algum varejista ou ponto de venda, o equipamento somente será removido e recolocado em outro estabelecimento.

Já no que tange ao relacionamento entre as grandes companhias e suas engarrafadoras/franqueadas e distribuidoras, existe uma grande especificidade de ativos, pois estas têm grandes investimentos em máquinas, equipamentos e edifícios, dedicados exclusivamente para atender a esse negócio. O rompimento oportunístico, em muitas regiões, pelas grandes empresas das suas relações com seus franqueados e distribuidores com o objetivo de consolidar as operações regionais levou à criação de muitos concorrentes regionais que começaram já possuindo ativos e clientes nesse negócio.

Ainda do mesmo ponte de vista de análise, no segmento de restaurantes *fast-food* podem ser encontrados contratos que tendem a ser de longo prazo e de exclusividade, em que existe a intenção da formação da reputação e custos muito mais baixos de transação.

Ainda segundo Williamson (1996), o oportunismo é uma das características mais importantes dos agentes e que mais define os custos de transação. É importante ressaltar que, no caso dos refrigerantes, existe uma busca do autointeresse com avidez, por ser um mercado extremamente competitivo. A existência de milhares de vendedores ambulantes, pequenos e médios varejistas, em sua maioria com dificuldades financeiras, e grandes varejistas e atacadistas que trocam fornecedores frequentemente faz com que esse mercado tenha uma alta tendência a atuar oportunisticamente.

Impostos

Segundo a Abir, aproximadamente 30% do preço pago pelo consumidor se refere a impostos, 44% diz respeito ao custo de fabricação do produto e 26% à margem de distribuição e do varejo. Os preços são impactados diretamente pelos seis principais impostos:

Quadro 4.3

Imposto	Alíquota
ICMS (Imposto sobre Circulação de Mercadorias e Serviços)	17% a 25% dependendo do estado. Regime de substituição tributária.
IPI (Imposto sobre Produtos Industrializados)	40% sobre o preço praticado pelo fabricante.
ISS (Imposto Sobre Serviços)	5% havendo a incidência sobre o custo do transporte dentro do mesmo município.
PIS (Programa de Integração Social)	0,65% sobre o preço faturado em cada etapa da venda.
COFINS (Contribuição para o Financiamento da Seguridade Social)	2,0% sobre o preço faturado em cada etapa da venda.
CPMF (Contribuição Provisória sobre Movimentações Financeiras)	0,30% sobre a movimentação de numerário em contas bancárias.

Fonte: Elaborado pelos autores.

O IPI é estipulado para cada tipo de produto e embalagem (pauta). A alíquota média de IPI sobre a indústria de bebidas é de 40% sobre o preço praticado pelo fabricante. O PIS e o Cofins são definidos como contribuições de cunho social, com alíquotas de 0,65% e 3%, respectivamente, sobre o preço faturado em cada etapa de venda. O ISS é um imposto municipal com alíquotas diferenciadas, em geral de 5%. No caso de refrigerantes, refere-se ao transporte efetuado por transportadoras contratadas para fazer entregas dentro da mesma cidade de emissão da nota fiscal; caso contrário sobre o transporte somente incidirá o ICMS como substituição tributária, ou seja, recolhido pelo fabricante.

O ICMS possui alíquotas diferenciadas, que, no caso de cervejas e refrigerantes, variam de 17% a 25% sobre bases estipuladas por meio de regras próprias estabelecidas pelos estados. Na maioria dos estados brasileiros é de 17%, exceto São Paulo, Rio Grande do Sul e Minas Gerais, cuja alíquota é de 18%, e Rio de Janeiro, 20%.

O peso do ICMS é maior nas fábricas em razão do regime de substituição tributária, que antecipa a sua cobrança em todas as fases de venda do produto. O fabricante é o responsável pelo recolhimento do ICMS de toda a cadeia. No momento em que o produtor vende, ele paga o seu imposto mais o percentual que o distribuidor pagaria ao vender para o varejista e, também, a taxa que o varejista deveria pagar ao vender para o consumidor. O valor do produto aumenta 129% desde a saída da fábrica até o varejo. Desse percentual, 68,4% correspondem aos tributos (incluindo os federais e municipais), e o restante, à margem de distribuição e varejo

Se fosse um sistema de tributação normal, a cada uma dessas saídas deveria haver um débito do comprador e um crédito para o vendedor. O sistema de substituição tributária é um convênio do qual fazem parte a maioria dos 27 estados brasileiros. As alíquotas interestaduais são fixadas pelo Senado Federal, para que não haja competição entre os estados, e as alíquotas internas são ditadas pelos próprios estados.

Este estudo deve, no entanto, mencionar que as empresas médias e pequenas são constantemente acusadas pelos grandes produtores de praticarem sonegação fiscal. Essas denúncias são veiculadas pela imprensa nacional. No entanto, as empresas médias e pequenas acusam as grandes de serem privilegiadas com incentivos fiscais, por exemplo, a fábrica de xarope da Coca-Cola na Zona Franca de Manaus, com incentivos fiscais concedidos calculados em até US$ 200 milhões. Da mesma forma, a Schincariol, nas suas fábricas da Bahia e do Rio de Janeiro, soube obter incentivos fiscais importantes que viabilizaram o seu negócio. Portanto, a guerra fiscal também chegou a essa indústria. Não faz parte do escopo deste estudo investigar denúncias, mas, ao mesmo tempo, não se pode ignorá-las por se tratar de uma variável importante em uma avaliação do setor de refrigerantes do País.

A evolução e as perspectivas dos canais de distribuição

Como quase todo produto de grande volume voltado ao mercado consumidor, a possibilidade de distribuição de refrigerantes por venda direta é absolutamente inviável. A importância da função do canal de distribuição é, de fato, um dos fatores mais relevantes para a realização de lucros nesses casos, como ilustram Slywotzky e Morrison (1998, p. 132-149).

Conforme esses autores relatam, no início da década de 1980, Roberto Goizueta, então CEO da Coca Cola, redefiniu o antigo modelo de negócio da empresa como fabricante de xarope, com o objetivo de incluir um controle estratégico forte nos canais de distribuição. Anos recentes de perda de participação, especialmente no segmento de supermercados, motivaram ainda mais a incorporação dos distribuidores à estrutura da empresa, que viu nestes a zona de lucro de seu negócio. Capturar o lucro do engarrafador e possibilitar uma gestão controlada do mercado consumidor passaram a ser objetivo da Coca-Cola. No processo, grandes engarrafadores passaram a contar com a participação acionária da Coca-Cola em seus negócios, enquanto aqueles que não concordaram ou não tinham volume significativo ou interesse para a Coca-Cola foram descredenciados.

Ironicamente, no Brasil, boa parte dos tubaineiros que hoje concorrem com os grandes engarrafadores é constituída de antigos distribuidores ou franqueados destes, que após processo de descredenciamento passaram, como forma de sobrevivência, a produtores. Eventos locais como o processo de lançamento da embalagem PET, o aumento do poder aquisitivo resultante do Plano Real e o crescimento do consumo em supermercados agiram como catalisadores diante da atitude da Coca-Cola e fomentaram, sobremaneira, o crescimento dos tubaineiros. É pertinente destacar que a AmBev está seguindo os mesmos passos da Coca-Cola.

Para a decisão do "Projeto de Canal" de Kotler (1998), além da questão da quantidade dos intermediários contidos nos canais de distribuição, devem ser feitas as análises de compatibilidade de volumes, objetivos e restrições, e de qualidade de serviços prestados pelos canais a serem escolhidos. Claramente, os tubaineiros elegeram os supermercados como seu canal prioritário, identificando estes como sua melhor alternativa de projeto, em que, entre outras vantagens, diluem-se as diferenças de poder de controle em relação aos grandes engarrafadores. Prioridades de *displays*, espaços em prateleiras e outros catalisadores de vendas não são notáveis.

Na mesma referência, classificam-se os conflitos de canais em três modalidades: horizontais, que se desenvolvem entre agentes diferentes de mesmo nível do mesmo canal; verticais, quando não existe entendimento entre níveis diferentes do mesmo canal; e multicanais, quando existem conflitos entre canais diferentes. No modelo das grandes companhias, a possibilidade de conflitos de canal é muito grande. Por exemplo, entre supermercados concorrentes se verificam os conflitos horizontais. Os conflitos verticais surgem com a imposição por uma das partes de volumes ou preços e, novamente, atingem mais os grandes engarrafadores. Os conflitos multicanais ocorrem entre canais diferentes, ao perceber estratégias que privilegiam um canal sobre o outro. Para o tubaineiro, a probabilidade de conflitos multicanais é mínima.

Basicamente, os canais de distribuição dos refrigerantes são os tradicionais varejistas e atacadistas, assim como em outros setores de consumo, além dos milhares de vendedores ambulantes que existem espalhados por todo o território nacional.

Segundo dados da AC Nielsen, os supermercados eram em 1995 responsáveis por 28,1% das vendas de refrigerantes. Em 1999, a própria AC Nielsen auditou que essa participação passou a 47,7%, um aumento de 69,8%.

Os atacadistas são essencialmente de dois tipos, os "generalistas", que distribuem outros tipos de produtos industrializados, inclusive bebidas, e os "exclusivos" por marca ou "especializados", que se dedicam unicamente a uma marca ou fabricante. Tanto os grandes como os médios e pequenos possuem um grande número de distribuidores no mercado.

Os varejistas são os restaurantes, as lanchonetes e *fast-foods*, mercearias, supermercados, hipermercados, lojas de conveniências, bares, padarias, postos de combustível, *vending machines*, quiosques em *shopping centers* etc.

O advento das embalagens PET possibilitou a exploração de pontos de venda não convencionais, uma vez que não era mais necessária a troca de vasilhames, permitindo que a compra fosse feita mais por impulso.

Supermercados

Os supermercados objetivam obter os seus ganhos por meio do giro dos produtos. As margens e custos menores e a agressividade nas promoções fizeram com que os auto-serviços se tornassem o principal segmento de vendas de varejo dos refrigerantes, respondendo por 30% a 40% das vendas totais.

A introdução da embalagem PET permitiu descomplicar as problemáticas operações de troca de vasilhames, seja para o consumidor, seja para o supermercado.

Permitiu também a liberdade de escolha do consumidor, que, na gôndola, passou a tomar suas decisões de compra, seja por preço, qualidade ou marca, não estando mais vinculado aos vasilhames que possuía.

Os grandes supermercados, na guerra pela busca de *marketshare*, buscam na centralização de suas compras a estratégia que permitirá obter o alto giro, baixo nível de estoques e massa crítica necessários para validar a sua expansão. Com isso, as práticas de compras centralizadas e marcas próprias permitem um poder de barganha muito grande e pouca fidelidade em relação aos produtores. No entanto, essas forças agem contra si mesmas se os fornecedores não mantiverem o padrão de qualidade esperado pelos consumidores, os quais poderão voltar sempre a marcas mais tradicionais, seja de médios, pequenos ou grandes produtores. Em alguns casos, a evolução do Intercâmbio Eletrônico de Dados (EDI), o *Collaborative Planning Forecasting and Replenishment* (CPFR), o *Efficient Consumer Response* (ECR), e a Reposição Automática de Estoques (*Continuous Replenishment*) podem ser fatores que diferenciarão os médios e grandes produtores dos pequenos, uma vez que estes poderão adequar-se a tais requerimentos com maior facilidade. A dúvida é saber quem será o ganhador de possíveis contratos de longo prazo que possam surgir dessas estratégias logísticas com as grandes redes de supermercados.

Já os pequenos e médios supermercados vivem principalmente de compras oportunísticas com os fornecedores. Em muitos casos existem relacionamentos de muitos anos entre fornecedores de tubaínas e os donos dos supermercados médios e pequenos. Os "mercadinhos" tradicionais florescem sobretudo nas periferias, em que a luta por espaço é muito grande e a tubaína, por ter um preço mais baixo, tem a preferência do consumidor e, portanto, do supermercadista. Os médios supermercados que alcançaram um nível de sofisticação ou profissionalismo maior ficam à espera de serem adquiridos pelas grandes redes e também florescem em regiões de crescimento e de baixo ou médio poder aquisitivo. Nestes a compra ainda é oportunística e o menor preço impera, o que faz com que as tubaínas tenham uma grande vantagem competitiva. Grande parte dos pequenos e médios supermercados têm estruturas eminentemente familiares, com baixo nível de profissionalismo e uma administração centralizada. Em muitos casos, as novas gerações não têm muito interesse em seguir o negócio da família e, por isso, o nível de sofisticação nesses negócios é muito baixo.

As *vending machines*, que somam mais de 18 mil unidades, permitem, além da venda de refrigerantes, a venda de outros produtos, permanecendo longe da concorrência e com grande exposição em locais de grande fluxo de público. A Coca-Cola, em 1998, já possuía cerca de 11 mil dessas máquinas, que hoje aceita notas de R$ 1,00. Grande escândalo internacional causou a Coca-Cola ao publicar que havia desenvolvido uma máquina dessas, que poderia aumentar ou diminuir o preço do produto conforme a demanda ou a temperatura externa.

No *post mix* os restaurantes de *fast-food* são um dos locais de venda mais importantes, pois o consumo é alto. Normalmente, os fabricantes trabalham com contratos de exclusividade. Por exemplo, a Coca-Cola tem um contrato de exclusividade de fornecimento de bebidas para a rede McDonald's, que controla 33 mil restaurantes em todo o mundo.

Postos de combustíveis, lojas de conveniência, padarias e bancas de jornal lideram os pontos de venda de conveniência no Brasil e vêm crescendo de forma muito agressiva. As vendas por meio de conservadoras são formas tradicionais desse tipo de pontos de venda. Estima-se que cerca de 100 mil conservadoras são utilizadas com o fim de vender refrigerantes em pontos de conveniência, e que esse número tem uma tendência de aumento nos próximos anos, uma vez que, além de promover o produto, permite a compra por impulso.

As condicionantes tecnológicas

Tecnicamente não é muito complicado produzir refrigerantes. É necessário apenas estrutura para mistura da água com açúcar e essência e uma linha de envase.

A fabricação é feita por meio de linhas de produção que unem os processos de elaboração e envasamento.

A elaboração se inicia na captação de água, via rede da concessionária, ou mais comumente no rio ou lençol d'água mais próximo, seguindo para os filtros para a retenção de sólidos e para clarificar a água. Na mistura são utilizados tanques de grandes dimensões para o armazenamento dos líquidos, máquinas misturadoras (*blenders*), equipamentos que limpam o maquinário (*spray ball* e *rinsers*) e canos de inox.

Os líquidos (água e xarope) são enviados separadamente às máquinas de envasamento. Antes da etapa final, são depositados em tanques individuais, ao lado de um dosador que automaticamente libera o volume correto para o envasamento em cada garrafa.

A elaboração final do refrigerante ocorre quando o concentrado é misturado com a água e recebe adição de gás carbônico em proporções adequadas para cada tipo de refrigerante. O processo é realizado por intermédio do proporcionador e do carbonatador, que garantem uma mistura ideal de gás carbônico, xarope e água.

As máquinas para fabricação e engarrafamento são de aço inox, com sistema de autolimpagem e totalmente automatizadas. São linhas de produção de enchimento, lacradores e rotuladores com capacidades variadas, ajustáveis a com tamanhos e capacidades diferentes de embalagens.

Em grandes empresas, as rotuladoras estão na etapa seguinte à das injetoras de embalagens PET, que comumente têm seu fornecimento terceirizado no caso de empresas que não dispõem de injetora de embalagens PET.

Ao fim do processo, os vasilhames são depositados automática e suavemente nos engradados. As caixas cheias são colocadas por paletizadoras em plataformas padronizadas ou paletes, que facilitam a movimentação dos conjuntos feita por carrinhos empilhadores e o transporte até os estoques ou caminhões de entrega.

No setor de equipamentos para produção e engarrafamento de refrigerantes, surgiram novas alternativas devido à procura por máquinas de menor valor e de capacidade produtiva mais adequada aos pequenos e médios produtores.

Os grandes e tradicionais fabricantes de equipamentos passaram também a produzir linhas modulares direcionadas ao mercado de pequenos e médios produtores, fazendo com que o ganho por volume de produção acabe se reduzindo.

Enquanto os grandes produtores utilizam unidades industriais com equipamentos de alta produção, os pequenos e médios produtores buscam, como forma de compensar sua desvantagem pela escala de produção, alternativas que envolvam quase sempre a utilização de equipamentos usados ou de segunda linha.

Todo o processo produtivo envolve parcelas de custos fixos e variáveis. Uma vez que o custo fixo por definição não varia em função da quantidade produzida, a parcela deste no custo final do produto diminui em função da quantidade total produzida. Assim, o custo total unitário decresce com a quantidade até que seja atingido o limite operacional da unidade produtora. A partir de então, os adicionais de custos variáveis (horas extras, manutenção de equipamentos etc.) passam a tornar desvantajoso investir na produção adicional.

Gráfico 4.3   Comportamento do custo em fábricas de tamanhos variados

Fonte: KOTLER, 2000, p. 483.

Informações colhidas em entrevistas denotaram que os grandes produtores estão operando em volumes aquém de sua quantidade ótima, gerando um custo unitário acima do ideal. Já os pequenos e médios engarrafadores vêm operando em expansões sucessivas em suas unidades produtivas, gerando uma diferenciação de custo semelhante ao de uma fábrica de volume variável, em que vários módulos independentes podem ser acionados, gerando uma curva única de custo unitário.

A comparação entre os dois modelos não permite, pela ausência de números, conclusões comparativas entre custos dos grandes e pequenos engarrafadores. É possível que mesmo sem alcançar os valores otimizados, os grandes engarrafadores já tenham custos próximos aos pequenos.

A articulação da cadeia de valor

A ideia da cadeia de valor está fundamentada na visão de processos aplicada às organizações. Isso implica visualizar uma organização industrial ou de serviços como um sistema composto de subsistemas, cada um com as suas entradas, processos de transformação e saídas. Estas abarcam a aquisição e o consumo de recursos – dinheiro, mão de obra, materiais, equipamentos, edifícios, terras, administração e gestão. A forma como as atividades da cadeia de valor são finalizadas determina os custos e afeta os lucros.

A maioria das organizações precisa envolver-se em centenas ou mesmo milhares de atividades no processo de conversão de entradas em saídas. Essas atividades geralmente podem ser classificadas em primárias ou de apoio, que de uma forma ou de outra todas terão que se engajar de alguma maneira.

De acordo com Porter (1985), as atividades primárias são:

- **Logística de** *inbound* – envolve relações com os fornecedores e incluem todas as atividades requeridas para receber, armazenar e disseminar as entradas.
- **Operações** – são todas as atividades requeridas para transformar entradas em saídas (produtos e serviços).
- **Logística de** *outbound* – incluem todas as atividades requeridas para recoletar, armazenar e distribuir as saídas.
- **Marketing e vendas** – atividades que informam os compradores sobre produtos e serviços, induzem compradores a adquiri-los e facilitam as suas compras.
- **Serviço a clientes** – incluem todas as atividades requeridas para manter o produto ou serviço funcionando eficientemente para o comprador após a sua venda e entrega.

As atividades secundárias são:

- *Procurement* **ou compras** – é a aquisição de entradas ou recursos para a empresa.
- **Gestão de recursos humanos** – consiste em todas as atividades envolvidas no recrutamento, contratação, treinamento, desenvolvimento, compensação e, se necessário, a dispensa e rescisão contratual dos funcionários.
- **Desenvolvimento tecnológico** – relativo ao equipamento, hardware, software, procedimentos e conhecimentos tecnológicos trazidos para a empresa com o objetivo de transformar as entradas em saídas.
- **Infraestrutura** – serve às necessidades das empresas e une as várias partes que as compõem; consiste em funções ou departamentos como contabilidade, jurídico, finanças, planejamento, relações públicas, relações governamentais, qualidade assegurada e administração geral.

Os agentes da cadeia

As atividades primárias são:

- **Logística de** *inbound* – as estratégias relacionadas com operações de recebimento, armazenagem e disseminação dos insumos estão muito mais desenvolvidas nos grandes produtores, pois já contam com eficientes formas de reposição de estoques. A logística interna das fábricas é administrada com extrema eficiência. As empresas de médio e pequeno porte buscam imitar essas mesmas operações ou estratégias; no entanto, alcançar esse mesmo nível é ainda difícil, pois requer processos e tecnologia muito avançados e enfoque no treinamento dos funcionários.

- Operações – as empresas grandes têm acesso a equipamentos de maior produtividade e custos diretos de produção muito menores. As médias e pequenas têm acesso principalmente a equipamentos de segunda mão, que, uma vez acessíveis a custos mais baixos, permitem que concorram em nichos de mercado de alto volume e baixas margens. O controle de qualidade do produto é essencial nos grandes produtores, visto que qualquer problema nesse sentido permitiria a equiparação dos produtos de médios e pequenos com os grandes. No caso dos grandes empreendimentos, uma falha de qualidade como o da Coca-Cola na Bélgica, que custou à empresa uma queda na sua reputação em âmbito mundial, causou a demissão do presidente do conselho da empresa.

- Logística de *outbound* – as operações de logística de *outbound,* como mencionado anteriormente, são muito mais sofisticadas nos grandes produtores. Os médios empresários buscam imitar os grandes, pois possuem recursos financeiros, mas seus processos e tecnologia utilizados são ainda pouco desenvolvidos na maioria das empresas. As pequenas fábricas operam da forma mais simples, intuitiva e direta.

- Marketing e vendas – as grandes empresas têm atividades muito fortes de marca em âmbito nacional e global. O consumidor está sempre sendo recordado das marcas das grandes empresas. Os grandes empresários têm um exército de vendedores, telemarketing etc. Atingem muitos segmentos, como o "segmento frio" de restaurantes, bares, máquinas de autosserviço e todos os tipos de canais de distribuição. Os médios e pequenos, no entanto, mantêm o seu foco principal no preço e têm uma atividade quase de guerrilha de gôndola. Apesar da pouca infra-estrutura, atendem às expectativas dos clientes. A atividade de vendas tem o seu foco principal nos supermercados e utiliza os distribuidores de maneira bastante eficiente.

- Serviço a clientes – em termos de atividades de serviço a clientes, os grandes empreendimentos atingem o pequeno varejo e canais alternativos de vendas com muito mais eficiência e frequência que os pequenos, servindo até três vezes por semana os pequenos varejistas ou bares. Os médios e pequenos apenas buscam servir os clientes em um raio pequeno desde a sua unidade de fabricação e utilizam, muitas vezes, distribuidores que não são tão eficientes como os dos grandes produtores.

As atividades secundárias são:
- *Procurement* ou compras – as grandes produtoras nacionais e principalmente internacionais têm acesso à busca de fontes de fornecimento muito

mais competitivas que as encontradas no mercado local. Existem acordos internacionais para a compra de insumos, e pelos volumes de compra das grandes empresas, estas obtêm uma vantagem competitiva muito maior em relação às médias e às pequenas. No entanto, os médios e pequenos produtores trocam a qualidade pelo preço do insumo, tentando diminuir os custos.

☐ **Gestão de recursos humanos** – quanto ao treinamento, o conceito estabelecido pelos grandes produtores de que o treinamento é uma ferramenta extremamente importante para o sucesso da empresa os diferencia das médias e pequenas, que somente em casos excepcionais reconhecem a importância do desenvolvimento dos seus recursos humanos. No que se refere à remuneração, algumas empresas grandes possuem políticas de remuneração por resultados excessivamente agressivas, chegando a bonificar com até 12 salários adicionais ao ano os funcionários com resultados considerados excelentes. As médias e pequenas, no entanto, possuem políticas bastante restritivas de remuneração. Nas outras variáveis relacionadas aos recursos humanos não existem grandes diferenças, estando os médios produtores, principalmente, quase no mesmo nível dos grandes competidores.

☐ **Desenvolvimento tecnológico** – equipamentos de segunda mão ou novos relativamente baratos são possíveis de se obter hoje em dia. Não se comparam, no entanto, aos equipamentos das grandes empresas, mas já se criou um mercado para máquinas de produção de refrigerantes para tubaineiros. Hardware e software são, em geral, de fácil aquisição no mercado, mas as grandes empresas têm um afã maior pela informatização e eficiência ao passo que as pequenas e médias, que não são muito informatizadas; procedimentos e conhecimentos tecnológicos são fáceis de obter por meio de fornecedores de insumos, máquinas e equipamentos, mas não de uma maneira muito eficaz para os médios e pequenos empreendimentos.

☐ **Infraestrutura** – as grandes empresas têm uma forma estruturada de apoio por meio de grandes consultores, advogados, auditores e empresas de relações públicas e governamentais para fazer frente a todos os requerimentos necessários para o seu negócio. Como na maioria dos casos o escopo dos médios e principalmente dos pequenos é bastante restrito, esse suporte é contratado conforme seja necessário. Normalmente, não possuem grande planejamento nessas áreas, pois não requerem grandes esforços nem têm grandes desafios nesse sentido. Em relação ao planejamento financeiro e tributário, os grandes levam vantagem, pois contam com sistemas mais atualizados de gestão de negócios.

Análise do setor de refrigerantes

Este estudo de caso possibilita indicar os condicionantes com mais relevância do setor de refrigerantes na sua recente evolução, os quais podem ser enumerados a seguir:

Condicionantes
Plano Real (estabilidade econômica)
Advento da embalagem PET (2,7% em 1990 para 64,3% em 1997)
Expansão do mercado (de 4,6 bilhões de litros em 1994 para 11,3 bilhões em 1998 – 71,9%)
Supermercados aumentaram participação de vendas de 28,1% para 47,7% (aumento de 69,8%)
Descredenciamento de franqueados regionais e distribuidores das grandes empresas
Classe A e B: 20% da população responsável por 63% do volume
Classe C e D: 65% da população responsável por 35% do volume
Classe E: 15% da população responsável por 2% do volume
Alta incidência de impostos

Fonte: GAZETA MERCANTIL, nov. 1998.

Além dos pontos fortes e fracos das grandes, médias e pequenas empresas, bem como das oportunidades e ameaças do setor/mercado de refrigerantes (SWOT Analysis), têm-se:

Grandes empresas

Pontos fortes
Logística de *inbound*
Operações: com sistemas e equipamentos eficientes para ganho de escala e otimização de custos
Logística de *outbound* (atingir quase 1milhão de pontos de venda com a variedade de códigos requerida)
Alto número de códigos de produtos para atender a uma diversidade grande de clientes e segmentos de mercado
Marketing e vendas: marcas estabelecidas com padrões de qualidade tradicionais e reconhecidos
Procurement
Recursos humanos
Tecnologia
Poder de negociação junto a órgãos públicos na obtenção de benefícios fiscais e financiamentos

Pontos fracos
Lentidão para mudanças ou adaptações a novas realidades de mercado
Altos custos de distribuição a longas distâncias
Para alguns dos grandes fabricantes, o custo para atender a um grande número de pontos de venda
Overhead elevado

Pequenas e médias empresas

Pontos fortes
Serviço a clientes com atuação direta e forte criação de tradição ou reputação
Alta flexibilidade e agilidade de adaptação às necessidades ou tendências de mercado
Preço final
Custo de distribuição regional para o canal de auto-serviço no qual está atuando
Foco concentrado no canal de autosserviços com solução de embalagem otimizada

Pontos fracos
Custo operacional
Tecnologia
Operações de *inbound* e *outbound* em geral
Recursos humanos
Marca não estabelecida fora da região
Pouca diversificação de produtos
Pouca atuação ou pouco acesso aos órgãos gestores
Tendência a concorrer por preço baixo em detrimento da qualidade
Quase impossibilidade de atuação em distribuição com embalagens diferentes de PET 2 litros

Setor/mercado

Oportunidades
Decisão do consumidor no autosserviço (setor de maior aumento de vendas nos últimos anos) principalmente na gôndola
Baixa fidelidade do consumidor do autosserviço
Produtos comoditizados em que somente o critério de eficiência operacional tem fator relevante para a competitividade de empresas
Classes sociais altas (A e B) têm um potencial de consumo maior se assegurada a qualidade
Tecnologia cada vez mais acessível e equipamentos modulares
Exploração da Zona Franca de Manaus ou outros incentivos fiscais
Ex-distribuidores e ex-franqueados com grandes conhecimentos do mercado disponíveis para associações e fusões
Incremento de operações com a utilização de tecnologia da informação (ECR, CPFR, VMI etc.)

Ameaças
Sonegação pelo excesso de tributação
Risco de canibalização entre os pequenos e médios pela concorrência focada em preços
Baixa qualidade dos insumos alternativos

5. CONCLUSÃO

As tubaínas sempre foram associadas pelo mercado como o refrigerante de baixo custo e de constantes variações de sabor, o que lhe valeu o apelido de "refrigereco". Chega-se à conclusão de que apesar de serem uma *commodity* com pelo menos 10% a 20% de vantagem de preço sobre o refrigerante das grandes companhias, entre os próprios tubaineiros os seus produtos são *commodities* com paridade de custo.

O ponto de controle estratégico, necessário para a proteção do fluxo de lucro do negócio contra os efeitos corrosivos do poder do cliente e da concorrência entre os próprios tubaineiros, é hoje praticamente nulo, colocando-os próximos ou já na situação de "lucro zero". Entretanto, as grandes empresas estão minando a sua lucratividade com base nas duas grandes falácias da antiga ordem econômica: participação de mercado e crescimento.

Há ainda fatores exógenos ao setor tubaineiro, tais como:

- a estabilização econômica proporcionada pelo Plano Real, que foi o principal fator para o aumento da renda das populações de classes C, D e E e da expansão do mercado (de 4,6 bilhões de litros, em 1994, para 11,3 bilhões, em 1998 – 71,9%);
- a introdução do PET, que revolucionou a forma de distribuição e venda do refrigerante (participação de vendas de 2,7%, em 1990, para 64,3%, em 1997) e facilitou a entrada dos supermercados como principal canal de distribuição (de 28,1%, em 1994, para 47,7%, em 1998, um aumento de 69,8%);
- o descredenciamento de franqueados regionais e distribuidores das grandes empresas incentivaram aqueles que tinham uma intimidade com o mercado varejista a tomarem a decisão de concorrer regionalmente contra as grandes, somando-se a algumas empresas regionais que já atuavam no mercado.

A articulação desses fatores cria o ambiente propício para o surgimento de inúmeras pequenas empresas, competindo avidamente em preço, em um produto de baixa tecnologia, com insumos acessíveis, condições que rapidamente transformaram os refrigerantes em *commodities*.

De outra forma, os grandes engarrafadores procuraram manter o seu negócio mais bem resguardado, investindo na manutenção de marcas fortes e também na administração da cadeia de valor de alto nível, que lhes permite obter um alto índice de controle estratégico de seus lucros.

Possuem um excelente domínio de todos os pontos: logística de *inbound*; de suas operações – com sistemas e equipamentos eficientes para ganhos de escala e otimização de custos –; logística de *outbound* (atingir quase 1 milhão de pontos de venda com a variedade de códigos requerida); marketing e vendas – marcas estabelecidas com padrões de qualidade tradicionais, reconhecidas e com alto número de códigos de produtos para atender a uma grande diversidade de clientes e segmentos de mercado – desenvolvimento constante de fornecedores *procurement*;

recursos humanos; tecnologia; e, finalmente, alto poder de negociação com órgãos públicos voltados à obtenção de benefícios fiscais e financiamentos.

Esses pontos fortes somente podem ser um pouco ofuscados por certa lentidão comparada aos tubaineiros em trazer mudanças ou adaptações às novas realidades de mercado, os altos custos de distribuição a longas distâncias e um *overhead* elevado.

As pequenas e médias empresas possuem, em contrapartida, um bom serviço a clientes com atuação direta e forte criação de *tradição* ou *reputação*, uma alta flexibilidade e agilidade em relação à adaptação às necessidades ou tendências de mercado. Possuem ainda um preço final muito abaixo das grandes, um custo de distribuição regional bastante competitivo para o canal de autosserviço e um foco concentrado nesse canal com solução de embalagem otimizada (PET).

Infelizmente, além de não possuírem marcas muito fortes, apresentam pontos fracos também na administração da cadeia de valor. Custos operacionais altos, falta de tecnologia, operações de *inbound* e *outbound* em geral de baixo nível, recursos humanos pouco desenvolvidos, pouca diversificação de produtos, pouca atuação ou acesso aos órgãos gestores, tendência a concorrer por preço baixo em detrimento da qualidade e a quase impossibilidade de atuação em distribuição com embalagens diferentes de PET 2 litros.

O mercado oferece claras oportunidades para esse setor: por força do crescimento das vendas em autosserviço, cresce igualmente a decisão do consumidor na gôndola do supermercado, em que o tubaineiro se vale da baixa fidelidade deste e apresenta com facilidade um produto similar de custo .

Outra oportunidade para os tubaineiros é o potencial de consumo das classes imediatamente superiores, sensíveis à marca e qualidade de assegurada.

Nada impede também que o tubaineiro implemente novas tecnologias cada vez mais acessíveis, equipamentos modulares, incremento de operações com a utilização de tecnologia da informação (ECR, CPFR, VMI etc.). Há ainda oportunidades de fusões e associações com outros ex-distribuidores e ex-franqueados ainda não estabelecidos.

Além disso, o mercado oferece ameaças consideráveis, tais como a sonegação de impostos pelo excesso de tributação, o risco de canibalização entre os pequenos e médios produtores pela concorrência focada em preços e a baixa qualidade dos insumos alternativos.

Dos pontos de vista apresentados, percebe-se que os tubaineiros foram levados a uma concorrência impiedosa de preços que estão derrubando as suas margens de lucratividade. Muitas dessas empresas deverão deixar de existir se persistirem nessa estratégia. A maioria acaba utilizando táticas que levam a uma redução contínua da qualidade, com o aumento do risco desses produtores. Entretanto, o produtor tem, em uma concorrência tão acirrada e na impossibilidade de reduzir mais os seus preços, uma grande tentação de sonegar impostos para continuar a subsistir, como são acusadas pelas grandes empresas (GAZETA MERCANTIL, 2000).

O que, enfim, pode responder a questão da lucratividade dos pequenos fabricantes não é o que fazer, e sim como fazer. É evidente que o modelo de lucratividade dos grandes engarrafadores é correto. Porém, os pequenos e médios não precisam crescer para implantá-lo, ou seja, podem fazê-lo simplesmente associando-se uns aos outros, trabalhando em conjunto e com uma estratégia única. Se, por exemplo, a questão do estabelecimento da marca, com qualidade assegurada é, como vimos, importante para a lucratividade, faz todo o sentido estabelecer um padrão para o produto "tubaínas", em vez da inviabilidade da promoção individual de cada um, que nunca atingiria alcance semelhante ao dos grandes produtores.

Em função desses fatos, recomenda-se que os tubaineiros mais conscientes se reúnam para formar uma associação que permita desenvolver uma estratégia de diferenciação de produtores e para defender de forma organizada e profissional os seus interesses. O objetivo principal dessa organização seria a de, em primeiro lugar, desenvolver padrões e regulamentos de qualidade e capacitar seus associados na utilização desses padrões na sua produção e como argumento de marketing e vendas. Isso levaria ao desenvolvimento de um selo de qualidade do setor. Essa associação deveria também contratar um órgão fiscalizador independente, que seria responsável por auditar a produção de todos os membros associados que queiram colocar esse selo de qualidade nos seus produtos.

No entanto, a associação deverá arrecadar fundos para divulgar o selo de qualidade ao público em geral e fazer com que os seus membros utilizem em todos os seus produtos a qualidade atestada pela associação.

Em segundo lugar, a associação deverá representar os seus membros junto aos órgãos federais, estaduais e municipais na busca da reavaliação de tributações e na obtenção de benefícios fiscais. Também deverá buscar, sempre que possível, persuadir os bancos de desenvolvimento a criarem linhas de crédito que atendam às necessidades do setor. E deverá, principalmente, exercer o poder de polícia para defender o consumidor de ataques especulativos de concorrentes de baixo preço e qualidade, ou sonegação de impostos presumidas.

Acreditamos que o setor tubaineiro deverá seguir com foco, pelos próximos anos, no canal de autosserviço, e com as iniciativas mencionadas poderá, nas suas regiões, fugir da concorrência unicamente por preço, podendo atacar uma lacuna do mercado existente entre os grandes, os médios e os pequenos produtores para desenvolver sua marca. Em uma etapa posterior poderá, então, iniciar uma estratégia de ampliação de mercado, após o reconhecimento da sua marca pelo consumidor, abrangendo o mercado de pequeno varejo até padarias, lanchonetes, bares e restaurantes com maiores opções de embalagens e volumes.

6. REFERÊNCIAS

ARROW, Kenneth J.; HAHN, F. H. Notes on sequence economics, transaction costs and uncertainty. *Journal of Economic Theory*, v. 86, p. 203-218, 1999.

CLM. *Logistics definition*. Disponível em: <http://www.clm1.org/Mission/Logistics.asp>.

COASE, Ronald. The nature of the firm. *Economica*, n. 4, p. 386-405, 1937.

COOPER, R.; KAPLAN, R. *Custo e desempenho*: administre seus custos para ser mais competitivo. São Paulo: Futura, 1998.

COUNCIL OF LOGISTICS MANAGEMENT. Disponível em: <http://cscmp.org/aboutcscmp/definitions/definitions.asp>.

ENTREVISTAS diretas e questionários respondidos por profissionais do setor:

Alcides Gallo Filho. Tietê/SP, 29 de setembro de 2000.

Fernando Pinheiro. Goiânia/GO, 27 de outubro de 2000.

José Roberto Violin. Leme/SP, 6 de outubro de 2000.

Marcelo Giugliano. São Paulo/SP, 27 de setembro de 2000.

GAZETA MERCANTIL. Clipping. São Paulo, 11 de setembro de 2000.

GAZETA MERCANTIL. Clipping. São Paulo, 29 de agosto de 2000.

GAZETA MERCANTIL. Clipping. São Paulo, 30 de agosto de 2000.

GAZETA MERCANTIL. Panorama Setorial. *A indústria de refrigerantes e águas*. São Paulo, nov. 1998. v. I, II, III, IV.

JOINT Industry Project on Efficient Consumer Response – Consolidation. *Strategies to Maximize Efficiency and Minimize Cost*. Glossary, p. 70-77, 1996.

KHOURY, Carlos Yorghi; ANCELEVICZ, Jacob. Controvérsias acerca do sistema de custos ABC. *Revista de Administração de Empresas – FGV*, São Paulo, v. 40, n. 1, p. 56-62, jan./mar. 2000.

KOTLER, Philip. *Administração de marketing*: análise, planejamento, implementação e controle. São Paulo: Atlas, 2000.

KOTLER, Philip. *Marketing para o século XXI*: como criar, conquistar e dominar mercados. São Paulo: Futura, 1999.

MC CARTHY, E. *Basic marketing*: a managerial approach. Illinois: Richard D. Irwin, Inc., 1960.

PORTER, Michael E. *Competitive advantage*, ch. 1, p. 11-15. New York: The Free Press, 1985.

REVISTA 2K. Disponível em: <http://www.revista2k.com.br/vida/tubaina/imprima.htm>.

REVISTA EXAME. São Paulo: Abril, ed. 723, 20 set. 2000.

ROSS, Stephen; WESTERFIELD, Randolph W.; JAFFE, Jeffrey F. *Administração financeira*. São Paulo: Atlas, 1995.

ROZTOCKI, N.; NEEDY, K. L. *An integrated activity-based costing and economic value added system as an engeneering management tool for manufacturers*. ASEM National Conference Proceedings, Virginia Beach, October 1-3, 1998, p. 77-84.

SLYWOTZKY, Adrian J.; MORRISON, David J. *A estratégia focada no lucro*. Rio de Janeiro: Campus, 1998.

TECNOSUL. *O método ABC, activity based costing ou custeio baseado em atividades*. Disponível em: <http://www.allora.com.br/metabc00.htm>.

WILLIAMSON, O. E. *The mechanisms of governance*. Oxford, 1996.

ZYLBERZSTAJN, Décio. *Economia das organizações*. MBA Internacional FEA-FIA USP, 1999. (Apostila).

A recuperação do mam
Experiência válida para outras instituições culturais?

- José A. G. Silveira • Ecaterina Grigulevitch
- Henrique Cecci • Ronaldo Bianchi

1. Introdução 99
2. O caso – a recuperação do **mam** 100
    - 2.1 Nova visão estratégica 101
    - 2.2 Mecanismos de financiamento 103
    - 2.3 Mundo 103
    - 2.4 Brasil 108
    - 2.5 Ações estratégicas e correção da rentabilidade.. 113
    - 2.6 Estrutura **mam** 115
    - 2.7 Resultados institucionais 117
3. Tópicos para discussão 123
4. Notas de ensino e conclusão 123
5. Referências 126

Resumo

Este estudo de caso foi elaborado por alunos do MBA Executivo Internacional, sob a orientação do Prof. Dr. José A. G. Silveira, a partir de informações obtidas com o Museu de Arte Moderna de São Paulo (**mam**) e de domínio público. Procurou-se desenvolver um roteiro de sugestões sobre a estratégia de uma instituição cultural, considerando a dinâmica do Museu de Arte Moderna de São Paulo de 1995 a 2000.

O caso explora a estratégia, os limites e os resultados da experiência de recuperação econômico-financeira do **mam**, a fim de averiguar a validade desta para outras instituições culturais. Aborda a prática das leis de incentivo fiscal, parcerias com empresas, vínculos com pessoas físicas pelo sistema de sociedade, ofertas de produtos diretamente ao mercado e convênios com a administração direta e indireta das esferas de governo como possíveis fontes de recursos a serem revertidos para atividades culturais.

Na primeira parte, ele apresenta a história do **mam**, relatando seu início, seu ápice na década de 1950, sua quase extinção, no início dos anos 1960, e seu ressurgimento. Na segunda parte, mostra a situação de instituições culturais, assim como as formas de financiamento existentes em países do bloco europeu, nos Estados Unidos e no Brasil. Na terceira parte, analisa a dinâmica estratégica do último quadriênio, que consiste na concepção da nova visão, sua implantação, frutos e limites.

Palavras-chave

• Museu de Arte Moderna de São Paulo • Leis de incentivo fiscal • Fontes de financiamento.

1. INTRODUÇÃO

Em 15 de Julho de 1948 foi criado o Museu de Arte Moderna de São Paulo (**mam**), com suas bases alargadas, como queriam Rokefeller e Sprague Smith. Assinam a ata de constituição da sociedade civil 68 pessoas, entre elas empresários, intelectuais, artistas e diversos arquitetos.

Os estatutos originais do **mam** diziam: "O Museu de Arte Moderna de São Paulo é uma associação civil de fins não econômicos, sem objetivos lucrativos, políticos e religiosos". Seus fins declarados eram de "adquirir, conservar, exibir e transmitir à posteridade obras de arte moderna do Brasil e do estrangeiro; incentivar o gosto artístico do público, por todas as maneiras que forem julgadas convenientes, no campo da plástica, da música, da literatura e arte em geral, oferecendo a seus sócios e membros a possibilidade de receber, gratuitamente ou com descontos, todos os serviços organizados da associação".

Essa data histórica, de fundamental importância para as artes plásticas na maior cidade do País, coroava "uma série de prolongados entendimentos, de amigáveis discussões, enfim, acerca das cláusulas que deveriam reger a vida e as atividades da nova organização".

Ao longo dos anos, o **mam** realizou mais de 500 eventos, entre exposições especiais, retrospectivas, mostras de médio e de pequeno portes, exposições do acervo, exposições fora do museu, palestras, debates, cursos, lançamentos de livros, concertos, projeções de filmes, entre outros.

Para uma instituição que nos anos 1960 quase foi extinta, os anos 1990 demonstram um belo atestado de vida, comprovado não só pelos números. O relato das atividades "D'O Museu" – como era carinhosamente clamado nos anos 1950 – mostra a vitalidade dessa instituição historicamente inscrita na vida artística e cultural da cidade e ajuda a compreender o que está oculto em um nome. O **mam** nasceu no cerne de um movimento de além fronteiras pelo reconhecimento e divulgação da arte moderna em âmbito institucional, impulsionado nos anos 1940 pelo Museum of Modern Art (MoMA), seu irmão mais velho norte-americano. O projeto do Museu de Arte Moderna de São Paulo foi, ao longo de sua existência, especificado e definido pela prática cotidiana e pelas peças circunstanciais locais. Mas foi essa estrutura museológica de base que fez com que a instituição sobrevivesse aos vícios e caprichos humanos e resistisse à contrariedade dos tempos.

Com a memória presente de seu irmão gêmeo renegado – o primeiro **mam** – o museu de hoje segue lutando para desempenhar de forma digna e consciente um papel educativo entre os seus frequentadores. Nesse sentido, o museu tem dado especial atenção ao atendimento escolar, às oficinas de arte e tem desenvolvido projetos próprios na área de arte-educação com público diversificado. O museu também franqueia seus ateliês para o exercício da atividade de criação, por meio de cursos e *workshops* que contam com a participação de artistas e especialistas em diversas áreas.

O projeto inicial do **mam** mostra-se avalizado pelas inúmeras realizações de qualidade e pelo lastro específico de um valioso acervo de arte brasileira. O acervo, representando o coração desse organismo vivo, merece atenção cotidiana e investimentos periódicos para sua conservação, estudo, divulgação e atualização. A reserva técnica é o símbolo dessa atenção permanente.

Quanto à política de exposições, traçada no interior da comissão de arte, um dos principais objetivos é a reformulação do Panorama da Arte Atual Brasileira, "*piece de resistence*" da programação do **mam**. Também é intenção continuar trabalhando com curadores convidados para promover análises críticas do acervo, privilegiar exposições de caráter retrospectivo e histórico – baseadas em trabalhos universitários e pesquisas já realizadas – e, ao mesmo tempo, seguir oferecendo espaço para artistas emergentes, em projetos especiais, e continuar investindo em intercâmbios com outras instituições, nacionais e estrangeiras.

Sobrevivendo às crises que afetam a maioria dos museus de arte, o **mam** tem conseguido se erguer e dar "a volta por cima", para usar a expressão exemplar do samba de Paulo Vanzolini. Como um foco de resistência permanente, o museu tem sido capaz de mobilizar o interesse genuíno das pessoas que se sucedem na presidência, nos cargos de direção, na comissão de arte, na equipe técnica e administrativa e no corpo permanente de funcionários, alguns acompanhando o **mam** há longos anos.

Se é verdade que o pessoal técnico é o ponto mais importante na estrutura de um museu – como já ensinava o MoMA em 1947 –, e que dificuldades financeiras fazem com que esse objetivo ainda não tenha sido plenamente atingido, também é verdade que o museu caminha na direção correta. Nos últimos anos, a equipe cresceu, aprimorou-se e dedica à instituição o melhor de sua vibração profissional – houve uma apreciável alta na qualidade dos serviços especializados que regem a rotina de um museu.

A questão básica do **mam** e seu papel no ambiente artístico da cidade e do País, que merece permanente reflexão, tem sido respondida recentemente com uma atitude de trabalho. A postura pragmática da diretoria desempenhou importante função saneadora, dando impulso ao **mam** e fazendo conquistas, as quais esperamos que sejam irreversíveis. As últimas diretorias técnicas, afinadas com esse espírito, têm trabalhado para pôr "ordem na casa". O que o **mam** pôde mostrar em 2000 foi o fruto de ordem e trabalho, executado de forma consequente, consistente e que deve ter prosseguimento.

Ser museu é um ato ambicioso, apesar de aparentemente tão modesto. Os museus de arte brasileiros merecem contar com o melhor do nosso afeto vigilante.

2. O CASO – A RECUPERAÇÃO DO MAM

Em dezembro de 1994, um grupo da Diretoria convidou Maria de Lourdes Egidio Villela, Milu Villela, solicitando-lhe que assumisse a presidência do museu. Ela examinou toda a situação e assumiu a direção com a condição de ter carta branca para reformular o que fosse necessário.

O estilo intuitivo e ousado da nova presidente, com a contribuição de um pequeno núcleo de colaboradores, iniciou um processo de retomada histórica.

2.1 Nova visão estratégica

Figura 5.1 Principais focos da nova visão estratégica

Fonte: Elaborada pelos autores.

Ao longo dos primeiros meses, Milu Villela traçou um plano estratégico, que pleiteou a reforma do prédio e suas instalações. Ouvindo relatos da época, pôde perceber que o prédio estava com vazamentos em vários pontos, infestado de cupins, não possuía nenhum tratamento térmico em sua sala de exposições, a biblioteca era bem organizada – graças ao trabalho perseverante de sua coordenadora Maria Rossi – e possuía uma área para sua reserva técnica (local em que se abrigam as obras do acervo que não estão expostas).

Inspirada em vários museus na Europa e nos Estados Unidos visitados por ela, Milu traçou as linhas básicas para a reforma. Para realizá-la, contou com a ajuda da arquiteta Malu Pereira de Almeida, de Marlise Campano e Ana Maria Timóteo. É interessante a formação central desse núcleo, em que a totalidade da direção dessa reformulação era composta por mulheres. A elas foi dada essa relevante oportunidade, talvez porque muitos não acreditassem que fosse possível chegar aonde chegaram.

Houve uma importante contribuição do publicitário José Zaragosa e de sua empresa DPZ, que realizaram a campanha publicitária para levantamento de fundos. Assim, começou-se a divulgar a notícia de que estavam reerguendo o **mam**.

Concomitantemente ao início da reforma, iniciou-se o processo de desenvolvimento de fundos. De janeiro a abril de 1995, foi realizado o planejamento da reforma, e entre junho e outubro, a reforma foi realizada. Os fundos foram levantados entre as principais empresas e bancos de São Paulo; para localizá-los foi usada como bússola a edição de *Melhores e Maiores* da Editora Abril. As assessoras marcavam entrevistas para que Milu apresentasse o projeto da reforma, no qual eram destacados os pontos da reforma em si e a argumentação de que o **mam** estava se tornando um museu importante para São Paulo.

O programa levantou R$ 4 milhões de reais, sendo R$ 900 mil da Prefeitura de São Paulo e o restante de empresas que contribuíram para que a reforma se concretizasse.

Quais foram os pontos que se destacaram para uma visão estratégica do novo museu? A reformulação arquitetônica considerou que o **mam** deveria possuir um mix de fontes de receita e equipamentos para encontros sociais e culturais que não existiam. Assim, foram implantados: um auditório com 200 lugares, um restaurante com 120 lugares sentados ou 350 em pé, uma copa de apoio a coquetéis e jantares, um novo local para a loja, que na verdade anteriormente era um quiosque. O segundo ponto era a preocupação museológica, na qual destacamos as seguintes implantações: a instalação de mais uma sala de exposição de 300 m² e a reformulação dos sistemas de iluminação, energia e acondicionamento do ar. O critério para fazer do **mam** um espaço com condições técnicas internacionais tornou obrigatório que se atendessem às normas para o controle de temperatura e umidade nas salas expositivas, na reserva técnica. Foram instalados os controles para biblioteca, auditório, restaurante, loja e alguns setores administrativos. Com a reforma, foi instalado um gerador para atender a toda a demanda de energia elétrica do **mam**.

Terminada a reforma, o passo seguinte foi qualificar a programação das exposições, que não ficariam restritas às obras do acervo, mas receberiam exposições nacionais e internacionais, como o centro das novas programações. Assim, já em 1995 foi concebida a exposição das obras do pintor Miró, que atraiu cerca de 70 mil visitantes em janeiro de 1996.

Para empreender essa mudança, em novembro de 1995 foi contratado um novo curador, que começou a trabalhar em fevereiro de 1996, Tadeu Domingos Chiarelli, que possuía doutorado pela Escola de Comunicações e Artes da USP. A contratação de Tadeu foi uma resposta ao quadro estático, apresentado em 1995. Ele imprimiu, com Rejane Cintrão, sua curadora-executiva, que pertencia ao quadro do museu desde 1993, profunda alteração nos aspectos museológicos. Foi formada uma equipe para conservação do acervo, que se destacou pelo fato de cadastrar todo o patrimônio artístico e cumprir todas as exigências técnicas de um sistema de conservação; o **mam** passou a ter uma pesquisadora para atender às exigências das publicações e textos da área da curadoria, e foi também estruturada a composição da equipe de Produção e Montagem de Exposições.

O quadro administrativo era composto por três pessoas contratadas, que atendiam a uma baixa solicitação até início de 1995. A partir desse ano, o quadro foi sendo preenchido por mais uma assessora da presidência, Marlise, já citada, e um quadro de funcionárias que, por serem membros da diretoria, atuavam voluntariamente. A vice-presidente da diretoria, Elmira Nogueira Batista, exercia a função de relações públicas e atendia parcialmente ao gerenciamento da rotina administrativa. Ana Altério, junto a outra voluntária, Mayard Padilha, fez um bom trabalho a partir de meados de 1996 para colocar o **mam** no meio de locações de espaço junto a empresas de eventos. Esse trabalho incrementou significativamente as receitas próprias do museu, e o **mam** pôde, com o resultado dessa receita, garantir parte significativa de suas despesas mensais. No decorrer de 1997, aumentada a demanda por serviços, já possuía um quadro administrativo de 14 pessoas, sendo sete delas ligadas à manutenção predial e à montagem de exposições. A contabilidade era, como ainda hoje, terceirizada.

Os três primeiros anos da gestão "Milu" tiveram como visão atender a duas áreas: recuperar o espaço físico e aumentar a competência museológica, objetivando o reconhecimento qualitativo das suas atividades e de seu conjunto físico entre a comunidade ao público frequentador do circuito das artes visuais e aos seus pares. Dentro dessa perspectiva, os objetivos foram atingidos. Existiam áreas em que a gestão precisava ser desenvolvida ou reorganizada, entre elas destacavam-se o setor educativo e os setores natos de qualquer organização (financeiro, compras, serviços gerais). As tentativas feitas anteriormente para atender a esse desvio não tiveram sucesso aparente. No final de 1997, o **mam** estava com sua contabilidade atrasada em cinco meses e havia problemas de relacionamento entre as áreas. O setor educativo estava fundamentado em um trabalho incipiente, operado por duas pessoas, e atuava de forma reativa, ou seja, eram atendidas para visitas monitoradas somente as escolas que procurassem o museu.

Dentro desse cenário, a presidente da diretoria decidiu contratar um executivo que imprimisse uma nova dinâmica de relacionamento, saneasse as deficiências aparentes e complementasse a sua atuação entre potenciais patrocinadores para fortalecer o sistema de desenvolvimento de fundos. Nessa perspectiva, Ronaldo Bianchi foi contratado para corrigir as distorções e ampliar a atuação do museu.

A forma de financiamento das atividades do **mam** precisava de revigoração, e, assim, foi desenvolvida a partir da observação dos mecanismos empregados por outros blocos.

2.2 Mecanismos de financiamento

A atividade cultural tem sido financiada de três formas: (i) apoio direto do estado por meio dos chamados subsídios; (ii) o apoio partilhado entre a iniciativa privada (pessoa jurídica e/ou física) e a renúncia fiscal do estado; (iii) o resultado de atividades desenvolvidas pelas entidades nos seus espaços, quadro associativo, sua marca, enfim, atividades de mercado.

É por meio dessa tríade que as entidades, as atividades e as manifestações culturais organizadas são financiadas para atingir seus objetivos. A arquitetura política e organizacional montada para canalizar recursos pode usar uma das três ou todas simultaneamente. As opções são aplicadas conforme as matrizes político-administrativas preponderantes de acordo com a época e o lugar, porém, uma relação comum é a participação do estado. Ele sempre é o eixo de comando, seja pela ação direta, seja definindo o volume da renúncia fiscal anual ou na regulamentação das atividades. É evidente que, em organizações culturais não diretamente dirigidas por órgãos centrais do estado, a ação administrativa flui de forma mais ágil e rápida, proporcionando a realização das atividades com menos desgastes e com economia de recursos.

2.3 Mundo

Segundo Victoria Dickenson, nos Estados Unidos, o *Smithsonian Institution* obtém cerca de 80% de suas receitas por meio de incentivos do governo federal, bem como um grande número de pequenos museus recebe incentivos de todas as esferas governamentais. Todavia, para muitos museus não estatais, grande parte das receitas provém de juros de investimentos com diferentes níveis de apoios governamentais.

Atualmente, todos os museus fazem parcerias com empresas para levantar fundos ou permutas para lidarem com projetos, como publicações, catálogos e vídeos. Operações de varejo, como lojas, cobrança de estacionamento, locação de espaço para terceiros, monitorias e serviços de restaurante, representam cerca de 9% das receitas de museus governamentais no Canadá. Uma pesquisa de 1988, ainda segundo Dickenson, realizada entre 155 grandes museus americanos, mostrou que eles arrecadam algo em torno de um quinto a um quarto de suas receitas por esses meios. Associados, que normalmente recebem benefícios, como admissão gratuita e descontos em mercadorias, podem também ser uma área de grande representatividade dentro dos museus. No Museum of Science, em Boston, as taxas pagas pelos associados representaram cerca de 10% das receitas operacionais no biênio 1991-1992.

Segundo Andy Leon Harney (in MOORE, 1997), Estados Unidos e Canadá estão cada vez mais voltados para o marketing. Aqueles que conseguem se adaptar a uma estratégia empreendedora de marketing sobreviverão, caso contrário, irão desaparecer. Essa posição acaba gerando certo atrito entre partes que compõem o cenário cultural. Conforme os museus passam a experimentar um empreendedorismo mais efetivo, surge um certo medo de que o marketing faça com que os propósitos iniciais do museu sejam esquecidos em favor de um enfoque mais popular e lucrativo. Não se pode considerar esse medo inteiramente sem fundamento. Há sinais de uma tensão criativa crescente entre o marketing e a curadoria, mas, em vários museus, há um entendimento tácito de que uma área não pode funcionar com sucesso sem a outra – o marketing existe para apoiar a missão básica do museu.

Em vários países do bloco europeu, é predominante a administração direta pelo estado dos museus, na qual o financiamento faz parte do orçamento e seus dirigentes são nomeados por conselhos e pelo Poder Executivo. Destacaríamos a França, Portugal, Espanha e Itália como o *frame* dessa participação preponderante do estado.

O sistema de participação direta do estado contribui para a preservação de atividades culturais que não possuam grande relevância mercadológica, ou seja, passíveis de investimento da área privada, mas de grande importância para preservação da memória nacional ou de manifestação de grupos sociais relevantes em termos antropológicos e políticos.

Na Alemanha, em consequência da centralização administrativa do período nazista, tudo, até o gerenciamento das artes, foi descentralizado. Cultura e informação são assuntos da sociedade civil alemã e dos estados e municípios. Segundo Dirke Augustin, cônsul da Alemanha em São Paulo, o governo central jamais poderia estabelecer critérios para as artes. Não poderia, por exemplo, definir o que é ou não é arte. A União aplica diretamente em cultura somente 2,7% (cerca de R$ 1,4 bilhão) do seu orçamento; os estados, 44,3%; os municípios, 53%.

O governo alemão destinou R$ 24 milhões só para a restauração de patrimônios históricos dos cinco estados que compunham a ex-Alemanha Oriental, e, de acordo com Augustin, a União isenta de impostos os patrocinadores que aplicam em institutos culturais, seja qual for a área. O patrocinador, porém, só recebe em troca um breve agradecimento dos beneficiários.

A Argentina ainda não dilui seus órgãos estatais de cultura. A subsecretaria vinculada ao gabinete da presidência mantém descentralizados e desconcentrados o Instituto Nacional de Cinematografia e Artes Visuais (INCAA), o de teatro, a Biblioteca Nacional e o Fundo Nacional das Artes. Afirma Hugo Storero que as quatro instituições facilitam o contato dos artistas com o Estado e permitem ações setoriais, reforçando o sistema centralizador de sua administração.

Um projeto de lei que facultaria às empresas argentinas abaterem dos impostos parte dos recursos destinados à cultura foi a plenário. Contudo, os parlamentares rejeitaram a proposta, alegando que ela poderia estimular a evasão fiscal. Novos estudos têm sido feitos para ressuscitar a ideia. Segundo análise de Storero, partem do pressuposto de que a cultura é mais que investimento econômico. É um investimento social. Portanto, não acreditam que êxito comercial seja sinônimo de qualidade nem que a constituição de um mercado deva ser um objetivo em si mesmo.

Curiosamente, leis protecionistas para cinema e teatro foram sancionadas em pleno ambiente de reformas neoliberais e privatizações de Carlos Menem. Para o ano de 2000, a subsecretaria da cultura argentina contou com um orçamento total de US$ 100 milhões para diversas áreas.

Os Estados Unidos representam um outro lado da moeda; os investimentos privados superam os investimentos públicos diretos, na ordem de 90% privado, com a opção de desconto no Imposto de Renda, e 10% público. É pertinente acrescentar que o Departamento Americano de Cultura analisa projetos culturais que desejam possuir o selo de exame, e aqueles que o receberem, teoricamente, têm mais probabilidade de atrair investimentos privados. O financiamento para os projetos culturais ou sociais poderá ocorrer mesmo não possuindo o selo, bastando a entidade ser registrada como possuidora daqueles fins junto ao Tesouro Americano.

O financiamento público direto na Europa representa 95% das verbas dedicadas à cultura, enquanto nos Estados Unidos não passam de 10%. Há um movimento na Europa para equilibrar essa dependência, principalmente na Inglaterra.

2.3.1 Enfoque mercadológico nos museus americanos

Segundo Fiona Combe McLean (in MOORE, 1997), um museu pode ser dividido, mercadologicamente, da seguinte forma:

Figura 5.2 Divisão mercadológica de um museu

Fonte: MOORE, 1997.

2.3.2 O acervo

Um museu não existe sem sua coleção. Qualquer outro aspecto é periférico: é a coleção que define sua personalidade e situa o museu em algum contexto. Muitas falhas já ocorreram ao tentar-se entender o significado da coleção de um museu. Enquanto muitos defendiam o produto de um museu como a "experiência" que ele cria, não se enfatizou um estreitamento entre experiência e coleção. Todavia, a coleção, sua interpretação e sua apresentação são fatores cruciais para o público e para o marketing.

Museus, em vários graus, refletem a atitude da curadoria, dos mecanismos organizacionais do museu na apresentação e interpretação de sua coleção. Decisões sobre quais obras devem ser expostas, assessoradas, compradas e escolhidas para exposições temporárias demonstram, cada uma, o diálogo entre o público e a instituição. Não se deve subestimar a tensão gerada pela coleção e seu valor percebido pelo público. Segundo McLean (in MOORE, 1997), em vários museus estudados, qualquer que fosse a natureza de seu acervo, este revelou-se fator determinante para sua estratégia de marketing. A relação entre o museu e o seu público dependia, portanto, da percepção da coleção.

O problema para um profissional dessa área não é tanto aprimorar a experiência do público, mas como saber que tipo de experiência ele presencia. O público visita um museu por diferentes motivos: curiosidade, aprendizado, para fugir de uma chuva, para ir ao restaurante etc., e qualquer que seja o motivo, todos são tratados da mesma forma. Um museu oferece vários programas, como palestras, para aqueles mais motivados – mas estes representam uma minoria –; para grande parte do público, tudo o que está disponível são as exposições de obras. Visitantes têm diferentes expectativas em relação a um museu. É possível suprir a todas? Da mesma forma, com que frequência se pensa em visitar museus? Uma das responsabilidades do marketing é enfocar certos setores e agir de forma direcionada, para que, assim, haja a minimização de uma possível "decepção" diante do esperado e realmente atingido, a dissonância cognitiva.

2.3.3 O espaço físico

A coleção proporciona uma identidade ao museu. Em marketing, segundo McLean (in MOORE, 1997), não é só uma identidade percebida pelo público apenas por meio de sua experiência com o acervo mas também pela da construção do museu como um todo. Essa construção ou espaço físico pode ser dividido em duas partes: a sua estrutura física e as facilidades que o museu oferece. Esses dois aspectos afetam a percepção do público em relação ao museu e devem ser uma preocupação central da equipe e dos mecanismos organizacionais.

2.3.4 A equipe

Bradord (1991) afirmou que o curador de um museu é seu pivô, ao redor do qual operam os demais setores. Embora ele seja um fator-chave, a equipe a sua volta é indispensável para o desenvolvimento das operações. Esse é particularmente o caso de museus não hierárquicos, operados por voluntários, ou em uma estrutura ligeiramente autocrática.

A visão do curador sobre o significado do acervo, das compras de obras, da conservação, da documentação, da montagem e sua atitude frente à estrutura física, sua relação com os mecanismos organizacionais e com o público são críticos para determinar o perfil da instituição. Os outros membros da equipe são cruciais para a formação de um relacionamento entre o museu e o público, e também contribuem para as tomadas de decisão.

Embora o grau de influência do curador e da equipe varie de acordo com a estrutura do museu, há obviamente uma importância fundamental para a definição da cultura organizacional. Assim, é de extrema importância que essa equipe entenda o motivo pelo qual o público é tão vital para o museu e como auxiliar para que todos os visitantes tenham uma experiência válida.

2.3.5 Mecanismos organizacionais

A equipe, o museu em si e o acervo são responsáveis, direta ou indiretamente, pela formação da cultura da instituição e podem ser chamados, assim, de "mecanismos organizacionais".

Eles são caracterizados tanto pela estrutura organizacional interna quanto pelos agentes externos, que se relacionam com o museu por meio de, por exemplo, doações, persuasão ou coerção, em outras palavras, que influenciam o museu de alguma forma.

A geração de recursos em grandes museus alcançou um nível de sofisticação muito grande quando comparados a pequenos museus. Para que isso ocorresse, algumas inovações tiveram que acontecer. Doações filantrópicas ou corporativas e associações (doações de pessoas físicas em troca de benefícios) são prioridade na pauta de qualquer museu americano, refletindo um incentivo do governo. O Museu de Ciência, por exemplo, segundo McLean (in MOORE, 1997), oferece uma espécie de associação corporativa, ou parceria, na qual, em troca de doações, a empresa ganha um portfólio de benefícios.

2.3.6 O público

O relacionamento entre o museu e o público se transformou nos últimos tempos. Partindo de um patamar inicial no qual os "clientes" tinham pouco ou nada a dizer à instituição, atingimos um nível, segundo McLean (in MOORE, 1997), no qual o direcionamento e o interesse público têm importância fundamental. O público, dessa forma, deve ser o foco do museu, uma vez que este é o principal ponto de enfoque mercadológico. Aos objetos de uma coleção só será dado significado ao serem vistos pelos frequentadores.

O museu tem de saber por que o público vai até ele ou, ainda, o que faria com que as pessoas o visitassem. Em outras palavras, o que eles esperam obter da visita. O grau de inovação e sofisticação que os museus têm alcançado em suas dependências para atrair o público é notavelmente maior nos grandes museus americanos comparativamente aos menores. O grau de participação do público, por sua vez, é talvez menos representativo nos grandes museus americanos. Em grandes museus, a participação está normalmente mais limitada a trabalhos voluntários, grupos de associados e envolvimento em atividades.

2.4 Brasil

O Estado sempre teve vital importância para a propagação e manutenção da cultura no Brasil. Todos os âmbitos, Federal, Estadual e Municipal, com mecenas brasileiros, foram responsáveis pela fundação de museus como o **mam** ou Masp, representando quase uma forma encontrada por grupos dominantes de resguardar o papel de gestor da cultura e da educação aos grupos minoritários, para que estes fossem representados nas esferas do poder e pactuassem as ações e privilégios de estar no governo. O Estado sempre serviu a cultura de forma preponderante, mesmo com ações empreendidas por representantes da área privada; todas foram apoiadas política e/ou financeiramente, umas mais, outras menos, parcial ou totalmente. No caso do Masp, por exemplo, seu polêmico fundador era exímio manipulador das fraquezas de políticos, empresários e burocratas do Estado. Contando com essa ascendência aos cofres e poderes públicos, aliada ao seu próprio patrimônio, o não menos polêmico Pietro Maria Bardi, seu curador, ofereceu a São Paulo o maior acervo latino-americano de arte e um belíssimo abrigo no espigão da Avenida Paulista. Talvez tenha sido um dos dois mais importantes rescaldos materiais da Segunda Guerra Mundial que o Brasil obteve de forma permanente. O outro foi a segunda leva da imigração européia e asiática. O primeiro nos legou o oitavo melhor acervo museológico de artes plástica, e o segundo ponto, a consolidação da oitava economia mundial. Chateaubriand e Bardi foram dois personagens empreendedores, visionários e geniais da história cultural museológica brasileira do século XX.

Terminado o período da ditadura militar, ascende ao poder um político com forte pendor poético com interesse de ampliar o apoio das atividades culturais, longe das amarras do Estado, mas com seu ônus financeiro. A Lei Sarney é sem dúvida um divisor de águas no financiamento da cultura brasileira. Os mais ortodoxos estadistas puderam tripudiar a lei, por suas falhas que permitiram um assalto aos cofres públicos, por empresários e produtores culturais inescrupulosos. A Lei Sarney foi regulamentada de forma muito inocente, para um mercado ávido por oportunidades legais e ilegítimas para pagar menos ou nada de Imposto de Renda. O mérito dela foi colocar o setor privado como o segundo eixo de financiamento à cultura, e torna-se evidente como ações culturais podem render lucro de posicionamento mercadológico em setores sedentos por vantagens competitivas, como imagem corporativa de empresa cidadã, por exemplo.

Com o sucessor de Sarney, Collor de Mello, no seu ímpeto de preservação do dinheiro público, extinguiu a referida lei, desabrigando a todos, honestos e desonestos. A cultura sofreu seu maior revés, o cinema em particular. A produção desse setor foi a zero. Cineastas importantes passaram a desenvolver atividades exclusivamente publicitárias ou dedicaram-se a outras atividades empresarias, como foi o caso de Alain Fresnot, que, de repente, viu sua carreira estancar, por ato impensado e autoritário, sendo obrigado a trabalhar e dirigir por longos três anos a empresa de sua família, por absoluta falta de apetência a dedicar-se ao mercado publicitário. Bastava a Collor reunir condicionantes para a adequada gestão do dinheiro público e o setor cultural continuaria sendo um polo de emprego e um importante setor econômico. Acreditou que pudesse prescindir do apoio da área cultural como do de outros setores e acabou gerando caos político.

Itamar Franco, político de boa tradição mineira, resgatou a atividade cultural patrocinada, parte por renúncia fiscal do Estado, parte por recursos da iniciativa privada. Promulgou a Lei Rouanet, corrigindo as distorções da Lei Sarney, garantindo a probidade do dinheiro público por meio da limitação da renúncia fiscal a um teto máximo, exame e aprovação antecipada dos projetos culturais e auditagem posterior das contas, por técnicos da Receita Federal.

No primeiro governo Fernando Henrique, seu ministro da Cultura foi Francisco Weffort, acadêmico da Faculdade de Filosofia da USP, que impulsionou o Programa Cultural Brasileiro, estendendo-o em todas as suas manifestações, partindo do cinema à recuperação do patrimônio histórico nacional, passando pelas artes plásticas, cênicas, música, literatura, enfim, irrigando todo o arco cultural. Os recursos para o exercício da renúncia fiscal foram ampliados e as empresas paulatinamente foram aderindo ao projeto e, atualmente, pode-se notar mais de mil empresas operando no setor. Cabe destacar que a cultura gera 160 empregos para cada R$ 200 mil de investimentos.

O modelo federal é reproduzido nas outras esferas de governo. Há um amplo programa de apoio à cultura nos governos estaduais da Bahia, Pernambuco e Ceará, assim como nas capitais de São Paulo e Rio de Janeiro e cidades importantes do interior de São Paulo. Os primeiros, ligados à renúncia do Imposto sobre Circulação de Mercadorias e Prestação de Serviços (ICMS), e os segundos, ao Imposto Sobre Serviços (ISS) e Imposto Predial e Territorial Urbano (IPTU). A legislação e a forma de aplicá-la serão desenvolvidas em outro item, quando abordarmos o desenvolvimento da estratégia do **mam**.

É pertinente destacar que as entidades culturais ligadas diretamente ou não ao Estado encontraram uma forma de operar um caixa independente da gestão estatal, atitude plenamente legal que tem auxiliado no desenvolvimento das atividades-fins, bem como na manutenção da estrutura organizacional como um todo.

As entidades particulares têm na legislação um esteio para ampliar seus espaços, instalar equipamentos modernos de controle de ar e outros que são primordiais para legar ambientes capacitados a abrigar o público e obras de arte. Todas as despesas de projetos culturais e da estrutura operacional são também beneficiadas.

O Brasil tem melhorado muito no aspecto de financiamento à cultura. A administração de entidades culturais tem demandado profissionais da área administrativa, dada a complexidade que está sendo exigida nos aspectos mercadológicos, administrativos e de planejamento.

O horizonte para ampliação desse setor é promissor, porém caberá aos gestores do Estado corrigirem as distorções que já se prenunciam, como entidades pseudo-culturais que buscam o abrigo da lei para atividades puramente comerciais, por exemplo, bufês que servem chás e atendem aniversários, bem como galerias que expõem obras que serão vendidas e institutos ligados à moda e ao setor automobilístico. Esse é um alerta às autoridades. Destaca-se que os produtores culturais e as entidades que não prestarem contas de seus projetos deverão ser punidos para que não se desmoralize a lei e o setor.

2.4.1 A prática das leis de incentivo à cultura

A seguir, há descrições das práticas de incentivo à cultura em diferentes esferas de poder.

Federal

A legislação federal de incentivo à cultura está amparada no conceito de renúncia fiscal, ou seja, o governo federal definiu que o apoio a projetos culturais, devidamente aprovados pela Comissão de Avaliação de Projetos Culturais do Ministério da Cultura, poderão ser objeto de desconto do Imposto de Renda a pagar por parte das pessoas jurídicas, desde que optante pelo regime de lucro real, no limite de 4% desse imposto. O elemento de comprovação será o recibo expedido em formulário próprio, definido em portaria, expedido pelo produtor ou entidade cultural beneficiada pelo depósito em dinheiro ou permuta por prestação de serviço/produto. O valor da transação será contabilizado como despesa operacional no mês da sua ocorrência. No momento da apuração do imposto a pagar, o contribuinte poderá abater 30% desse valor, desde que o somatório das duas parcelas não ultrapasse o limite porcentual estipulado (4%).

O mesmo procedimento é aplicado às pessoas físicas: elas poderão abater de seu Imposto de Renda doações para projetos culturais, no limite de 6% do seu imposto a pagar.

Ocorre que essa contribuição só será dedutível caso seja realizado até o dia 31 de dezembro do ano base da declaração. Por exemplo: na declaração do Imposto de Renda de 2000, ano base 1999, pode-se abater todas as contribuições a projetos culturais no limite de 4% na pessoa jurídica e 6% na pessoa física, desde que tenha realizado essa contribuição até a data de 31 de dezembro de 1999.

A legislação permite que doações para aquisição de acervo para museus, artes cênicas e edição de livros que tratam de humanidades sejam dedutíveis em 100%, obedecido o limite de 4% para empresas e 6% para pessoas físicas.

Estadual – São Paulo

O Estado de São Paulo possui uma legislação de apoio à Cultura, a Lei de Incentivo à Cultura (LINC). O fomento ocorre por meio de convênio estabelecido entre o proponente e a Secretaria do Estado da Cultura. Cabe ao produtor ou entidade cultural enviar à Secretaria o projeto que será analisado por uma comissão específica, que poderá ou não aprová-lo. Os recursos dessa lei fazem parte do Orçamento Geral do Estado. Como recursos para o ano de 1999 não foram liberados, esse fato determinou sua suspensão temporária.

É pertinente destacar que o legislador procurou estabelecer o mesmo critério de funcionamento da lei federal, mas, por razões desconhecidas, o texto foi alterado e o Estado de São Paulo possui uma lei pouco funcional. Essa lei de incentivo reforça a ideia de que os agentes do Estado determinam as áreas em que os recursos podem ser aplicados e para qual agente cultural.

Municipal – São Paulo

A Lei de Incentivo Cultural do município de São Paulo tem base no sistema de renúncia fiscal. Os contribuintes do ISS e do IPTU podem financiar projetos culturais previamente aprovados pela Comissão de Averiguação. O produtor cultural ou qualquer entidade pode apresentar um projeto a essa comissão, vinculada à Secretaria Municipal da Cultura, que poderá ou não qualificá-lo. Caso seja qualificado, os agentes poderão procurar patrocinadores.

O agente cultural poderá procurar um patrocinador para seu projeto a partir da sua pré-qualificação, a qual será autorizada pela comissão citada e publicada no Diário Oficial do Município.

O patrocinador de um projeto cultural previamente qualificado poderá incentivá-lo, obtendo como benefício fiscal o direito de descontar 70% da sua contribuição. O valor dedutível dessa contribuição não poderá exceder 20% do(s) imposto(s) a pagar. É válido lembrar que se pode usar os impostos individualmente ou o seu somatório como base de cálculo.

O patrocinador apresentará as exigidas documentações atualizadas. A comissão irá examiná-las e homologá-las. O patrocinador poderá depositar o valor do incentivo em conta bancária determinada pelo agente cultural após nova publicação no *Diário Oficial* do Município da qualificação do patrocinador.

As leis de incentivo vieram para ajudar o desenvolvimento da cultura e estão cumprindo esse papel.

2.4.2 O mam e seus patrocinadores

Figura 5.3 Principais incentivos utilizados pelo **mam**

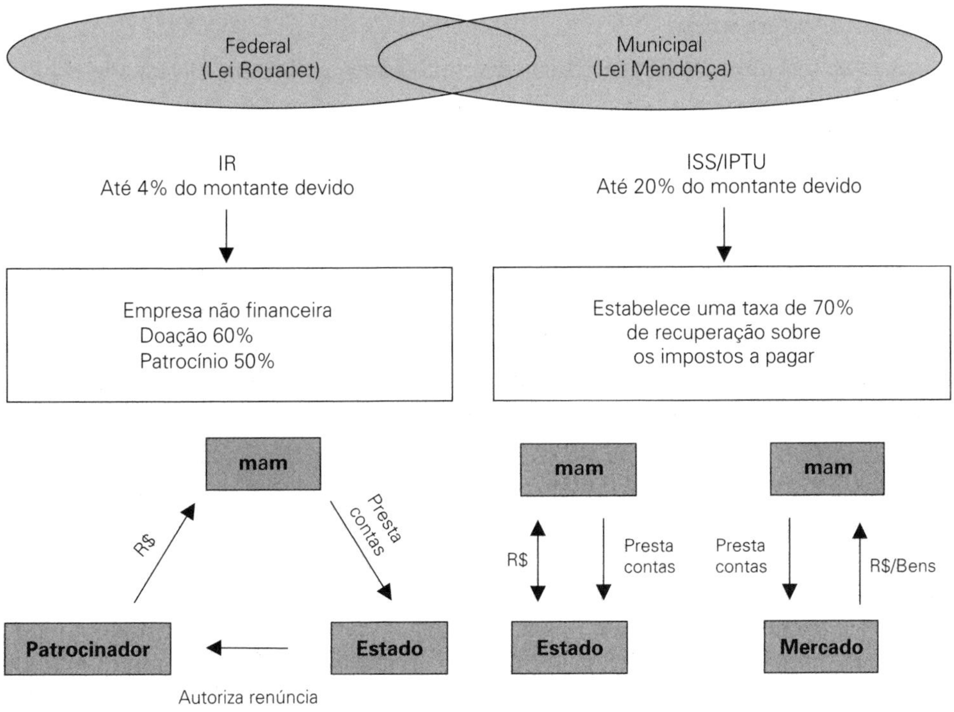

Como se pode notar pela figura anterior, o **mam** estabelece relacionamento com o mercado, empresas e governo. Em primeiro lugar, pelas leis Rouanet e Mendonça, o Estado permite que as empresas sejam patrocinadoras do museu e, em troca, tenham renúncia fiscal. Dessa forma, há o aparecimento de uma tríade: **mam**, patrocinador e Estado.

mam e Estado

A relação **mam** e Estado é relativamente simples: o **mam** deve prestar contas dos benefícios adquiridos ao Estado.

Em um terceiro ponto, temos a livre-iniciativa de mercado. O Museu de Arte Moderna de São Paulo presta serviços ao mercado, como cursos, restaurante, sócios, e em troca o mercado paga por esses serviços ou produtos que o **mam** venha a oferecer. Nesse caso, há a livre concorrência e o **mam** deve ter um enfoque mercadológico eficaz e eficiente para que possa competir com demais empresas de entretenimento.

mam e mercado

Locação de espaço

A locação de espaço era gerida por uma equipe de duas voluntárias que estruturaram o *modus operandi*, estabelecendo o valor da locação dos espaços do restaurante e do auditório, os horários disponíveis de locação, determinando as limitações da forma de utilização dos espaços pelos locatários, supervisionadas por um funcionário do **mam**.

A principal fonte de divulgação da disponibilidade de locação de espaços foi feita por um sistema boca a boca. Era um setor muito bem gerido, dada a experiência profissional da coordenadora.

Sócios

O quadro de associados do museu era composto por 150 sócios, que atendiam ao apelo de mecenato acompanhado de um conjunto de contrapartidas que o museu oferecia, porém pouco divulgado. Havia um elenco de categorias com benefícios segmentados por valor de contribuição, que não era efetivamente cumprido. O atendimento dos sócios resumia-se a coletar o valor da contribuição e atender a solicitações esporádicas. A operação era feita por uma voluntária que realizava a cobrança dos associados e suas demandas. Havia possibilidade para uma expansão que não estava sendo dinamizada.

Loja

O atendimento da loja era realizado por duas funcionárias, e os produtos à venda eram escolhidos por outras duas: uma selecionava os livros e a outra os produtos de uso pessoal, decoração doméstica, materiais de papelaria e objetos de arte.

O controle de estoque era deficiente, as margens de contribuição não eram estabelecidas a ponto de suprir as obrigações fiscais e custos operacionais. A loja, por sua vez, estava deficitária.

Restaurante

O restaurante do **mam** era terceirizado e o museu recebia 8% do seu faturamento até dezembro de 1997. A partir de janeiro de 1998, a taxa passou para 10%. Os preços cobrados eram relativamente altos em relação ao menu oferecido, ao atendimento prestado e ao público-alvo. Uma refeição média custava em torno de R$ 30,00.

A supervisão da operação estava diretamente ligada à assessoria da presidência, que homologava o resultado.

2.5   Ações estratégicas e correção da rentabilidade

Dado o quadro de janeiro de 1998, vamos às ações que acabaram por reverter as expectativas negativas ou de estagnação que pairavam no **mam**.

No início de 1998, ficou evidente que ações nos diversos centros de receitas e, por consequência, *zonas de lucro* poderiam aumentar os resultados, sejam financeiros ou do público visitante.

Foram disparados novos projetos de dinamização, assunto de visibilidade do museu (marca) e suas atividades para o público em geral. As ideias centrais foram:

- Atrair o público para o **mam,** sendo este reconhecido como um local em que o visitante pudesse ampliar seu conhecimento sobre as artes plásticas e ter o prazer de desfrutar da programação das sessões de cinema, música, do restaurante, da loja, cursos e palestras.
- Atrair as empresas para que patrocinassem as operações do Projeto **mam**, sempre com o critério de que elas pudessem descontar uma parte do seu investimento em deduções fiscais e o restante por meio de um pacote de serviços, uso do espaço do museu, produtos e exposição de sua própria marca em múltiplos pontos de visibilidade para o público.
- A implantação das áreas de divulgação e marketing das exposições, das atividades culturais paralelas, de recuperação das margens nas operações da loja e restaurante, que redundaram em aumento dos resultados.
- A criação da área de desenvolvimento de fundos para projetos com as empresas, atendimento personalizado aos sócios e a ampliação do quadro associativo.
- A reestruturação do setor educativo, a principal mudança no eixo de interação do **mam** com a comunidade.

Uma melhor gestão alterou a posição deficitária de 1997 para uma situação mais promissora em 1998 e 1999.

Loja

O *mark up* da loja foi reajustado de 40% para 60% em 1998, e para 75% em 1999. Enquanto em 1998 ocorreu um lucro operacional significativo, em 1999, a história foi outra, pois amargou-se um prejuízo. A loja apresentou, em 1999, um prejuízo operacional decorrente de um conjunto de fatores que deverão ser corrigidos e absorvidos como aprendizado. Pudemos identificar alguns deles:

- Aumento nos custos operacionais decorrente da implantação de mais duas unidades a partir de junho de 1999: um quiosque no Shopping Paulista e uma loja no Espaço **mam** Higienópolis.
- Má gestão do estoque tanto no que se refere aos preços dos produtos consignados ou comprados quanto ao controle do que proporcionava lucro e giro.
- Contratação de uma coordenadora para a gestão da loja por um porcentual acima da capacidade de retorno.
- Foi praticado um aumento de *mark up*, conforme mencionado, para tentar impedir um maior prejuízo; ocorre que, no primeiro semestre, houve um lucro operacional, no segundo absorveu-se a margem e ainda obteve-se um desempenho ruim.

A correção iniciada no começo do ano de 1999 pleiteou a redução do número de atendentes e reestruturação do horário do quiosque, que de dois turnos ficou reduzido a um nos horários de pico. A coordenadora foi substituída por uma diretora do **mam,** que tinha afinidade com o assunto e elevado bom senso, Malu Pereira de Almeida. O controle do giro de estoque passou ser mais presente. Uniformizou-se a embalagem-padrão.

Restaurante

O conjunto de redução do valor médio das refeições, que passou de R$ 32 para R$ 25, o aumento do volume de visitantes e a ampliação do porcentual para o museu de 10%, em 1998, para 15%, em 1999, resultaram em grande ampliação dos resultados.

Sócios

O quadro de sócios foi ampliado – resultado de um trabalho de captação direta nas dependências do **mam** e de um conjunto de malas-diretas no decorrer desses referidos últimos anos. Passaram-se de 150 para 645 sócios.

Gráfico 5.1 Sócios do mam

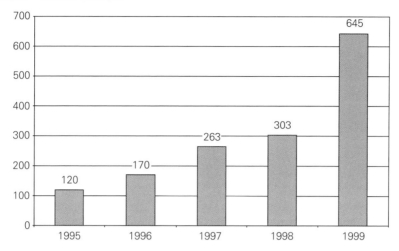

Clube da gravura

No clube da gravura, em que a ocupação estava abaixo de 40%, usou-se parte da ociosidade (cerca de 20 assinaturas) para atender aos grandes investidores e, por meio de um reforço de vendas, chegou-se a um aproveitamento de 100%. Resultado animador, que levou à implantação de um segundo clube no início do ano 2000, clube da fotografia.

2.6 Estrutura mam

Com esse crescimento, em 1999 o **mam** conseguiu 77 colaboradores, divididos em duas grandes áreas: curadoria e administração.

O **mam** possui um conselho deliberativo com 60 conselheiros e uma diretoria com 20 diretores. A composição dessas instâncias é a seguinte: a assembleia-geral é formada, por direito, segundo o estatuto do **mam**, pelos sócios que contribuem ativamente com mais de R$ 1.200,00 por ano. Essa assembleia elege a diretoria do **mam**. A diretoria convoca a presidência, com mandato de três anos, responsável pela captação de recursos e pelo posicionamento estratégico do museu. A presidência compõe a estrutura administrativa e a curadoria é responsável pela área técnica.

Figura 5.4 Nível hierárquico 1

A curadoria tem a função de definir a política cultural da instituição. Ela se divide em acervo, assessoria museográfica, educativo, clube da fotografia, clube da gravura e biblioteca.

☐ **Acervo** – área responsável pela conservação, manuseio, reserva e aquisição de obras.

☐ **Assessoria museográfica** – área responsável pela elaboração dos projetos, pela produção das exposições determinadas pela curadoria, pela comissão de arte do **mam** e pela divulgação e documentação das exposições por meio da produção de catálogos.

☐ **Educativo** – área responsável pelas atividades educacionais paralelas à exposição, como monitorias e atividades no ateliê das artes, cursos, programações de cinema e música.

☐ **Clube da fotografia** – área responsável pelo clube de sócios de um programa de aquisição de fotografias de artistas selecionados pelo **mam.**

☐ **Clube da gravura** – área responsável pelo clube de sócios de um programa de aquisição de gravuras de artistas selecionados pelo **mam.**

☐ **Biblioteca** – área responsável pela manutenção e aquisição de acervo acadêmico na área das artes.

Existe ainda uma comissão de arte convocada pela curadoria que dá o aval ao calendário das exposições. Fazem parte da comissão de arte o curador-chefe do **mam,** a presidente do **mam** e os críticos de arte.

Figura 5.5   Organograma da curadoria

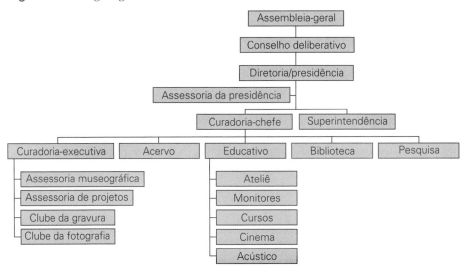

A administração dá suporte às atividade-fins do **mam**; para isso se divide em administração-geral, marketing, associados, gestão de espaço, restaurante e loja.

☐ **Administração-geral** – área responsável pela gestão financeira, de recursos humanos, compras, secretaria, limpeza, segurança e manutenção das instalações físicas do prédio.

☐ **Associados** – área responsável pelo atendimento e captação de sócios.

☐ **Gestão do espaço** – área responsável pela locação do auditório e restaurante para realização de eventos com objetivo único de levantamento de fundos.

☐ **Restaurante** – área responsável pela oferta de serviço de restaurante.

☐ **Loja (Shopmam)** – área do museu responsável pela venda de *souvenir* e, principalmente, objetos de design. Localizado no hall de entrada do museu, o Shop**mam** é uma loja em que o visitante encontra livros e catálogos importados, esculturas, objetos decorativos e bijuterias de ateliês nacionais e estrangeiros. A loja também difunde o **mam** por meio de camisetas, relógios e outros objetos com seu logotipo. Também são vendidos cerca de 50 títulos de catálogos e livros de arte, além de posters.

Figura 5.6 Organograma da administração

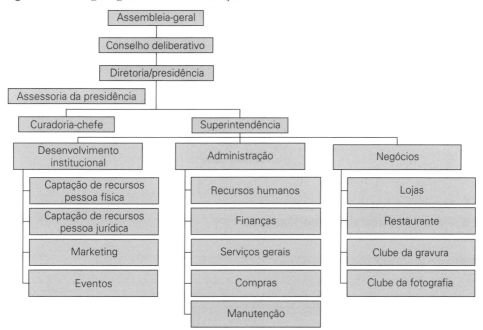

2.7 Resultados institucionais

A criação da **Área de Assessoria de Desenvolvimento Institucional**, em meados de 1998, contemplou sua ação nas unidades de divulgação e marketing, sócios, levantamento de fundos, criando ferramentas para a prospecção, um projeto de abordagem com as empresas. As ações de venda do projeto de manutenção do **mam** captaram em dois anos quatro vezes o valor captado em 1997, tornando-se, assim, o melhor exemplo da força da marca **mam**. Veremos mais adiante o que representou a área de captação de fundos.

O infográfico a seguir representa as principais ações dessa área que proporcionaram a visibilidade necessária para que ocorresse o aumento de fluxo e, consequentemente, das receitas das áreas que atendem o mercado. Poderíamos denominá-la a *área das alianças*.

Figura 5.7 Área das alianças

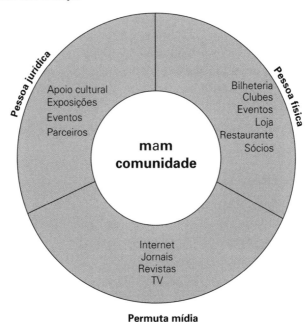

O gráfico a seguir demonstra em números reais o aumento de fluxo decorrente das ações relacionadas anteriormente.

Gráfico 5.2 Evolução público **mam**

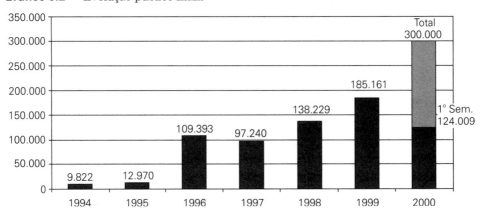

2.7.1 Divulgação e marketing

Aproximando-se dos meios de divulgação, por intermédio de um plano de visibilidade com contrapartidas e municiado de novos conteúdos, foram criadas alianças com jornais, revistas, provedores de internet e órgãos de divulgação de associações profissionais, clubes, entre outros. Essa ação redundou em um aumento significativo das inserções na mídia para que a comunidade soubesse das ofertas culturais do **mam**.

As principais empresas de permuta de mídia são: CMA, Consulte Arte & Decoração, Editora Três, GNT, Klimes, Multishow, MTV Brasil, Diário do Grande ABC, DPZ, Folha de S.Paulo, Gazeta Mercantil, Alpha Vision, Canal 21, Caros Amigos, Carta Editorial.

2.7.2 Setor educativo

A princípio, a reestruturação concebida e implantada para o setor educativo objetivou o atendimento das escolas públicas e privadas gratuitamente. Proporcionou um aumento expressivo do fluxo de visitantes, tanto em 1998 como em 1999, e ampliou o trabalho de captação para esse projeto e outros do museu. Esse conceito teórico não será objeto de exploração deste trabalho, mas devemos dizer que esse setor se tornou o segundo eixo de atividade do museu, tanto pelo atendimento ao público escolar e institucional quanto ao público regular espontâneo. Dentro dele temos um serviço de teleatendimento às escolas, instituições e grupos, o serviço de monitoria composto por dez pessoas, que atende ao público mencionado, e a equipe de construção de eventos, cursos, palestras, shows e cinema.

Gráfico 5.3   Evolução do público do setor educativo

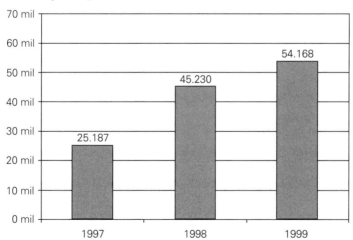

Dada a desenvoltura, o arrojo e o preparo dos coordenadores Carlos Barmac e Vera Barros, bem como da equipe desse setor, o museu ganhou um alto patamar qualitativo e quantitativo de atividades complementares e foram criadas as atividades de cinema, música e eventos ampliado a oferta de cursos.

As programações de cinema foram batizadas de Cine**mam**, as de música, de Acústico**mam,** como não poderia ser de outra forma. O Cine**mam** apresentou ciclos de filmes atendendo à etnia das origens das exposições que foram apresentadas pelo museu em 1998 e 1999, por exemplo, o ciclo de cinema alemão em março de 1998 dentro da exposição Anselm Kiefer, e posicionou-se melhor quando iniciou ciclos de diretores de cinema renomados. Entre março de 1998 e dezembro de 1999, foram apresentados nove ciclos e dois festivais.

2.7.3 Cursos

O **mam** atende há anos ao público de cursos, e em 1998 ampliou-se o número em relação a 1997 e teve seu formato alterado. Em 1999 descobriu-se que esse setor poderia tornar-se uma zona de lucro promissora para os anos seguintes. Ele foi amplamente desenvolvido dentro do espaço do Ibirapuera e é a fonte mais importante de receita do espaço **mam** de Higienópolis.

2.7.4 Principais evoluções

As principais evoluções do **mam** podem ser sintetizadas no infográfico a seguir.

Figura 5.8   O **mam** e seus patrocinadores

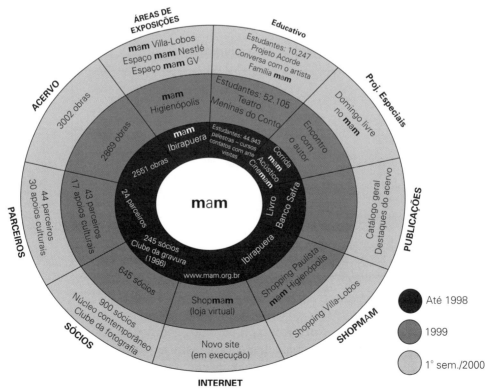

A reforma do **mam**, em 1995, foi financiada por um conjunto de patrocinadores, conquistados pela sua presidência e incentivado por uma campanha memorável desenvolvida pela DPZ, "O **mam** passa o chapéu". O volume arrecadado foi de US$ 4 milhões, câmbio da época. A Prefeitura de São Paulo contribuiu com US$ 1 milhão, o Ministério da Cultura com US$ 200 mil. A iniciativa privada foi mais uma vez a maior contribuinte, com US$ 2,8 milhões.

Iniciava-se uma aliança que iria perdurar pelos próximos anos, tendo uma evolução mais consistente a partir de 1998.

Em 1998, analisando os pontos fortes do **mam**, ficou claro para a direção que a aliança com empresas parceiras deveria ser incrementada por meio de um programa especialmente desenvolvido para atrair velhos e novos companheiros. O **mam** já possuía um forte nome institucional, fruto do seu bom desempenho nos dois anos anteriores, pelas exposições, pelo incremento do acervo e seu bom posicionamento entre a mídia e o público. A nova campanha não foi um programa isolado, fazia parte de todo o conjunto de reformulação planejada

A reformulação já no início de 1998 atendia aos diversos setores do **mam**, obedecendo a uma segmentação de fontes de receita, subdivididas pragmaticamente entre receitas próprias e receitas de projetos incentivados.

Faziam parte das receitas próprias os aportes oriundos dos setores em que as atividades atendessem aos interesses do mercado, como locação de espaço, resultados das operações da loja e restaurante, as contribuições dos associados, a receita de bilheteria, clube da gravura e cursos.

As receitas de projetos incentivados obedeciam ao critério de atender às exposições, ao setor educativo e ao programa de manutenção do museu. A realização desse projetos seria viável somente com a participação efetiva das empresas e/ou de convênios com os diversos níveis de governo. Estava lançada a primeira opção na qual dedicar maior esforço. Pondera-se que todas as esferas de governo estavam com seus recursos minguados e apresentavam fragilidades quanto a cumprir prazos de fluxo, ou seja, nunca iríamos saber quando os recursos estariam disponíveis.

O **mam** historicamente nunca dependeu de transferência direta de dinheiro público, por convênios e dotações para realizar seu trabalho. A Prefeitura de São Paulo, pela Secretaria Municipal, estabeleceu um convênio com o museu em 1986, ainda em vigor, que representa R$ 25.000,00 por ano para despesas com exposições e/ou administrativas. O Governo do Estado de São Paulo, por meio da Secretaria do Estado da Cultura, realizou, em 1998, o seu primeiro convênio com o **mam** com valor anual de R$ 120.000,00 para atender às despesas com o setor educativo. A reunião desses valores, R$ 145.000,00, representa menos de 2% de seu orçamento anual. Outros museus e instituições obtêm valores expressivamente maiores absoluta e relativamente.

A opção da direção do **mam** foi por alavancar as receitas incentivadas usando as leis de incentivo cultural da área federal e municipal, buscando as empresas dispostas a investirem em seus projetos.

O trabalho foi focalizado em criar um programa no qual os potenciais patrocinadores obtivessem um resultado positivo pelo apoio ao **mam** e que ficasse claro que a receita seria aplicada nos programas culturais com a finalidade de atender a comunidade. O programa de parceria foi construído e é resultado de um trabalho da equipe de Desenvolvimento Institucional do museu.

Os parceiros do **mam** participariam com contribuições em dinheiro, nesse caso os valores estão balizados entre R$ 18.000,00 e acima de R$ 120.000,00 por ano, divididos mensalmente ou conforme suas disponibilidades. A outra forma de participação seria pela permuta por seus serviços ou produtos que estivessem afins com as necessidades do **mam**.

É pertinente citar que o **mam** realiza outra forma de parceria, porém com pessoas físicas. Esse tipo de associação, embora não vinculada às leis de incentivos fiscais, fornece capital ao museu em troca de certos benefícios.

Em 1999, foi realizada uma ação pela área de associados junto aos clientes do cartão Visa, que compreendem um *mailing* de 250 mil pessoas. Em poucas palavras, a campanha foi a seguinte: os associados do Visa tinham um desconto. O retorno foi de 150 novos sócios para o **mam**. No ano de 2000, essa promoção foi encerrada, e só continuam nessa categoria aqueles que optam pela renovação de sua associação, continuando, assim, a pagar R$ 15,00 por mês, possuindo os mesmos benefícios da categoria individual.

O resultado foi excelente, o projeto conseguiu atrair 60 novos parceiros constantes entre 1998 e 1999. Destes, muitos não se aproveitaram dos benefícios fiscais. O que significa que o **mam** conseguiu transmitir a todos a importância de seu trabalho dentro da comunidade. Os setores de prestação de serviços, como propaganda, segurança, jornais, revistas e outras mídias, formam o grupo que mais se destacou pela opção de não utilizar os benefícios fiscais.

Os valores a seguir estão expressos em R$ mil e correspondem às contribuições em dinheiro dos últimos três anos. Além disso, estão consolidados para cada tipo de projeto, convênios e as contribuições são apoiadas pelas leis federal e municipal de incentivo à cultura, sem distinção.

Em R$ mil	1997	1998	1999
Projeto **mam**	400	800	1814
Exposições	600	1200	1069
Acervo		350	427
Convênio estadual		120	
Convênio municipal	23	23	5
Total	1023	2493	3315
Base 100/97	1	2,43	3,24

O Projeto **mam** atende às despesas de suporte para todas as atividades realizadas. Isso significa que as contas, como as de salários e remunerações, energia, divulgação, manutenção civil, elétrica, hidráulica e correios, fazem parte desse projeto.

O Projeto Exposições abriga as despesas de transporte nacional e internacional das obras, taxa de museus ou colecionadores, seguros e edição de catálogos. Cabe destacar que os valores investidos para financiar as exposições itinerantes são beneficiados com 100% de abatimento no Imposto de Renda, no limite de 4% desse imposto a pagar.

O Projeto Acervo é, ao lado dos dois projetos anteriores, o principal eixo da atividade museológica. Os museus brasileiros pouco têm usado esse tipo de operação, mas o **mam** começa a operar nessa área. A verdade é que há dificuldade para captar recursos para todos os projetos, portanto, o acervo fica relegado a segundo plano, especialmente quando a economia não apresenta desempenho satisfatório e as empresas não geram lucros.

Entretanto, há resistências por parte de empresas que podem aplicar nesse tipo de projeto, pois dispõem de folga tributária, mas ainda não foram procuradas ou convencidas.

3. TÓPICOS PARA DISCUSSÃO

- A história recente do **mam** demonstra como uma organização cultural pode criar meios de financiamento de suas atividades. Conforme o caso, quais são?
- Quais foram os maiores obstáculos e quais seriam outras linhas de financiamento de atividades e da operação de uma instituição?
- Se você fosse responsável pela obtenção de patrocínio de uma instituição cultural, o que você faria?

4. NOTAS DE ENSINO E CONCLUSÃO

A história recente do **mam** demonstra como uma organização cultural pode criar meios de financiamento de suas atividades, conforme segue:

- Buscando parcerias com as empresas, utilizando ou não as leis de incentivo cultural mescladas por ofertas de serviços e bens produzidos pela própria instituição.
- Desenvolvendo um conjunto de iniciativas de cunho empresarial como loja, restaurante, locação de espaço e cursos.
- Criando vínculo com as pessoas físicas pelo sistema de sócios, clube da gravura e, em 2000, por meio do clube da fotografia e do núcleo contemporâneo.
- Estabelecendo convênios com a administração direta e indireta das esferas de governo.

O resultado da operacionalização dessas quatro linhas de ação foi o aumento do número das suas atividades e, consequentemente, do número de pessoas atendidas, sem vulgarizar o conteúdo.

Parece até uma forma ideal de trabalho, mas devemos pensar em quais foram os maiores obstáculos e quais seriam outras linhas de financiamento de atividades e da operação de uma instituição.

O modelo exposto poderia ser reproduzido por outras instituições, sejam elas privadas ou públicas. O irônico da situação é que as instituições públicas seriam as mais bem posicionadas para alcançar um resultado mais positivo, utilizando as formas de financiamento das leis culturais, e não o fazem por falta de visão e gerenciamento empresarial.

Vamos explorar um pouco essas últimas observações aprofundando a visão.

Quando falamos que uma entidade pública poderia alcançar um melhor resultado, essa afirmação parte do pressuposto absolutamente certo de que elas já iniciam suas operações com os seus custos de recursos humanos, manutenção civil, segurança e limpeza garantidos orçamentariamente. A aceleração da adrenalina desse sistema se restringe a datas de liberações de verbas e assinatura de convênios. A busca por patrocínios privados resume-se a uma pequena fração do seu orçamento e quase sempre é conquistada pelo principal executivo da organização, por meio de seu prestígio dentro do campo em que atua. Cita-se a Pinacoteca na gestão Emanoel Araújo como um incomum.

Nesse processo não há uma equipe atuando na conquista de patrocínio. Por quê? Acreditamos que há miopia, descaso, despreparo e desinteresse dos dirigentes e das autoridades envolvidas. O máximo que as autoridades conseguem é exigir das empresas, que estão sob sua égide, "descarregar" suas verbas em ações em que haja interesse direto do primeiro escalão de governo e de seus poderes.

Uma visão mais desenvolvida ampliaria minimamente o seu campo de ação, obrigando a inclusão das Escolas Públicas de Administração na formação de modelos de financiamento e organização de cada instituição, constituindo, assim, um grupo de trabalho para conquista de patrocínio com empresas privadas.

A criação de uma agência de captação de recursos para fins culturais poderia concentrar em um único organismo toda a massa de produtos culturais ofertados pelos aparelhos do Estado. A concentração pode parecer um retrocesso do ponto de vista administrativo ou olhos acadêmicos, mas não é. Os aparelhos culturais do Estado não têm conseguido administrar *per si* satisfatoriamente o seu patrocínio por falta de características empresariais de seus agentes locais. A proposta de centralização poderá concentrar alguns profissionais com perfil empresarial e administrar essa carteira de projetos culturais. Nesse caso, a "venda" poderia ser realizada tanto por meio dos próprios "empresários do governo" como por outros agentes licitados e administrados pela agência.

O segundo ponto relevante seria a busca por um financiamento autorial das instituições culturais.

O modelo americano é o que mais tem usado a forma de fundos financeiros perenes para financiar as despesas correntes das suas instituições. O modelo brasileiro obedece ao critério orçamentário anual conclusivo, o que se arrecada no ano deve ser gasto no mesmo ano. Inexiste a condição de acumular reserva. A situação descrita gera dependência anual de aprovações, criando, de certa forma, a obrigatoriedade de se gastar toda a verba conquistada ou restringir os esforços de captação.

A implantação dos fundos específicos de capitalização para entidades culturais lastreados em títulos públicos, cujo contribuinte poderia abater de seu Imposto de Renda ou outros impostos federais doações para esses fundos, proporcionaria à sociedade instituições fortes e com uma gestão mais independente e eficaz. O modelo americano deveria ser adotado na íntegra pelo governo brasileiro. Caso contrário, ficaremos como estamos, sempre com soluções dadas pela metade, nunca conseguindo superar os obstáculos definitivamente.

A criação desses fundos daria estabilidade econômica e financeira às instituições culturais, oferecendo condição para que seus projetos básicos tivessem continuidade.

O modelo de captação de recursos por meio de ações empresariais e associativas deve sempre ser incentivado a qualquer tempo, o seu limite deve ser dado pelo mercado. Comprar ou não os produtos e serviços oferecidos deve obedecer aos critérios de eficiência, custos, preços, design, praticidade e interesse por parte do comprador.

O terceiro ponto relevante que começa a ser esboçado com intensidade é o aumento da interferência dos órgãos de fiscalização das prestações de contas dos projetos incentivados, causando aumento de custos operacionais.

O modelo de financiamento da cultura adotado pelo governo federal implica uma necessária supervisão dos órgãos do Estado. Devido à má gestão de alguns projetos culturais por seus proponentes, entre os quais destacaríamos os projetos "Chatô", de Guilherme Fontes, e "Guarani", de Norma Bengel, todo o universo cultural deverá pagar um custo desproporcional, reforçando o estilo cartorial que o governo insiste em imprimir.

Projetos culturais passaram a ser auditados por profissionais outorgados. A estrutura do decreto que regulamenta esse procedimento delega ao auditor até mesmo o poder de impedir o início dos projetos, fato que parece ser "rigoroso", mas ineficaz.

O medo da burocracia diante de uma arguição do Ministério Público Federal está levando o MinC a tomar essa atitude pseudossaneadora.

Caberia ao MinC ser o órgão regulamentador e administrador do patrocínio cultural, analisando os projetos, aprovando os que acredita serem factíveis, auditando a prestação de contas e punindo aqueles que não figurarem ou atenderem às especificações exigidas.

Cabe agora aos agentes culturais apresentar projetos orçados acima de R$ 100.000,00, contratar, às suas próprias expensas, uma auditoria independente que examinará a viabilidade econômica e financeira, além de auditar as contas desse projeto antes que seja entregue ao MinC.

Dessa forma, há o dobro de serviços de auditorias, sendo necessário tanto as independentes quanto as do MinC.

Caso esses temores por assumir responsabilidade sejam permeados para as esferas Estaduais e Municipais, os custos dos grandes projetos aumentarão, favorecendo os "cartórios" das empresas de auditoria, que já repletos de serviço, por exigência do Banco Central, ficariam ainda mais por solicitação do MinC.

Parece ser conjuntural essa intervenção, mas acredita-se que os laços da paralisia constante da burocracia governamental começam a laçar os empreendedores culturais independentes, começando um processo de esgotamento e asfixia.

5. REFERÊNCIAS

DABEL, Gregory. *Saving money*. São Francisco: Jossey- Bass Publishers, 1998.

FOLHA DE S. PAULO. *Um percurso acidentado*, 14 de julho de 1998.

DRUKER, Peter. *Administração de organizações sem fins lucrativos*. São Paulo: Pioneira, 1990.

LOURENÇO, Maria Cecília. *Museus acolhem moderno*. São Paulo: Edusp, 1999.

MAM, site institucional. Disponível em: <http://www.mam.org.br>. Acesso em: 20 jul. 2000.

MIELI, Mário Sérgio. *Aspectos das atividades de marketing praticados pelos museus voltados às artes e história* (um estudo na cidade de São Paulo). 1983. Dissertação (Mestrado em Administração) – Faculdade de Economia, Administração e Contabilidade da Universidade de São Paulo, São Paulo, 1983.

MOORE, Kevin. *Museum Management*, Routledge, 1997.

MUYLAERTE, Roberto. *Marketing cultural & comunicação dirigida*. São Paulo: Globo, 1995.

PORTER, Michel. *Estratégias, Harvard Business Review*. Rio de Janeiro: Campus, 1998.

SLYWOTZKY, Adrian J.; MORRISON, David, J. *Estratégia focada no lucro*. Rio de Janeiro: Campus, 1998.

6
Sandálias Havaianas

• Carlos Augusto Roza • Harold Winnubst
• Nelson Martinez • Maurício Jucá Queiroz

1. Introdução 129
    1.1 Breve relato da São Paulo Alpargatas S.A. 129
    1.2 Histórico da marca Havaianas 131
2. Análise do ambiente 136
    2.1 Cadeia de valor 136
    2.2 Estrutura do setor 139
    2.3 Portfólio de produtos 143
    2.4 Ambiente competitivo 149
    2.5 SWOT 152
    2.6 Mercados e novos segmentos 153
    2.7 Recursos humanos e financeiros 159
3. Tópicos para discussão 161
4. Notas de ensino 162
5. Referências 175
6. Anexos 176

Resumo

A proposta deste trabalho é recomendar alternativas estratégicas para a continuidade do sucesso da marca Havaianas no Brasil e no exterior.

Para atingir esse objetivo, os autores iniciam com uma análise da trajetória da São Paulo Alpargatas S.A. e da marca Havaianas no mercado brasileiro de calçados.

Em seguida, discutem o contexto atual da marca, considerando o ambiente competitivo em que se insere (cadeia de valor, estrutura competitiva do setor e análise estratégica).

A análise do ambiente competitivo explica determinadas escolhas estratégicas realizadas e confirmam o acerto da direção da companhia ao decidir pelo desenvolvimento de uma marca brasileira de bens de consumo no mercado internacional.

Espera-se que este caso possa inspirar empresas nacionais a trilharem caminhos similares para atingir sucesso além das fronteiras do mercado brasileiro.

Palavras-chave

- Marcas • Internacionalização • Setor calçadista • Havaianas
- São Paulo Alpargatas S.A.

1. INTRODUÇÃO

1.1 Breve relato da São Paulo Alpargatas S.A.

1.1.1 Os primeiros anos

A São Paulo Alpargatas S.A. foi fundada no dia 3 de abril de 1907. Naquela época, a cidade de São Paulo tinha 250 mil habitantes e aproximadamente 500 estabelecimentos industriais, nos quais predominavam as tecelagens, refinarias de açúcar, cervejarias e fundições. A energia elétrica, gerada em escala industrial, permitia o florescimento do parque fabril.

Esse era o cenário promissor que se apresentava para o grupo de empresários britânicos fundadores da empresa. O objetivo era fabricar e vender alpargatas e outros artigos populares de consumo no Brasil. É necessário explicar que alpargatas era uma antiga forma de calçado de lona de algodão com sola de corda, usada na Espanha e na França, e já tinha se tornado popular na Argentina e no Uruguai.

Conhecidas como "sapato espanhol", as alpargatas, na realidade, foram criadas pelos árabes, que as levaram para a Península Ibérica, de onde se espalharam para o sul da França. Em sua origem, eram feitas com solado de fios de crina trançados e, mais tarde, com fibra. O sistema de confecção era artesanal, até que, em 1881, na cidade de Arbroath, Escócia, a firma Douglas Fraser & Sons, fabricante de tecidos de lona, desenvolveu uma máquina de trançar fios para pavio de vela. Daí para trançar juta em corda para solado das alpargatas foi apenas um passo.

A família Fraser foi uma das fundadoras da empresa que, quando de sua fundação, recebeu o nome de Sociedade Anonyma Fábrica Brazileira de Alpargatas e Calçados, alterado para São Paulo Alpargatas Company em 1909. Em 31 de março de 1941, o nome da empresa foi mudado para São Paulo Alpargatas S.A., que permanece até hoje.

No dia 24 de abril de 1913, as ações da Alpargatas passaram a ser negociadas na Bolsa de Valores de São Paulo, iniciando sua abertura de capital, tendo sido a terceira empresa a ser listada nesse mercado.

1.1.2 Uma nova empresa mudando o jogo e entrando em uma nova era

Após duas guerras mundiais e as transformações em curso no mundo, surgiu uma empresa com nova filosofia, em processo de expansão e de diversificação da linha de produtos, acompanhando o desenvolvimento urbano com uma nova visão de marketing, produção e administração.

Redimensionar o setor de vendas foi o primeiro passo, com o objetivo de ampliar o mercado. O segundo passo foi um maior investimento em propaganda, com a utilização de nomes famosos em vários esportes e a criação de novos produtos, um dos quais o brim Coringa.

O sucesso das alpargatas fez nascer um outro tipo de calçado, o Sete Vidas, feito de lona, mas com sola de borracha. Iniciou-se uma nova era com a diversificação dos produtos e início da utilização da borracha como matéria-prima.

Logo após o Sete Vidas veio o famoso tênis Conga, que também utilizava como matéria-prima a lona de algodão, mas incorporou a aplicação de um novo componente, o PVC, utilizado na fabricação da sola. Com produção em grande volume e uso do processo de injeção, o Conga praticamente se tornou item obrigatório dos uniformes escolares da maioria dos estudantes, que o utilizavam para escola e também para lazer. Pode-se afirmar que o Conga foi o precursor do tênis e dos artigos esportivos no Brasil.

1.1.3 Lançamento da Havaianas

Em 1961, a Alpargatas deu seu grande salto estratégico na área têxtil. De fabricante e vendedora de tecidos, partiu para a confecção e venda de produto acabado, encerrando sua produção de calças com participação de terceiros.

O momento marcante desse período foi o lançamento da marca Havaianas, em 1962, que veio a se tornar sinônimo de categoria de produto e a marca mais conhecida da empresa.

Outro evento marcante foi o lançamento da marca US TOP, que ficou muito conhecida por suas camisas e calças que chegaram a atingir a produção de 150 mil unidades por dia.

1.1.4 Iniciando no negócio de artigos esportivos

A entrada nesse segmento aconteceu em 1975 com o lançamento da marca Topper. Marca dedicada ao futebol, que sempre contou com a participação de atletas de renome para a sua divulgação. Além de patrocínio a atletas, a marca adquiriu notoriedade nacional com a uniformização da Seleção Brasileira de Futebol nas Copas do Mundo de 1982 e 1986. Também uniformizou e ainda uniformiza equipes de futebol de renome nacional.

Outro passo importante nesse segmento foi a aquisição da marca Rainha em 1976. Ficou conhecida como marca dedicada ao vôlei, que acabou se tornando o segundo esporte mais popular do País. Assim como a Topper, a marca patrocina atletas e uniformiza equipes nacionais. Com os objetivos de se expor internacionalmente, trazer novas tecnologias de produção e ter no seu portfólio marcas internacionais, a São Paulo Alpargatas S.A. assinou contrato de licença com a Timberland e a Mizuno, duas empresas internacionais de artigos esportivos, em 1995 e 1996, respectivamente. Os dois contratos estão em vigor até hoje, e a duração reflete o sucesso das alianças formadas.

1.1.5 Reestruturando a empresa e a situação atual

Após muitos anos de seguidos crescimentos, a Alpargatas, com o objetivo de focar em suas atividades centrais, iniciou um processo de reestruturação visando maior rentabilidade. Esse processo teve como consequência a saída de negócios não rentáveis e outros que, mesmo sendo rentáveis, não estavam contidos no foco estratégico.

Nesse contexto, destaca-se a *joint venture* com o grupo Bunge, em 1994, para formação da Santista Têxtil S.A. Dois concorrentes se uniram para maximizar investimentos, reduzir custos e criar a maior indústria têxtil do Brasil e, atualmente, a segunda fabricante de *denim* (tecido usado na fabricação de calças jeans) do mundo. Essa *joint venture* exprime com clareza o processo de reestruturação que a empresa estava disposta a fazer, pois foi com a tecelagem que a história da Alpargatas começou. Em 2003, a Alpargatas, por intermédio de sua controladora, o Grupo Camargo Corrêa, adquiriu a participação da Bunge na empresa e tornou-se a única proprietária da Santista Têxtil.

Outra mudança de impacto foi o encerramento das atividades de confecções, responsáveis por seis fábricas e mais da metade dos 34 mil funcionários existentes.

Atualmente, a Alpargatas é conhecida como uma empresa de artigos esportivos, com suas marcas Rainha e Topper, as marcas licenciadas Timberland e Mizuno, a mundialmente conhecida Havaianas e uma unidade de negócios de têxteis industriais, remanescente do segmento têxtil que existiu até 1994.

1.2 Histórico da marca Havaianas

A história desse produto se confunde com a própria história do Brasil a partir dos anos 1960. Consideradas a mais simples resposta à necessidade de proteger os pés, as sandálias percorreram os séculos nas mais diferentes formas. Sua simplicidade as faz perfeitas para os países de clima quente, sendo incorporada às culturas do Mediterrâneo e de alguns países da Ásia. Trocar os sapatos que se está usando por sandálias antes de entrar em casa é um costume no Japão, por exemplo, que demonstra respeito e humildade.

Tudo leva a crer que foi a Zori, sandália japonesa, a fonte de inspiração para a criação das sandálias Havaianas em 14 de junho de 1962. Um novo segmento se abria no começo da década de 1960. Chegava ao Brasil, trazidas do Japão, sandálias de solado de tecido, com tiras que se encaixavam entre os dedos. Era a "sandália japonesa" despertando interesse no consumidor nacional.

A empresa pesquisou o enorme potencial desse mercado e criou a Havaianas. A versão nacional da sandália da Alpargatas tinha um diferencial em seu processo produtivo, pois eram feitas de borracha. Um produto natural, 100% nacional e que garantia calçados duráveis e confortáveis.

Era tão simples a ideia da nova sandália que sua fama se espalhou. Em menos de um ano, a São Paulo Alpargatas S.A. fabricava mais de mil pares por dia, levando ao rápido aparecimento de imitações. A concorrência tentou, mas prevaleceu a qualidade superior das "legítimas", que contava com uma tecnologia avançada e o uso de uma matéria-prima especial que elimina o cheiro peculiar das sandálias de baixo custo, justificando o *slogan* tão conhecido dos comerciais de TV com o humorista Chico Anísio:

"Não deformam, não têm cheiro e não soltam as tiras".

Esse mote da campanha, reconhecido até hoje, foi criado para caracterizar as "fajutas" – de má qualidade –, que ameaçavam dominar o mercado. Contra elas se opunham as "legítimas". A projeção da marca Havaianas também tem ligada a si um grande esforço de comunicação, cujo objetivo era evidenciar que no mercado brasileiro existiam apenas dois tipos de sandálias: as legítimas, Havaianas, e o resto, as fajutas. Fajuta, termo até então inexistente no vocabulário, foi incorporado ao dicionário Aurélio, graças às campanhas de Havaianas.[1]

A grande figura ligada à história da propaganda da Havaianas foi Chico Anísio. Usando os seus personagens clássicos e outros criados pela agência J. W. Thompson para os comerciais, ele deu uma valiosa contribuição para resolver o problema da comunicação da marca, ou seja, o de posicioná-la de forma bem diferenciada das outras sandálias, que visualmente eram muito parecidas com as Havaianas.

Bonita e confortável, a sandália Havaianas se transformou em um *cult*. Quem não tem pelo menos um par – de qualquer cor, não importa – está completamente desatualizado das peças básicas para qualquer guarda-roupa ou mala que se preze.

As Havaianas representam a expressão de pelo menos três gerações de brasileiros. Passaram pelo movimento *hippie*, pelos anos 1970, 1980 e 1990 e continuam até hoje.

Durante a década de 1990, a empresa enfrentou um momento difícil, com perda de rentabilidade e maior agressividade da concorrência. A empresa reagiu e, em 1994, as sandálias Havaianas ganharam uma nova versão, as monocromáticas Havaianas Top, que representam um marco expressivo no reposicionamento da marca no setor de calçados.

A nova estratégia da marca foi seguida por uma série de ações de marketing coordenadas. O novo produto era mais caro do que as sandálias tradicionais. Ações de mídia e personalidades foram os primeiros a receber a novidade em mãos. Os editoriais de moda, jornais e revistas foram unânimes à época: as Havaianas Top estavam provocando uma revolução na moda e no mercado. Transformaram-se em ícone, em objeto de desejo, em peça obrigatória. E, por consequência, em sinônimo de sandália.

Ao segmentar o mercado, a São Paulo Alpargatas S.A. pôde criar uma versão para cada pé e cada gosto: as Tradicionais; a Top; as Havaianas Brasil;[2] a Surf; a Fashion; a Fashion Cristal; a Kids; a Clubes; a Floral; a Alamoana; a Milênio; entre outros tantos modelos.

Na única fábrica de Havaianas existente, localizada em Campina Grande, Paraíba, são fabricados cinco pares de sandálias Havaianas por segundo. A qualidade do produto, a estratégia de marketing e a campanha publicitária baseada em depoimentos – pessoas famosas usando Havaianas – trouxeram vida para a tradicional sandália.

"Todo mundo usa Havaianas" era o tema da campanha que foi ao ar com o ator Luiz Fernando Guimarães. Ele flagrava personalidades como Vera Fisher, Malu Mader, Bebeto e Maurício Mattar usando as sandálias.

---

[1] A primeira vez que a expressão "fajuta" foi usada ocorreu no programa de TV "Família Trapo", para definir uma situação de desprezo pelas imitações de objetos e falta de autenticidade de pessoas.

[2] Lançadas durante a Copa do Mundo de 1998, com uma bandeira do Brasil no chinelo, atingiu a expressiva marca de 2 milhões de pares comercializados no ano, demonstrando o enorme potencial para o lançamento de novos modelos.

Novas campanhas foram ao ar nos anos seguintes. Personalidades como Rodrigo Santoro, Deborah Secco, Marcos Palmeira, Raí, Popó, Luma de Oliveira, Reynaldo Gianecchini, entre inúmeros outros também apareceram em propagandas em divertidas situações relacionadas às Havaianas.

As Havaianas apareceram em inúmeras versões de fábrica e em cores diversas. Foram decoradas pela criatividade daqueles que bordaram suas tiras com lantejoulas, vidrilhos, conchinhas ou pintaram seu solado. Tiveram suas tiras e solados misturados, ganhando um estilo personalizado. Esses fatos, certamente, ajudam a marca a ser algo fundamental presente no imaginário popular do País por mais de 40 anos.

Inúmeros acontecimentos foram decisivos para o sucesso da marca, que podemos chamar de "ondas", nomeadas a seguir:

- a era da *commodity* (primeira onda da Havaianas);
- a era da redefinição da estratégia em direção ao consumidor de classe média;
- a era da consolidação do aprendizado com forte investimento no produto e na comunicação;
- a era da globalização e customização.

1.2.1 Primeira onda

Esse é o período mais longo, de 1962 a 1994, quando o produto era apenas um, bicolor e em quatro opções de cores, focado essencialmente na população de baixa renda. O longo período de sucesso obtido nos anos 1960, 1970 e 1980 enfrenta um forte revés nos anos 1990, quando a empresa e sua principal marca, Havaianas, enfrentam um período de queda nas vendas e na rentabilidade.

1.2.2 Segunda onda

A empresa reagiu com o lançamento do projeto Havaianas Top, a essência da segunda onda. A redefinição da estratégia da companhia e da marca constituiu um ponto de inflexão na queda das vendas e na percepção da marca, definindo os alicerces para o crescimento. As mudanças incluíam o lançamento das Havaianas Top e a entrada de um novo conceito de comunicação, focando o consumidor de classe média e a entrada da marca em pontos de venda nos quais, até então, não estava presente. Esse período gerou uma aceitação surpreendente no mercado, bem como criou condições para a continuidade do processo de inovação.

1.2.3 Terceira onda

A onda da consolidação do aprendizado com forte investimento no produto e comunicação apareceu no momento em que a empresa compreendeu que a segmentação gera no consumidor uma percepção positiva, com a valorização de produtos diferenciados e desenvolvidos com foco em suas necessidades. Nesse momento, a marca se posicionou de maneira mais agressiva, contando com investimentos durante todos os meses do ano, além de altos investimentos em desenvolvimento de produtos e pesquisas com consumidores. Surgiram, então, inúmeras famílias de produtos e verificou-se a solidificação do conceito de foco em desenvolvimento de produtos e diversidade de modelos.

1.2.4 Quarta onda

A quarta onda, da globalização e customização, foi proveniente da necessidade de expansão dos negócios e da decisão estratégica de construir uma marca forte, saindo da competição por produtos baratos de várias partes do mundo. A construção de uma marca global presente em inúmeros mercados no mundo foi possível graças à solidificação da presença no mercado nacional, criando o momento propício para o avanço fora do Brasil. O resultado final foi uma ampla aceitação da marca e produto nos novos mercados externos, gerando benefícios incrementais nas vendas também no mercado nacional. É pertinente ressaltar que a customização do produto é considerada um importante meio de diferenciação, reforçando o conceito de marca em todos os mercados em que atua.

A seguir, resumo e levantamento de relevantes informações históricas da marca:

Tabela 6.1 Volumes comercializados de Havaianas (em pares) de 1988 até 2004

Ano	Entregas
1988	88
1989	85
1990	81
1991	84
1992	63
1993	65
1994	74
1995	86
1996	89
1997	91
1998	99
1999	100
2000	110
2001	119
2002	115
2003	111
2004	130
Em milhões	

Fonte: São Paulo Alpargatas S.A.

Cronologia dos fatos relevantes

- 1962 – ano de lançamento das Havaianas Tradicionais;
- 1994 – ano de lançamento das Havaianas Top;
- 1998 – ano de lançamento das Havaianas Brasil;
- 1999 – ano de instauração definitiva do conceito de segmentação e ampliação de linha de produtos.

Havaianas em números

- 2,7 bilhões de pares comercializados desde seu lançamento;
- exportada para mais de 75 países;
- 5.500 *Stock Keeping Unit* (SKUs)[3] produzidos atualmente;
- 55 modelos atualmente em produção (mercado interno e exportação).

Posicionamento

- Acessório de moda e uso utilitário, popular, democrático e informal.

Atributos

Négócio
Fornecer bem-estar corporal e emocional.

Fonte: São Paulo Alpargatas S.A.

- jovem, alegre, confortável, uso urbano, uso utilitário e uso para lazer (praia);
- público-alvo prioritário para comunicação;
- ambos os sexos, da 15 a 25 anos, classes AA, A e B.

---

[3] SKUs – *Stock Keeping Units* (Unidade de Manutenção de Estoque). É a referência que designa cada item de acordo com sua particularidade, conforme o modo de apresentação, tamanho, cor ou outras características. Cada SKU identifica um código ou referência diferente para os itens de um produto no estoque da empresa.

2. ANÁLISE DO AMBIENTE

2.1 Cadeia de valor

De acordo com Porter (1989, p. 31), "uma forma sistemática para o exame de todas as atividades executadas por uma empresa e do modo como elas interagem é necessária para a análise das fontes da vantagem competitiva". O instrumento básico para se realizar esse exame é a cadeia de valor.

Ainda segundo Porter (1989, p. 31), "a cadeia de valores de uma empresa encaixa-se em uma corrente maior de atividades, que é denominada sistema de valores". Nesse sentido, desenvolvemos a ilustração a seguir, em que demonstramos, de uma maneira resumida, a cadeia de valor do segmento de chinelos de dedo no Brasil (na qual a Havaianas está inserida).

Figura 6.1   Cadeia de valor – Havaianas

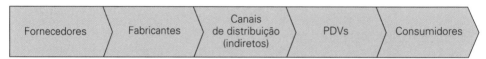

Fonte: Adaptada de Porter (1985).

Como pode ser observado, a cadeia é dividida em cinco grandes elos, que serão estudados a seguir.

2.1.1 Fornecedores

Não existe uma grande diversidade de matérias-primas no segmento de chinelos. Basicamente, todos os produtos encontrados nesse segmento fazem uso de três principais. Essa característica faz com que o mercado fornecedor do segmento tenha características de oligopólio. As principais matérias-primas do segmento e seus respectivos fornecedores estão destacados:

- Borracha (sintética) – praticamente um monopólio, sendo o principal fornecedor a empresa Petroflex, empresa brasileira com sede no Rio de Janeiro. A borracha é a principal matéria-prima da Havaianas, o que transforma a Petroflex em um fornecedor estratégico para a operação. A borracha também pode ser importada, mas essa opção não tem se mostrado competitiva.
- PVC – material usado também na fabricação de Havaianas (as tiras dos chinelos são feitas de PVC), assim como na produção de chinelos de seus principais concorrentes. É fornecido por algumas poucas empresas instaladas no Brasil, tais como Brasken, Solvay, entre outras, bem como também pode ser importado. A Colômbia, por exemplo, é um grande produtor de PVC.
- EVA – também é um material muito usado na produção de chinelos. O principal fornecedor dessa matéria-prima é a empresa Politeno. Contudo, o EVA também pode ser adquirido de outras empresas nacionais ou ser importado. É pertinente ressaltar que o EVA também é usado em alguns modelos da atual coleção de Havaianas.

É importante mencionar que todas as matérias-primas citadas são, de certa forma, *commodities* derivadas de petróleo. Além disso, uma outra característica relevante desse mercado é a importância secundária das empresas produtoras de chinelo para seus fornecedores, uma vez que os principais clientes das indústrias produtoras de borracha sintética são os fabricantes de pneus, enquanto a construção civil e a indústria automobilística são os principais compradores de PVC.

2.1.2 Fabricantes

É o elo da cadeia de valor no qual se insere a São Paulo Alpargatas S.A. Este é marcado pela presença de poucas empresas nacionais. Isso se explica, em parte, pelos altos investimentos necessários para a entrada de novos *players*. Nesse elo, os principais direcionadores de valor são: marca, comunicação em massa, produtos com alta relação custo-benefício para o consumidor e distribuição pulverizada.

Assim, para ser um participante de sucesso e conseguir capturar valor nesse mercado, é necessário apresentar as habilidades tangíveis e intangíveis para atender aos seguintes fatores-chaves de sucesso: comunicação massiva, escala, capacidade de distribuição, relação custo-benefício, renovação e inovação constantes.

O elo, basicamente, é representado por empresas que transformam as matérias-primas mencionadas no ponto anterior em produtos terminados (chinelos).

O faturamento dos principais fabricantes de chinelos brasileiros totalizam R$ 1,8 bilhões (dados de 2004), assim divididos:

Tabela 6.2 Faturamento 2004 – principais fabricantes

São Paulo Alpargatas S.A. (apenas divisão de chinelos)	24%
Grendene S.A.	45%
Dupé S.A.	5%
Outros	26%

Fonte: Estudos internos da São Paulo Alpargatas S.A.

Conforme estimativa da São Paulo Alpargatas S.A., esses fabricantes, juntos, produzem mais de 250 milhões de pares de chinelos de dedo por ano, abastecendo o mercado doméstico e, também, exportando para todas as partes do mundo.

2.1.3 Canais de distribuição (indiretos)

Esse elo da cadeia é composto, basicamente, por empresas atacadistas e distribuidores que compram os produtos dos fabricantes e os pulverizam em pontos de venda espalhados no Brasil e no exterior. Essas empresas trabalham com baixa rentabilidade, porém com alto giro e alto volume.

Destacam-se no Brasil as empresas Martins S.A., Peixoto e Arcom, todas localizadas no triângulo mineiro, responsáveis pela distribuição de grande parte da produção de chinelos no Brasil.

No mercado internacional, a Alpargatas possui contratos de comercialização com distribuidores localizados em cada região, que se encarregam de distribuir os chinelos produzidos no Brasil em suas áreas de atuação.

2.1.4 PDV (ponto de venda)

Esse elo da cadeia é composto por empresas responsáveis por levar os produtos dos fabricantes até o consumidor final.

De acordo com seu tamanho e seu posicionamento estratégico, compram diretamente dos fabricantes ou são abastecidos pelos atacadistas e distribuidores mencionados no item anterior.

Estima-se que as sandálias de dedo fabricadas no Brasil cheguem aos consumidores finais das seguintes formas:

Tabela 6.3 Distribuição das vendas de sandálias no Brasil por canal

Por meio de lojas de autosserviço	50% do volume total
Por meio de lojas de varejo calçadista	25% do volume total
Por meio do mercado informal	10% do volume total
Outras formas	15% do volume total

Fonte: Estudos internos da São Paulo Alpargatas S.A.

Apesar da relativa pouca representatividade dos chinelos de dedo nos canais de venda, os produtos são muito atrativos em função da alta rentabilidade proporcionada.

2.1.5 Consumidores

É, sem dúvida, o elo mais importante da cadeia de valor dos chinelos de dedo. Tendo em vista que os preços dos chinelos são relativamente baixos e que grande parte das compras ocorre por impulso nos pontos de venda, as empresas fabricantes buscam cada vez mais valorizar suas marcas, investir em novos produtos e novas tecnologias e, principalmente, em mídia.

Esses investimentos visam atrair e fidelizar cada vez mais os consumidores finais. Por um lado, porque é no ponto de venda que o consumidor se decide por um produto e, por outro, o fato de tornar as marcas demandadas causa, de certa forma, uma pressão nos demais integrantes da cadeia, motivando-os a seguir trabalhando com os produtos.

É importante mencionar que a perenidade da categoria está baseada na sua capacidade de gerar atratividade ao consumidor final, pois tem pouca capacidade de influência sobre seus elos diretos. De uma maneira resumida, demonstramos a seguir a cadeia de valor do segmento de chinelos:

Figura 6.2 *Overview* da cadeia de valor

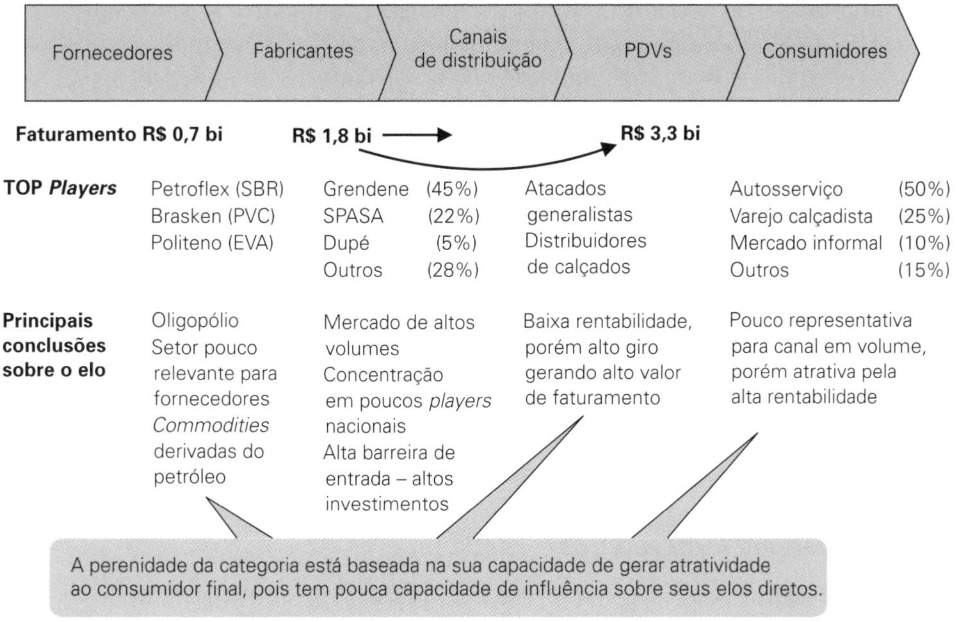

	Fornecedores	Fabricantes	Canais de distribuição	PDVs	Consumidores
Faturamento	R$ 0,7 bi	R$ 1,8 bi →		R$ 3,3 bi	
TOP *Players*	Petroflex (SBR) Brasken (PVC) Politeno (EVA)	Grendene (45%) SPASA (22%) Dupé (5%) Outros (28%)	Atacados generalistas Distribuidores de calçados	Autosserviço (50%) Varejo calçadista (25%) Mercado informal (10%) Outros (15%)	
Principais conclusões sobre o elo	Oligopólio Setor pouco relevante para fornecedores *Commodities* derivadas do petróleo	Mercado de altos volumes Concentração em poucos *players* nacionais Alta barreira de entrada – altos investimentos	Baixa rentabilidade, porém alto giro gerando alto valor de faturamento	Pouco representativa para canal em volume, porém atrativa pela alta rentabilidade	

A perenidade da categoria está baseada na sua capacidade de gerar atratividade ao consumidor final, pois tem pouca capacidade de influência sobre seus elos diretos.

Valores em R$ – 2004

2.2 Estrutura do setor

Para entendermos melhor o mercado de chinelos de dedo, precisamos compreender qual é a estrutura da indústria em que se insere. Segundo Porter (1989, p. 3):

> Em qualquer indústria, seja ela doméstica ou internacional, que produza um produto ou um serviço, as regras da concorrência estão englobadas em cinco forças competitivas: a entrada de novos concorrentes, a ameaça de substitutos, o poder de negociação dos compradores, o poder de negociação dos fornecedores e a rivalidade entre os concorrentes existentes.

Diante disso, vamos utilizar o método desenvolvido por Porter para fazer uma análise sobre o mercado de chinelos de dedo no qual a Havaianas está inserida.

2.2.1 Poder dos clientes (compradores)

Ghemawat (2000, p. 41) afirma que "o poder do comprador é uma das duas forças verticais que influenciam a apropriação do valor criado por um setor. Ele permite aos clientes comprimir as margens da indústria forçando os concorrentes a reduzir preços ou a aumentar o nível de serviço oferecido sem recompensa".

Os principais compradores de chinelos de dedo no Brasil são grandes atacadistas, distribuidores e redes varejistas, responsáveis por parcelas significativas das vendas das empresas fabricantes de chinelos.

Ainda segundo Ghemawat (2000, p. 41), "é provável que os determinantes mais importantes do poder do comprador sejam seu tamanho e sua concentração". Verifica-se esse fato no mercado de chinelos de dedo no Brasil, uma vez que muitos dos principais clientes são maiores que os produtores de chinelos, sejam eles grandes atacadistas ou grandes redes de varejo. Ainda quanto ao poder de barganha, é válido mencionar que existe uma baixa capacidade de integração vertical dos clientes.

Contudo, o poder de barganha do comprador pode ser neutralizado em situações nas quais os próprios concorrentes são concentrados ou diferenciados. E isso pode ser comprovado no caso do mercado de chinelos de dedo, uma vez que o preço dos produtos, na maioria das vezes, tem menor relevância para os clientes do que a marca dos produtos ofertados.

Além disso, existe uma alta competitividade entre os clientes em todos os canais de distribuição em que os chinelos de dedo são comercializados, podendo gerar um poder de negociação mais favorável para os fornecedores.

2.2.2 Poder dos fornecedores

Os fornecedores de matérias-primas da indústria de chinelos de dedo no Brasil possuem uma força muito grande em relação aos produtores. Isso é explicado pelos seguintes motivos:

- No que se refere ao tamanho, é pertinente mencionar que os principais fornecedores de matérias-primas são, de uma maneira geral, muito maiores que os principais fabricantes de chinelos de dedo, o que acaba fazendo com que esse mercado tenha um poder de negociação pequeno.
- Ainda nessa linha de raciocínio, é importante mencionar que os fabricantes de chinelos de dedo pouco representam para seus fornecedores, ou seja, a quantidade de matéria-prima produzida pelos fornecedores que é consumida pelos produtores de chinelos é pequena quando comparada ao volume comprado por empresas de outros setores. Isso contribui para baixar o poder de negociação dos fabricantes perante seus fornecedores.
- Ressalta-se que as principais matérias-primas utilizadas pelos fabricantes são *commodities* mundiais (borracha, PVC e EVA), todas derivadas do petróleo.

2.2.3 Ameaça de novos entrantes

Apesar de não existirem barreiras legais, governamentais ou ambientais, é pequena a possibilidade de surgimento de novos fabricantes de chinelos de dedo no mercado brasileiro, em função de alguns fatores:

- A grande economia de escala dos atuais fabricantes de chinelos no Brasil acaba protegendo o mercado quanto à entrada de novos concorrentes.
- A necessidade de grande capital para empresas que pretendam ter altos volumes de produção, excetuando os *players* informais.
- A baixa possibilidade de acesso aos canais de distribuição, limitado pela concentração atual em poucos fabricantes.

Apesar disso, não podemos deixar de mencionar a possibilidade de surgimento de novos fabricantes dedicados a nichos específicos, em que não existe uma forte atuação dos fabricantes atuais.

2.2.4 Ameaça de substitutos

Segundo Ghemawat (2000, p. 40), "a ameaça representada por substitutos à lucratividade de uma indústria depende das proporções relativas preço/desempenho dos diferentes tipos de produtos ou serviços aos quais os clientes podem recorrer para satisfazer a mesma necessidade básica".

Após a análise realizada no mercado, concluímos que é baixa a propensão dos compradores a substituirem os chinelos de dedo por outros tipos de produtos. Entre várias razões existentes, destaca-se o fato de existir uma ampla variedade de opções de chinelos a preços atraentes, além da ótima relação custo-benefício.

2.2.5 Rivalidade competitiva (concorrentes na indústria)

Conforme Ghemawat (2000, p. 38), "a intensidade de rivalidade é a mais óbvia das cinco forças em um setor – e aquela que os estrategistas têm focado historicamente. Ela ajuda a determinar a extensão até a qual o valor criado por uma indústria será dissipado através da concorrência direta. A mais valiosa contribuição da estrutura de 'cinco-forças' de Porter pode ser sua sugestão de que a rivalidade, apesar de sua importância, é somente uma de várias forças que determinam a atratividade do setor".

Como já mencionado, o ambiente de fabricantes de chinelos de dedo é marcado por uma concentração entre dois grandes *players* (São Paulo Alpargatas S.A. e Grendene). Segundo o Ibope, essas duas empresas produzem cerca de 67% do volume total comercializado no Brasil.

Contudo, além dos dois grandes *players* mencionados, existe uma infinidade de outros pequenos competidores que, juntos, representam 33% da produção total brasileira. Isoladamente, cada um desses competidores representa muito pouco.

Uma outra característica que marca essa rivalidade é que a diferença entre os produtos ofertados é pequena, ou seja, o consumidor menos atento tende a se confundir entre as centenas de produtos disponíveis.

O momento atual, principalmente no que se refere aos dois grandes *players* do mercado, é de baixa capacidade ociosa. A forte demanda doméstica, verificada sobretudo após o segundo semestre de 2003, e a forte demanda externa – os chinelos brasileiros fazem sucesso em vários países do mundo – levaram a indústria a ocupar praticamente toda sua capacidade instalada.

E, como mencionado anteriormente, a estrutura de custos de todos os fabricantes depende da cadeia petroquímica – fornecimento de matéria-prima. Portanto, de uma maneira geral, todos os fabricantes estão suscetíveis às oscilações do petróleo no mercado mundial.

Demonstramos a seguir, de uma maneira resumida, a representação do método de análise das cinco forças desse segmento de mercado.

Figura 6.3   Análise do setor de chinelos – Brasil

Poder dos clientes
- Preço tem menor relevância para os clientes do que a marca dos produtos ofertados.
- Alta competição entre clientes, em todos os canais de distribuição.
- Poder de barganha dos clientes:
  - clientes são mais numerosos do que os produtores;
  - baixa capacidade de integração vertical dos clientes (mercado de marcas).

Poder dos fornecedores
- Fornecedores mais numerosos que produtores de sandálias, fazendo esse mercado ter um poder de negociação pequeno.
- Baixa relevância para os fornecedores do volume consumido por esse setor.
- Importância estratégica de criação de valor a partir da MP *commodity*.
- MPs mais importantes são *commodities* mundiais.

Rivalidade competitiva
- Concentração em dois *players* (67% do volume).
- Muitos competidores pequenos.
- Diferenciação cosmética de produtos em centenas de modelos ofertados.
- Baixa capacidade ociosa (principalmente para dois *players* grandes) e inexistência de barreiras de saída.
- Estrutura de custos dependente da cadeia petroquímica.

Ameaça de entrantes
- Economia de escala protege o segmento de novos entrantes.
- Necessidade de capital para empresas que pretendam ter altos volumes de produção (excetuando *players* informais).
- Acesso a canais de distribuição dificultado pela concentração.
- Não existem barreiras legais, governamentais e ambientais.
- Poucos *players* abrem espaço para novos entrantes em nichos.

Ameaça de substitutos
- O mercado possui baixa propensão dos compradores a substituir chinelo por outros tipos de produto, pela ampla variedade de opções a um preço atraente (ótima relação custo-benefício).

Fonte: Elaborada pelos autores.

Contudo, além das cinco forças, vamos analisar, também, uma sexta força que deve ser considerada. Conforme Wright (2004), o governo é uma força que não pode ser desprezada em nenhum estudo que contemple empresas e/ou mercado brasileiro devido a sua grande influência.

2.2.6 O governo (a sexta força)

Sem dúvida é uma variável que influi diretamente nas outras cinco forças analisadas anteriormente. Como a indústria de fabricação de chinelos de dedo é altamente empregadora de mão de obra, os governos, em todas as esferas, ficam muito atentos para esse mercado. É comum que governos (estaduais, principalmente) ofereçam pesados subsídios na tentativa de atrair essas empresas para suas regiões. Os subsídios mais comuns oferecidos estão relacionados à redução de impostos e incentivos para a construção de instalações industriais.

Outro aspecto importante que deve ser mencionado é a mudança constante da tributação que incide nos fabricantes. Além disso, a legislação trabalhista brasileira influencia mais fortemente as empresas de mão de obra intensiva, como é o caso desse mercado.

2.3 Portfólio de produtos

Faremos uma descrição do portfólio de produtos inserindo os segmentos de mercado nos quais cada um dos produtos está focado. É importante ressaltar que esses segmentos não são estanques e pode haver superposição nas motivações de uso. Podemos dividir/definir os segmentos em:

Popular

Foco no consumidor de baixa renda e que possui interesse único na relação custo-benefício. São consumidores de ambos os sexos, todas as idades e camadas sociais mais pobres.

Produtos: Havaianas Tradicional; Havaianas Color; Havaianas Beach.

Cores/Praia/Urbano

Foco no consumidor de todas as classes sociais e idades, mas com maior participação no sexo feminino, devido à importância atribuída às cores pelas mulheres.

Produtos: Havaianas Top em 13 cores; Havaianas Style.

Inovações

Foco no consumidor que valoriza a inovação e produtos diferenciados que denotem originalidade a custos mais elevados.

Produtos: Havaianas Trekking; Havaianas Trekking Estampas.

Apelo visual

Consumidores que valorizam a cor e visuais interessantes na palmilha dos calçados. São pessoas de ambos os sexos e de diversas idades.

Produtos: Havaianas Floral; Havaianas Sunny; Havaianas Hibisco; Havaianas Flowers; Havaianas Butterfly; Havaianas Ipê; Havaianas Cartunistas.

Nacionalista/Brasilidade

Consumidores que valorizam o Brasil e querem reafirmar sua paixão. O preço mais alto não chega a ser impedimento de compra.

Produtos: Havaianas Brasil; Havaianas Trekking Brasil.

Infantis

Produtos focados nos consumidores infantis, que hoje influenciam na escolha e momento de decisão no ponto de venda. São coleções com motivos e cores infantis, bichinhos ou trabalhos nas tiras que os diferenciam dos produtos da coleção adulta.

Produtos: Havaianas Kid's Pets; Havaianas Kid's Zôo; Havaianas Trekking Kid's.

Surf

Focada nos consumidores amantes do espírito de aventura e energia contidos no surf. São produtos com motivos que traduzem esse estilo de vida.

Produtos: Havaianas Surf.

Modais/Fashion

Esse gupo de produtos é a resposta da marca aos consumidores que gostam das sandálias baixas, mas valorizam a inovação constante. Assim, temos nesse caso produtos com design de tiras nunca antes imaginadas. Novamente, é a comprovação de que o consumidor da marca valoriza esse tipo de posicionamento.

Produtos: Havaianas Fashion; Havaianas Flash Hop; Havaianas Flash Way; Havaianas Slick.

Modais/Fashion altos

Ao verificarmos que os limites da marca eram maiores que a "simples sandália de dedo" que marcou a sua história, a Havaianas propôs algo inédito ao colocar salto plataforma em seu mix de produtos. É importante notar que a inovação no design com propostas ousadas faz parte dessa linha de produtos.

Produtos: Havaianas High Look; Havaianas High Street; Havaianas High Fit.

Produtos diferenciados/específicos para exportação

Devido à forte atuação no exterior (em que a exportação "paralela" acontece), verificamos as necessidades de um segmento de mercado cuja resposta é uma coleção customizada, focada nos países em que a marca está presente em maior intensidade, gerando diferenciação da marca com produtos exclusivos e não comercializados no Brasil. Trata-se de importante iniciativa para agregar valor à marca.

Produtos: Aquarela; Brasil Samba; Brasil Flag; Trekking Etnics; Top Sw Baguette; High Kitten; High Heel; entre outros.

Meias

Importante iniciativa de extensão de marca, as meias buscam desenvolver no consumidor o hábito de sair de casa de chinelos, mesmo em épocas de temperatura mais baixa. Além disso, visam amenizar a sazonalidade existente nas vendas das sandálias.

Produtos: Meias Lisas; Meias Corações; Meias Listradas; Meias Sandalinhas; Meias Brasil; Meias Naipes; Meias Hibisco.

Figura 6.4 Análise de famílias *versus* interesse dos consumidores nos segmentos de mercado

Interesse do segmento de mercado *versus* família de produto							
Segmento / Produto	Popular (Preço)	Cor	Patriotismo Brasilidade	Aventura Caminhada	Surf Praia	Moda Design	Feminino Altura
Tradicional Color	√	√					
Top		√					
Brasil		√	√				
Trekking		√		√	√		
Floral Hibisco		√			√		
Flash Slick		√				√	
High		√				√	√

Fonte: Adaptada pelos autores de Corrêa e Corrêa (2006).

Observação: É importante ressaltar que essa análise contém algumas superposições de produtos e segmentos.

Figura 6.5 Análise da matriz BCG por família de produtos

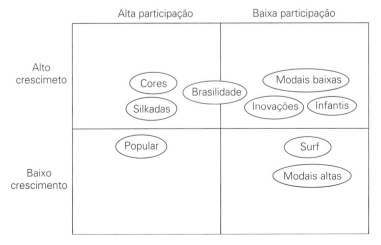

Fonte: Adaptada pelos autores de Corrêa e Corrêa (2006).

2.3.1 Análise geral do portfólio de produtos

Podemos ver que a grande estratégia da marca Havaianas é a diferenciação nos pontos de venda, por meio de seu *mix* de produtos, o que demonstra claramente a aplicação do conceito de vantagem competitiva citada por Kotler (2000).

Segundo Kotler (2000), as empresas possuem algumas alternativas para diferenciação que, conforme as etapas propostas por Crego e Schiffrin (KOTLER, 2000), são divididas em três possibilidades:

- Definição do modelo de valores para o cliente – em primeiro lugar, a empresa relaciona todos os fatores de produtos e serviços que podem influenciar a percepção de valor do cliente.

- Estabelecimento da hierarquia de valores para o cliente – a empresa aloca todos os fatores relacionados em um desses quatro grupos: básico, esperado, desejado e inesperado.

- Decisão sobre o pacote de valores para o cliente – a empresa combina itens tangíveis e intangíveis, experiências e resultados desenvolvidos para superar o desempenho dos concorrentes e conquistar a fidelidade e o encantamento dos clientes.

Portanto, podemos concluir que a Havaianas procura diferenciação por meio do *mix* de produtos que oferece, encantando os consumidores e superando os concorrentes.

Conforme Kotler (2000, p. 310-313): "Diferenciação de produto pode ocorrer pela forma, características, desempenho, conformidade, durabilidade, confiabilidade, facilidade de reparo, estilo e design".

À medida que a concorrência se intensifica, o design oferece uma maneira consistente de diferenciar e posicionar os produtos e serviços de uma empresa. O professor Robert Hayes, da Universidade de Harvard, resumiu muito bem essa tendência: "Há 15 anos as empresas competiam no preço. Hoje em dia, é na qualidade. Amanhã será no design".

Em mercados com ritmos cada vez mais velozes, preço e tecnologia já não são suficientes. O design é o fator que oferecerá à empresa uma constante vantagem competitiva. É também o conjunto de características que afetam a aparência e o funcionamento do produto em termos das exigências do cliente. Ele é particularmente importante ao se elaborar e comercializar equipamentos duráveis, roupas, serviços de varejo e produtos ao consumidor.

Todas as qualidades que discutimos são parâmetros de design. O designer tem de imaginar quanto deve investir em forma, desenvolvimento de características, desempenho, conformidade, durabilidade, confiabilidade, facilidade de reparo e estilo. Um produto com design é aquele agradável de se olhar e fácil de abrir, instalar, utilizar, consertar e descartar.

A estratégia da marca Havaianas visa a diferenciação pelo design dos produtos existentes em seu mix, oferecendo ao consumidor final uma vasta gama de escolhas que correspondam às suas exigências.

Outro ponto fundamental é a relação equilibrada da marca entre custo e diferenciação. Conforme informações da empresa, a marca encontrou uma forma de agregar valor percebido aos seus produtos com os consumidores, sem aumentar seus custos de produção na mesma proporção.

Interessante notar a frase de Porter (1980 apud GHEMAWAT 2000, p. 65) que atesta de modo decisivo que a marca conquistou algo muito raro, que é ter em seu mix de produtos os dois extremos apontados.

> Em algumas indústrias, não há oportunidades para foco ou diferenciação – a questão é exclusivamente de custos e isso vale para um grande número de *commodities*. Em outras indústrias, o custo tem relativamente pouca importância devido às características do comprador e do produto.

Figura 6.6   Estratégia genérica de Porter

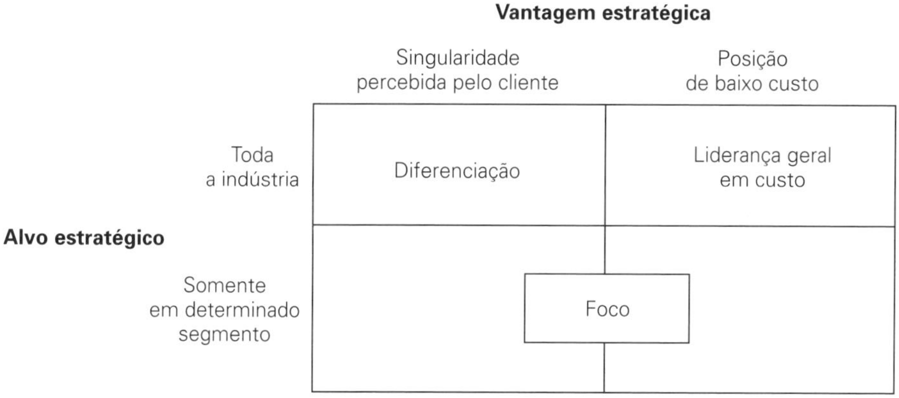

	Singularidade percebida pelo cliente	Posição de baixo custo
Toda a indústria	Diferenciação	Liderança geral em custo
Somente em determinado segmento	Foco	

Vantagem estratégica / Alvo estratégico

Fonte: PORTER, 1980.

Por meio do quadro de Porter (1980) podemos verificar que a marca possui em seu portfólio de produtos as duas realidades apontadas, de acordo com as necessidades atendidas pelo produto estudado, conforme exemplo a seguir:

2.3.2 *Segmento popular (focado totalmente em preço e relação custo--benefício)* versus *modal (voltado totalmente à moda e ao estilo, sendo o preço muito menos relevante)*

Assim, chegamos à conclusão de que o portfólio de produtos da marca contém as duas vantagens competitivas, possíveis de ocorrer, conforme afirma Kotler (2000):

[...] até que ponto são comuns as empresas com duplas vantagens competitivas? Porter afirmou que tais vantagens são raras sendo normalmente baseadas em diferenças operacionais entre empresas que são facilmente copiadas.

Portanto, é recomendável que a Havaianas continue tendo atenção redobrada nos dois campos, para não permitir que essas vantagens competitivas sejam facilmente copiadas.

Gráfico 6.1 Interação de custo e diferenciação

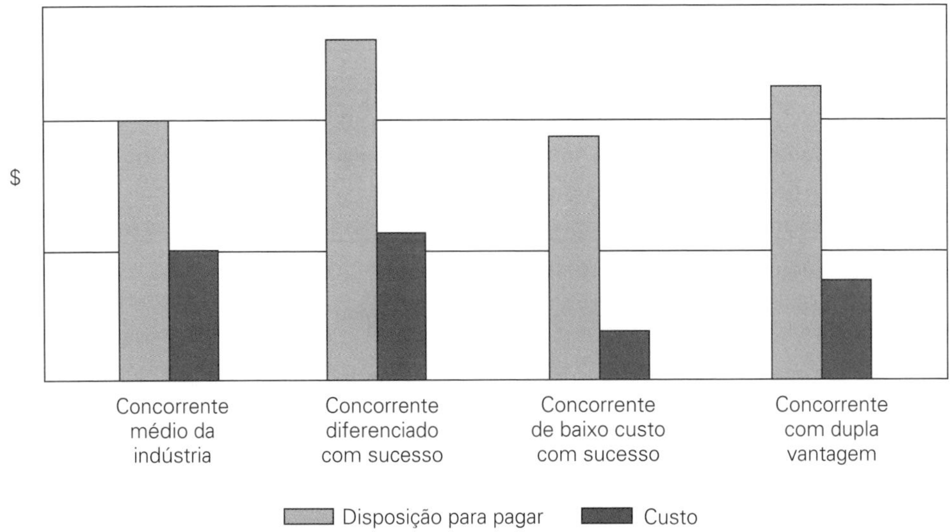

[Gráfico de barras com quatro grupos: Concorrente médio da indústria, Concorrente diferenciado com sucesso, Concorrente de baixo custo com sucesso, Concorrente com dupla vantagem. Eixo vertical: $. Legenda: Disposição para pagar / Custo.]

Fonte: KOTLER, 2000.

Entendemos, por fim, que a vantagem competitiva, como já conhecida, é proveniente de inúmeras ações e atividades da empresa, conforme citação de Porter (1989, p. 31):

> A vantagem competitiva não pode ser entendida olhando-se uma empresa como um todo. Ela provém das muitas atividades distintas executadas por uma empresa ao projetar, produzir, comercializar, entregar e prestar assistência ao seu produto. Cada uma dessas atividades pode contribuir para a posição relativa de custo de uma empresa e criar uma base para diferenciação. A cadeia de valor desagrega uma empresa em suas atividades estrategicamente relevantes para compreender o comportamento dos custos e as fontes existentes e potenciais de diferenciação.

A Havaianas possui em seu portfólio de produtos uma das ferramentas fundamentais para a obtenção de vantagem competitiva duradoura. A variedade de produtos é uma forma da marca se defender quanto às ameaças ao valor agregado, pela imitação ou substituição.

Figura 6.7 As quatro ameaças à sustentabilidade

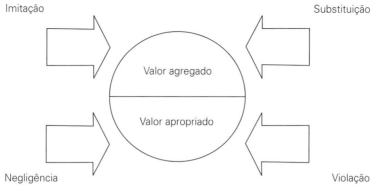

Fonte: GHEMAWAT, 2000.

Segundo Ghemawat (2000, p. 93):

> A barreira mais óbvia à imitação é aquela propiciada por economia de escala, isto é, as vantagens de ser grande em um determinado mercado ou segmento. Se a escala é vantajosa, uma empresa pode, potencialmente, impedir a imitação empenhando-se em ser tão grande que os candidatos a imitadores sejam contidos pelo medo de que, se igualarem sua escala, o suprimento poderá exceder a demanda a ponto deles se arrependerem do esforço. Essas economias de escala podem agir em nível global, nacional ou regional, ou até mesmo local, e seus efeitos não precisam se limitar à fabricação.

Portanto, podemos concluir que as economias de escala também são vistas no caso, mesmo com mais de 29 modelos diferentes e cinco mil SKUs, gerando excelência operacional e dificultando a entrada de competidores com imitações ou substituições no mercado.

2.4 Ambiente competitivo

De acordo com Porter (1989, p. 1), "a concorrência está no âmago do sucesso ou do fracasso das empresas, determinando a adequação das atividades que podem contribuir para seu desempenho, como inovações, uma cultura coesa ou uma boa implementação".

Para se conhecer bem o ambiente em que a "guerra de mercado" acontece, nada mais saudável do que um raio X dos principais fabricantes de chinelos de dedo no Brasil.

2.4.1 Perfil dos principais competidores atuantes no mercado (2003)

Havaianas

Forma de atuação
- processo contínuo de construção e fortalecimento de marca, por meio de:
    - renovação constante da linha de produtos;

- produtos inovadores e de alto valor percebido;
- comunicação de massa agressiva e constante;
- distribuição pulverizada indiretamente;
- excelência operacional.

Principais números (Painel Ibope, 2004):
- 41% de *market share* total no Brasil (em pares);
- 112 milhões de pares produzidos;
- R$ 373 milhões (receita bruta);
- 4% do volume exportado (56 países).

Grendene

Forma de atuação:
- renovação constante da extensa linha de produtos assinada por personalidades (pagamentos de *royalties*/licenciamentos);
- comercialização por ampla equipe de representantes;
- altamente concentrada no canal varejo calçadista;
- grande investimento em tecnologia de produção e P&D;
- comunicação de massa.

Principais números (Painel Ibope, 2004):
- 26% de *market share* total no Brasil (em pares);
- 90 milhões de pares produzidos;
- R$ 857 milhões (receita bruta);
- 25% do volume exportado (60 países).

Dupé

Forma de atuação:
- "*me too strategy*";
- desenvolvimento de produtos similares a Havaianas e Grendene;
- obtém benefícios da comunicação realizada por Havaianas;
- distribuição regionalizada (foco no Nordeste do Brasil);
- eficiência na distribuição em cidades pequenas (menos de 20 mil habitantes), onde o preço é fator determinante na compra.

Principais números (Painel Ibope, 2004):
- 7% de *market share* total no Brasil (em pares);
- 23 milhões de pares produzidos;
- R$ 73 milhões (receita bruta);
- 15% do volume exportado (20 países).

Figura 6.8 Recursos críticos dos principais competidores

Principais competidores	Recursos críticos
Havaianas	• Marca • Escala • Comunicação massiva • Distribuição pulverizada nacionalmente • Relação custo-benefício
Grendene	• Forte presença no PDV – varejo • Qualidade • Inovação constante • Comunicação/celebridades
Dupé	• Distribuição pulverizada/ atuação focada no Nordeste

Principais recursos críticos presentes na indústria

- Comunicação massiva
- Relação custo-benefício
- Inovação/renovação constantes
- Marca

Fonte: Elaborada pelos autores.

Tabela 6.4 Recursos críticos dos competidores e sua relevância para o mercado

Recursos críticos	Domínio do recurso crítico (0) não domina o recurso (4) domínio total do recurso			Relevância do recurso crítico para o mercado
	Havaianas	Grendene	Dupé	
Escala	4	3	1	3 – Viabilizando preços mais competitivos
Comunicação massiva	4	2	0	4 – Valorização da marca e do produto comunicado
Forte presença no PDV (formador de opinião)	3	4	1	3 – Setor de alta compra por impulso – gera valor para o consumidor
Distribuição pulverizada	4	2	1	3 – Setor de alta compra por impulso – facilita a venda
Relação custo-benefício	4	3	2	4 – Preferência do consumidor pela marca
Percepção de qualidade	3	4	1	4 – Fidelização
Inovação constante	2	4	1	4 – Encantar e supreender o consumidor
Marca	4	3	1	4 – Identidade e relevância

Fonte: Elaborada pelos autores.

2.4.2 Principais conclusões da análise competitiva

Os TOP 3, "líderes naturais", nesse mercado são: Havaianas, Grendene e Dupé. Suas vantagens competitivas foram desenvolvidas sobre os seguintes recursos críticos: escala, comunicação massiva, forte presença no PDV, distribuição pulverizada, relação custo-benefício, qualidade e inovação constante.

Já os principais recursos críticos para atendimento dos fatores-chave de sucesso do mercado são: marca, comunicação massiva, relação custo-benefício, inovação e renovação constante.

A Havaianas é líder em marca, escala, comunicação massiva, distribuição pulverizada e relação custo-benefício, tendo como oportunidades o crescimento em presença no PDV formador de opinião, qualidade e inovação constante. Para que a Havaianas mantenha sua posição competitiva distinta nesse mercado é necessário:

- manter os recursos críticos – escala, comunicação massiva, relação custo-benefício e distribuição pulverizada;
- reforçar os recursos críticos – qualidade, presença no PDV formador de opinião e inovação constante.

2.5 SWOT

A avaliação global das forças, fraquezas, oportunidades e ameaças é denominada "análise SWOT (*Strengths, Weaknesses, Opportunities, Treats*)". Essa análise deve ser dividida em dois ambientes: externo (oportunidades e ameaças) e interno (forças e fraquezas). Considerando o conceito, a seguir efetuamos as análises para Havaianas.

2.5.1 Ambiente interno

Forças

- Marca Havaianas tornando-se global.
- Design acompanhando tendência.
- Forte investimento em comunicação e relações públicas.
- Liderança no mercado de atuação.
- Hábito e consumo incorporado ao brasileiro.

Fraquezas

- Capacidade de produção no limite.
- Baixo *know-how* de exportação.
- Cultura organizacional voltada para a indústria, e não para o mercado.

2.5.2 Ambiente externo

Oportunidades

- Apropriação do conceito Brasil.
- Extensões de marca: criar categoria Havaianas.

- ☐ Alto potencial de crescimento a curto prazo no exterior.
- ☐ Aumentar participação na linha infantil.
- ☐ Desenvolver tecnologia de produção.
- ☐ Variabilidade de produto.
- ☐ Mão de obra intensiva.

Ameaças

- ☐ Forte atuação da concorrência.
- ☐ Cópias e imitações.
- ☐ Dependência de uma fábrica.
- ☐ Sazonalidade do hemisfério norte.

2.5.3 Conclusão da análise

Conforme Kotler (2000, p. 99), a análise pode ter quatro resultados possíveis:

> Um negócio ideal apresenta muitas grandes oportunidades e poucas ameaças importantes. Um negócio especulativo tem grandes oportunidades e ameaças importantes. Um negócio maduro apresenta poucas oportunidades e poucas ameaças. Um negócio com problemas apresenta poucas oportunidades e muitas ameaças.

Dessa forma, consideramos que o negócio Havaianas é um "negócio ideal", que apresenta grandes oportunidades e poucas ameaças importantes.

2.6 Mercados e novos segmentos

2.6.1 Setor de calçados – Brasil

O mercado brasileiro de calçados pode ser analisado por diversas perspectivas, tais como as formas de utilização dos calçados pelos consumidores e os tipos de produtos existentes.

Figura 6.9   Definição de mercado quanto à necessidade do consumidor

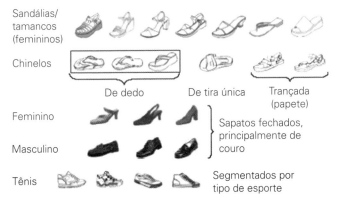

Fonte: Adaptada pelos autores de Latinpanel.

Pode-se concluir que a Havaianas atua na divisão específica de chinelos de dedo e que o mercado global de calçados é formado pela variedade de produtos e segmentos verificados na Figura 6.9, com as dimensões em volumes e faturamento descritos a seguir:

Gráfico 6.2 Evolução do mercado de calçados – Brasil

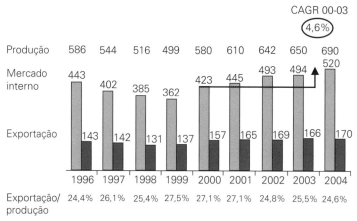

Fonte: Elaborado pelos autores, com dados da Abicalçados e Latinpanel.

A análise mostra uma participação importante desse mercado no PIB do Brasil, gerando riqueza e empregos, visto que é uma atividade de mão de obra intensiva. Esse mercado divide-se em volume nos grupos mais importantes de produção:

Tabela 6.5 Mercado brasileiro de calçados

Produção nacional 2004
690 milhões de pares
280 mil empregos
7,2 mil empresas

O Brasil é o 3º maior produtor mundial de calçados e o 5º maior mercado consumidor.
Fonte: Abicalçados 2004 – Ibope, jan./04 – nov./04.

Tabela 6.6 Mercado brasileiro de calçados – segmentação 2004

Segmento	Pares (milhões)
Sandálias/chinelos	316
Tênis	230
Exportação	200
Total	746

O consumo por habitante é de 3,1 pares/ano. O gasto médio é de R$ 9,50 por par.
Fonte: IBOPE, jan./04 – nov./04.

Veremos no demonstrativo a seguir como o mercado de chinelos é composto, pela segmentação do critério de matéria-prima que, como já anteriormente descrito, compõe-se de três tipos.

Quadro 6.1   Segmentação por matéria-prima em 2004

Mercado brasileiro de sandálias/chinelos.

Segmentos	Pares (milhões)	%
Borracha	151	47,8
EVA	65	20,5
PVC	100	31,7
Total	316	100

Fonte: IBOPE, jan./04 – nov./04.

Ao detalhar a análise, é possível identificar a participação das principais marcas que atuam no mercado e a grande concentração existente.

Quadro 6.2   Participação de mercado em 2004

Participação das principais marcas.

Total chinelo	100%
Havaianas	37,4
Dupé	6,9
Grendene	32,0
Outras marcas somadas	23,7

Fonte: IBOPE jan./04 – nov./04.

No quadro a seguir podemos observar dados da São Paulo Alpargatas S.A. e seus principais competidores.

Quadro 6.3   Dados dos concorrentes nacionais – 1º Semestre

	SPASA		Grendene		Azaleia	
	2004	2003	2004	2003	2004	2003
Vendas líquidas (R$ milhões)	428,6	345,2	486,9	398,9	368,3	319,1
% Margem bruta	38,7	34,8	38,6	44,3	31,9	26,8
% SG&A	31,8	34,3	26,7	29,4	31,7	33,2
% Margem EBITDA	12,3	10,1	23,7	26,6	N/D	N/D
PFL (R$ milhões)	72,1	(8,4)	208,4	67,3	(3,6)	(7,1)

Fonte: Azaleia: Demonstrações Financeiras.
Grendene: Prospecto preliminar do IPO. Incentivos fiscais considerados no EBITDA TCC 5.

2.6.2 Fabricantes

O mercado total de sandálias/chinelos é composto por dois grandes fabricantes que, juntos, perfazem um volume total de 219 milhões de pares ou 69,4% do mercado. O mercado é altamente concentrado e, portanto, bastante suscetível às movimentações desses dois grandes *players*.

Embora não fique claro ao consumidor, os fabricantes segmentam esse mercado pela matéria-prima utilizada, e como já mencionado na cadeia de valor, a borracha, o PVC e o EVA são os materiais dominantes.

Quadro 6.4 Fabricantes do segmento de borracha

Mercado brasileiro do segmento chinelos de borracha. Segmentação por fabricantes 2004.

125 MM/prs	Havaianas	82,8%
21,0 MM/prs	Dupé	14,0%
5,0 MM/prs	Outros	3,2%
Brasil → 151 MM/prs		

Fonte: IBOPE jan./04 – nov./04.

2.6.3 Consumidor

Outra constatação é a de que as classes sociais possuem utilização diferenciada para esse tipo de produto, conforme o demonstrativo a seguir:

Quadro 6.5 Classes sociais e grau de utilização do segmento

Classe econômica Total	100,0%
A + B	17,4%
C	33,2%
D + E	49,4%

Fonte: IBOPE – Latin Panel. Média acumulada de 2004 para Total Brasil.

O relacionamento do consumidor com o segmento também varia conforme a localização geográfica:

Quadro 6.6 Dispersão geográfica

Total Brasil	100,0%
Norte + Nordeste	33,4%
Centro-Oeste	7,5%
Leste + Int. RJ	16,6%
Grande RJ	7,3%
Grande SP	11,8%
Int. SP	11,8%
Sul	11,6%

Fonte: IBOPE – Latin Panel. Média acumulada de 2004.

Também as faixas etárias se relacionam de maneiras diferentes com o segmento:

Quadro 6.7 Faixa etária

Idade do usuário	Total (100%)
Até 2 anos	5,2%
de 3 a 7 anos	15,2%
de 8 a 10 anos	10,2%
de 11 a 14 anos	10,5%
de 15 a 19 anos	8,9%
de 20 a 25 anos	8,3%
de 26 a 36 anos	15,7%
de 37 e mais	26%

Fonte: IBOPE – Latin Panel. Média acumulada de 2004 para Total Brasil.

Mesmo o sexo do consumidor gera diferenciais de atitude/utilização em relação ao segmento:

Quadro 6.8 Sexo

Sexo do usuário	Total (100%)
Feminino	54,7%
Masculino	45,3%

Fonte: IBOPE – Latin Panel. Média acumulada de 2004 para Total Brasil.

2.6.4 Clientes

O segmento de mercado em estudo possui uma dinâmica interessante se considerada a sua estrutura de distribuição. Podemos identificar basicamente dez tipos de clientes, pelos quais passam os produtos até a compra pelo consumidor final.

Quadro 6.9 Distribuição de calçados por tipo de cliente

Total Mercado	100%
Total autosserviços	31,3%
Total varejo tradicional	7,9%
Porta a porta	1,7%
Farmácia/drogaria/perfumaria	0,7%

(*continua*)

(continuação)

Total Mercado	100,0%
Atacadistas	0,9%
Lojas de departamentos/variedades	5,6%
Cooperativas	0,4%
Camelôs/feiras/barracas/quiosques	7,4%
Lojas de calçados	25,9%
Outros canais	18,2%

Fonte: IBOPE – Latin Panel. Média acumulada de 2004 para Total Brasil.

Atacadista

O atacado está dividido entre os de atividade nacional e o regional, assim como em sua atividade de atacadista calçadista ou de venda de produtos generalistas.

Distribuidor regional

São empresas formatadas para unicamente distribuir e representar em suas regiões as marcas específicas, viabilizando um trabalho em cada região mais focado na estratégia própria de cada marca.

Grande, médio e pequeno autosserviço

Os grandes e médios autosserviços são caracterizados pelas bandeiras líderes no País, como Carrefour, Extra, Pão de Açúcar, Nacional, Sendas, entre outros. Estes são atendidos diretamente pelos fabricantes e perfazem um volume importante. Já os pequenos autosserviços são, em sua maioria, atendidos pelo atacadista ou distribuidor regional.

Varejo calçadista

Essa rede também possui características interessantes, pois em seu contexto nacional abrange desde a pequena loja de bairro a grandes redes com até 100 lojas. A dinâmica de fornecimento para esse tipo de cliente é normalmente direta para as cadeias grandes ou via atacadista/distribuidor para as pequenas lojas (essa dinâmica muda também de fabricante para fabricante, devido à sua estrutura de vendas).

Lojas de departamento

Importante canal de distribuição para artigos de moda, devido à possibilidade que gera ao consumidor de ter o problema de vestimenta resolvido em apenas um local. O aspecto conceitual de agregar valor à marca também é um fator determinante para que as redes de lojas de departamento, como Renner, C&A, Riachuelo, Pernambucanas, entre outras regionais, conquistem importante participação na distribuição de chinelos de dedo, com crescimento expressivo a cada ano.

2.6.5 Novos segmentos

Podemos identificar novas oportunidades com o fortalecimento da marca Havaianas.

Extensão de marca

Em uma pesquisa realizada pela empresa, com o objetivo de viabilizar esse novo modelo de negócios, foi obtido um retorno dos consumidores da forma descrita:

- ❐ O consumidor aceita a ideia de a marca lançar produtos que sejam acessórios de praia, como bolsas, sacolas, mochilas, e que tenham/mantenham os seus atributos.
- ❐ Outra alternativa aceita pelo consumidor é a possibilidade de confecções, desde que tenham atributos que remetam à marca.

Por fim, as maiores restrições do consumidor foram apontadas nas possibilidades levantadas para uso da marca em produtos como tênis e outros tipos de calçados.

Em 2005, a empresa deu o primeiro passo nessa direção, ao lançar a Havaianas Socks, meia adaptada ao contorno do dedão do pé, permitindo que se encaixe na sandália.

Existem também alguns produtos adaptados às necessidades de exportação, ainda no paradigma atual da marca, mas, também em alguns casos, produtos diferenciados.

2.7 Recursos humanos e financeiros

2.7.1 Recursos humanos

Para analisar os recursos humanos da empresa, decidimos direcionar a análise para competências e seu alinhamento com visão estratégica. Adotou-se esse critério porque, na avaliação, as competências são essenciais para agregar valor à empresa, transferir conhecimentos, implementar estratégias e alcançar resultados. Chegou-se a essa conclusão ao ser estudada a definição de competência feita por Fleury (2002, p. 55), a saber:

> Definimos, assim, competência: um saber agir responsável e reconhecido que implica mobilizar, integrar, transferir conhecimentos, recursos, habilidades, que agregue valor econômico à organização e valor social ao indivíduo.

Portanto, se uma empresa tem sua visão estratégica definida, divulgada e em harmonia com as competências, as chances de sucesso são grandes. Em 2001, a São Paulo Alpargatas S.A. identificou e divulgou por toda empresa as competências necessárias para desenvolver e implementar seu plano estratégico.

As competências foram elaboradas considerando-se o plano estratégico em um processo *bottom-up* e *top-down*, que contou com a participação da presidência, diretoria e gerentes da organização, mas liderado por um grupo multifuncional.

Na elaboração da estratégia e das competências foi considerada a dispersão geográfica da empresa (praticamente 10 mil funcionários distribuídos em seis estados brasileiros) e a complexidade dos diversos negócios, cada um com suas particularidades.

As competências identificadas e suas definições estão listadas a seguir.

Visão estratégica

Estabelecer direção estratégica, criando as alternativas necessárias para enfrentar as mudanças no ambiente de negócios, formulando planos de ação que levem ao atingimento dos objetivos, considerando os recursos disponíveis.

Negociação e influência

Ter habilidade de negociação com outras áreas da empresa, bem como com fornecedores, clientes e demais stakeholders, concretizando transações com entendimento e ajuste de diferentes objetivos e enfoques, mantendo a consistência, a credibilidade, a flexibilidade e o compromisso com os resultados do negócio.

Gestão de pessoas

Garantir o desenvolvimento e a motivação da equipe, incentivando um padrão positivo de desempenho, demonstrando capacidade de persuasão, partilhando objetivos e informações, administrando conflitos e promovendo o espírito de equipe.

Planejamento e organização

Ter capacidade de planejamento, organização, controle e coordenação, demonstrando habilidade na condução das ações e no cumprimento de metas, gerenciando o tempo, processos e pessoas, bem como apresentando um método de trabalho.

Tomada de decisão

Entender a estratégia e os riscos envolvidos em suas ações, sejam eles técnicos ou de negócio. Ser capaz de analisar e criticar esses riscos, decidir e implementar rapidamente alternativas para neutralizá-los, fazendo acompanhamento e assumindo as responsabilidades pelos impactos dessa decisão.

Criatividade e inovação

Ter capacidade para gerar novas ideias, voltadas para os desafios presentes e futuros. Ter visão *open mind*, livre de preconceitos, facilitando a identificação de tendências e oportunidades que possam contribuir para a inovação e o aperfeiçoamento dos negócios.

Para garantir que as competências estivessem em harmonia com a estratégia da empresa, foi feita uma comparação entre estar a fim de garantir o alinhamento. O quadro a seguir representa de forma resumida o trabalho realizado.

Quadro 6.10 Alinhamento entre estratégia e competências – Alpargatas

Estratégia	Competências organizacionais
Divisão da empresa em unidades de negócio	Tomada de decisão
Focada em marcas	Criatividade e inovação
Clima organizacional	Gestão de pessoas
Ampliação de mercado	Negociação e influência
Dispersão geográfica	Planejamento e organização
Busca de novos negócios	Visão estratégica

Fonte: Estudos internos da São Paulo Alpargatas S.A.

Nos aspectos das competências individuais, a empresa desenvolveu várias atividades para a disseminação dos conceitos e para avaliação dos diversos níveis da organização:

- *assessment* – verificação em vários níveis hierárquicos da disponibilidade das competências;
- identificação dos *gaps*;
- elaboração de plano individual de desenvolvimento, validado com a liderança;
- implementação de programa de treinamento (TOP 6 – no total são seis competências) com foco no nível gerencial;
- implantação do plano de gestão de desempenho para os demais níveis da organização (mensalistas).

2.7.2 Conclusão da análise dos recursos humanos

Considerando o trabalho que vem sendo elaborado pela empresa, competências alinhadas com as estratégias e a preocupação com o desenvolvimento humano por meio de planos individuais de treinamento, podemos concluir que a São Paulo Alpargatas S.A. está em um caminho correto para ter os recursos humanos necessários para implementar seus planos estratégicos.

3. TÓPICOS PARA DISCUSSÃO

- Como continuar crescendo em imagem, rentabilidade e prestígio nos mercados atuais e novos?
- Como deve ser o posicionamento da marca no mercado, considerando-se o histórico construído e as alternativas de futuro propostas?
- Quais seriam as alternativas de produção para sustentar o crescimento da marca Havaianas?

☐ O modelo vigente de distribuição é o mais indicado para o atual momento da Havaianas? Qual seria o modelo de distribuição recomendado para o futuro da marca, dadas as alternativas exploradas até o momento?

☐ Qual a estrutura de financiamento (*funding*) recomendada para sustentar as alternativas estratégicas apresentadas?

☐ O que a empresa deve fazer para ter competências humanas adequadas para implementar as alternativas estratégicas mencionadas?

☐ A cultura organizacional da São Paulo Alpargatas S.A. favorece a implantação das propostas sugeridas para o futuro da marca? Em caso negativo, quais seriam as mudanças culturais necessárias para essas implantações?

4. NOTAS DE ENSINO

Como continuar crescendo em imagem, rentabilidade e prestígio nos mercados atuais e novos?

Sem dúvida, o maior desafio hoje para os administradores responsáveis pelo negócio Havaianas é definir quais serão os próximos passos nessa caminhada que já dura mais de 42 anos.

Desde seu lançamento, em 1962, a marca passou por diversas "ondas": o seu início, como produto popular, voltado às classes mais baixas da população brasileira – período que durou mais de 30 anos, de 1962 até 1994; a mudança estratégica buscando conquistar também as classes mais abastadas, que se iniciou em 1994 e que continua até hoje; e seu processo de internacionalização, iniciado no final dos anos 1990 e que também continua até os dias atuais.

É chegado o momento de a empresa definir qual(quais) caminho(s) seguirá de agora em diante. No futuro visa-se, seguramente, manter os clientes atuais, conquistar novos e oferecer a eles produtos que os satisfaçam. No entanto como as empresas, de um modo geral, e a Havaianas, em particular, podem conquistar clientes e superar a concorrência?

Segundo Kotler (2000, p. 56), "a resposta está em realizar um melhor trabalho de atendimento e satisfação das necessidades dos clientes. Somente empresas centradas nos clientes são verdadeiramente capazes de construir clientes, e não apenas produtos, e são hábeis em engenharia de mercados, não apenas em engenharia de produtos".

A São Paulo Alpargatas S.A., como um todo, deve encarar o futuro e buscar o sucesso. Ainda segundo Kotler (2000, p. 56):

> É grande o número de empresas que acreditam que buscar clientes é obrigação do departamento de marketing ou do departamento de vendas. Se esses departamentos não têm êxito nessa tarefa, a empresa chega à conclusão de que seus profissionais de marketing não são muito competentes. Mas, na verdade, o marketing é apenas um dos fatores envolvidos na atração e retenção dos clientes. Nem mesmo o melhor departamento de marketing do mundo seria capaz de vender produtos de

má qualidade ou que não atendam às necessidades de ninguém. O departamento de marketing só pode ser eficaz em empresas onde os vários departamentos e funcionários tenham projetado e implementado um sistema de entrega de valor ao cliente superior ao da concorrência.

Porter (1989, p. 31) considera que a criação de vantagem competitiva não depende de ações isoladas.

> A vantagem competitiva não pode ser compreendida observando-se a empresa como um todo. Ela tem sua origem nas inúmeras atividades distintas que uma empresa executa no projeto, na produção, no marketing, na entrega e no suporte de seu produto. Cada uma destas atividades pode contribuir para posição dos custos relativos de uma empresa, além de criar uma base para diferenciação. A cadeia de valor desagrega uma empresa em suas atividades estrategicamente relevantes para compreender o comportamento dos custos e as fontes existentes e potenciais de diferenciação.

Acreditamos que a continuidade do sucesso da Havaianas esteja intimamente ligado à visão da marca como um sistema completo e interligado, passando pelo entendimento do negócio como um todo, com dedicação e tempo, comunicando-se sempre com o mercado e com uma dose de paixão. Assim, qualquer que seja o futuro, este, obrigatoriamente, passará pela necessidade de aplicação desse conceito, fruto de longo aprendizado. Mas como aumentar a satisfação dos clientes e, ao mesmo tempo, como fazer com que a Havaianas, de uma forma geral, continue crescendo em imagem, rentabilidade e prestígio?

Seguramente, não há uma única resposta para essa questão. O futuro da Havaianas dependerá de uma série de ações a serem tomadas nos próximos anos. Igor Ansoff (1991) desenvolveu uma matriz que ajuda as empresas a entenderem o funcionamento dos mercados e o posicionamento dos produtos.

Figura 6.10   Matriz produto-mercado da Havaianas

	Produtos atuais	Novos produtos
Mercados atuais	1. Estratégia de penetração no mercado	3. Estratégia de desenvolvimento de produtos
Novos mercados	2. Estratégia de desenvolvimento de mercados	4. Estratégia de diversificação

Fonte: ANSOFF, 1991.

Tendo como base o modelo de Ansoff, chegamos à conclusão de que as ações para o sucesso futuro podem ser divididas nas formas a seguir.

Continuar sendo a melhor sandália de borracha do mundo (ou *"the best rubber sandal in the world"*, como diz o seu *slogan*), ou seja, atuar com os produtos existentes nos mercados atuais e novos.

É inegável que as sandálias Havaianas são um sucesso no Brasil e no mundo, tornando-se sinônimo da categoria em que atua. Ainda que a Havaianas domine uma parcela enorme do mercado brasileiro de chinelos de dedo feitos em borracha (o que limita, naturalmente, seu crescimento nesse mercado), as exportações da empresa são ainda tímidas. Existe um mercado potencial enorme fora do Brasil para as sandálias de borracha, ainda hoje parcialmente explorado, mas resultado da decisão estratégica de posicionar primeiro a marca no exterior em vez de buscar volumes elevados de vendas.

É possível, ainda, continuar crescendo na venda dessas sandálias por meio da diferenciação dos produtos, aumentando sua participação de mercado em relação aos principais concorrentes. Conforme Kotler (2000, p. 309):

> [...] as empresas estão constantemente tentando diferenciar sua oferta ao mercado de seus concorrentes. Elas sonham com novos serviços e garantias e vantagens especiais para os usuários fiéis, além de com conforto e bons momentos para seus consumidores. Quando uma empresa obtém sucesso, os concorrentes copiam sua oferta ao mercado. Como consequência, a maior parte das vantagens competitivas dura pouco tempo. Assim, as empresas precisam repensar constantemente novas características e benefícios, que adicionem valor a fim de atrair a atenção e o interesse de consumidores exigentes.

Mas como diferenciar um produto como a Havaianas? Kotler (2000) enumera algumas variáveis de diferenciação: forma, características, desempenho, conformidade, durabilidade, confiabilidade, facilidade de reparo, estilo e design.

Obviamente, nem todas se aplicam a Havaianas, mas uma grande parte delas pode ser usada com o intuito de fazer com que a empresa continue crescendo em imagem, rentabilidade e prestígio, comercializando sandálias de dedo feitas em borracha tanto no Brasil como no exterior.

Explorar as oportunidades de *co-branding* com outras marcas que agreguem valor à sua.

Seguindo o raciocínio de Ansoff, isso permitiria criar novos produtos e, com estes, explorar mercados atuais e também novos. Pelo que pudemos perceber na análise de mercado que fizemos, a Havaianas, dentre seus concorrentes diretos, é a que menos explora oportunidades de *co-branding*.

Enquanto a Grendene e a Dupé possuem várias associações com outras "marcas", tais como Xuxa, Eliana, Sandy e Júnior, para ficar em algumas, a Havaianas possui poucas associações nesse sentido. Segundo Kotler (2000, p. 439):

> Um fenômeno crescente é o surgimento de marcas combinadas (também chamadas marcas duplas) em que duas ou mais marcas conhecidas são combinadas. Cada patrocinador espera que o outro nome de marca fortaleça a preferência ou a intenção de compra.

Obviamente, caso decida seguir por esse caminho, a Havaianas deverá escolher parceiros que possam agregar valor à sua marca. Pelo que pudemos apurar, as maiores oportunidades nesse sentido advêm de parcerias com outras marcas que possuem grande apelo ao público infantil. É válido lembrar que uma parcela pequena de suas sandálias são comercializadas para esse público.

No exterior, sugerimos que a empresa continue a busca por parceiros famosos que possam agregar valor à marca Havaianas e, ao mesmo tempo, abrir portas em pontos de venda onde seria difícil a penetração sem essas associações. A empresa já vem trabalhando nesse sentido, com associações a marcas famosas no exterior, e deve continuar nesse caminho.

Desenvolver outros produtos com a marca Havaianas (*brand extension*), ou seja, trabalhar com novos produtos nos mercados atuais e em mercados novos.

Após mais de 40 anos de história, a Havaianas conseguiu um lugar de destaque no mercado e no coração dos brasileiros. É um caso clássico em que a notoriedade da marca supera o produto. Nesse sentido, é chegada a hora de a empresa aproveitar essa notoriedade para expandir sua linha de produtos, além dos já tradicionais chinelos de dedo feitos em borracha.

A diversificação deverá ser a quinta onda no sentido de viabilização de novas quebras de paradigmas para a marca, viabilizando a ela novos mercados, inconcebíveis há alguns anos. Segundo Kotler (2000, p. 423):

> Os objetivos da empresa influenciam a extensão da linha de produtos. As empresas que buscam grande participação de mercado e rápido crescimento do mercado preferirão linhas mais extensas. As linhas de produto tendem a se expandir com o tempo. O excesso de capacidade de fabricação pressiona o Gerente da Linha de Produtos a desenvolver novos itens. A força de vendas e os canais de distribuição também pressionam a empresa a adotar uma linha de produtos mais completa, a fim de satisfazer seus clientes.

No caso da Havaianas, a pressão para o desenvolvimento de novos itens é visível em vários níveis. Os distribuidores da empresa no exterior abriram canais de venda que permitem explorar a marca Havaianas muito além dos atuais chinelos de dedo. Várias sugestões para novos produtos com a marca, tais como toalhas, camisetas, biquínis, artigos de praia, entre outros que em nada se relacionam com os chinelos, mas que mantêm o *life style* da marca, têm sido apresentadas ao longo dos últimos meses.

Além disso, os atuais produtos da marca são extremamente sazonais nos países do hemisfério norte, onde as estações do ano são bem definidas e, consequentemente, a sazonalidade é mais forte; as sandálias da empresa estão nos pontos de venda apenas nos meses de primavera e verão. O lançamento de produtos de outono e inverno poderia fazer com que a marca estivesse presente nos PDVs durante todo o ano, facilitando o crescimento da marca.

Em mercados tropicais, como é o caso do Brasil e de alguns países da América do Sul, a sazonalidade não é tão forte, o que permite que a empresa comercialize suas sandálias durante todo o ano. Contudo, o lançamento de produtos de outono e inverno, mesmo nesses mercados, seguramente abriria novas portas. Segundo Kotler (2000, 423):

> [...] a empresa estende sua linha de produtos de duas maneiras: ampliando-a ou complementando-a [...]. Ampliação da linha [...]. Cada linha de produtos de uma empresa abrange certa parte da extensão total possível. A ampliação de linha ocorre quando uma empresa estende sua linha de produtos para além da faixa atual [...]. A empresa pode ampliar sua linha mercado abaixo, mercado acima ou em ambos os sentidos.

No caso da Havaianas, recomenda-se a extensão em ambos os sentidos, ou seja, tanto no lançamento de produtos mais baratos que os produzidos atualmente como uma ampliação da linha atual, mantendo a mesma base de preços, como no lançamento de produtos de maior valor.

> Complementação da linha: uma linha de produtos pode também ser estendida pela adição de itens à faixa já existente. Existem diversos motivos para a complementação de linha: aumentar a lucratividade; tentar satisfazer revendedores que reclamam de vendas perdidas pela falta de itens na linha; tentar utilizar o excesso de capacidade; tentar ser a principal empresa do setor, oferecendo a linha completa; e tentar preencher lacunas que possam ser oportunidades para os concorrentes. A complementação de linha é exagerada se resultar em auto-canibalização e em confusão para os clientes. A empresa precisa diferenciar cada item na mente do consumidor, ou seja, cada um deve possuir uma diferença minimamente perceptível [...]. A empresa deve, também, assegurar que o item proposto atenda a uma necessidade do mercado e não esteja sendo adicionado somente para satisfazer uma necessidade interna. (KOTLER, 2000, p. 424)

Em resumo, a ampliação e complementação da linha de produtos com a marca Havaianas é um caminho a ser trilhado para se garantir o sucesso futuro da marca. Concluindo, as três recomendações que ajudarão a Havaianas a continuar crescendo em imagem, rentabilidade e prestígio nos mercados atuais e novos são as seguintes:

- continuar sendo a melhor sandália de borracha do mundo (ou "*the best rubber sandal in the world*", como diz o seu *slogan*);
- explorar as oportunidades de *co-branding* com outras marcas que agreguem valor à sua;
- desenvolver outros produtos com a marca Havaianas (*brand extension*).

Conforme Kotler (2000), é importante que as estratégias anteriormente descritas estejam em sintonia com a satisfação e com o valor agregado ao cliente/consumidor, para reter os atuais e conquistar novos.

Como pode ser observado, não há uma resposta única e definitiva para que a Havaianas continue trilhando seu caminho de sucesso. A perenidade do negócio dependerá de um conjunto de ações a serem tomadas em um futuro próximo, e as três alternativas mencionadas são, no entender do grupo, caminhos possíveis para se chegar a esse objetivo.

Como deve ser o posicionamento da marca no mercado, considerando-se o histórico construído e as alternativas de futuro propostas?

A palavra posicionamento foi popularizada por dois executivos da área de propaganda: Al Ries e Jack Trout. Para Ries e Trout (1997 apud KOTLER, 2000, p. 321), o posicionamento é um exercício criativo feito com um produto existente.

> O posicionamento começa com um produto. Uma mercadoria, um serviço, uma empresa, uma instituição ou até mesmo uma pessoa [...]. Mas o posicionamento não é o que você faz com o produto. O posicionamento é o que você faz com a mente do cliente potencial. Ou seja, você posiciona o produto na mente do cliente potencial.

Para Kotler (2000, p. 321):

> Posicionamento é o ato de desenvolver a oferta e a imagem da empresa para ocupar um lugar destacado na mente dos clientes-alvo. O resultado final do posicionamento é a criação bem-sucedida de uma proposta de valor focalizada no mercado – uma razão convincente para o mercado-alvo comprar o produto.

Mas como posicionar uma marca como Havaianas, com histórico importante de preços baixos e clara diversificação de produtos e segmentos de mercado? Certamente, podemos fazer uma associação com a empresa suíça SMH, proprietária da marca Swatch, que embora já com um conteúdo de *design*, atualidade e modernidade, acaba também viabilizando produtos completamente diferenciados e para outros segmentos, como citado por Slywotzky e Morrison (1998, p. 126):

> Nos últimos 14 anos, Hayek (CEO da SMH) desenvolveu ativos impressionantes. Além da valiosa experiência gerencial, a SMH possui agora duas armas importantíssimas: uma das marcas mais reconhecidas do mundo e uma montanha de tecnologia patenteada altamente sofisticada. Reconhecendo que esses dois ativos funcionam melhor em conjunto, Hayek alavancou o nome Swatch, que hoje produz pagers, telefones celulares e outros dispositivos de telecomunicação que utilizam a mesma tecnologia aperfeiçoada pela SMH ao longo de décadas de atuação na fabricação de relógios.
>
> Hayek está atualmente de olho em algo maior. Sua perspectiva centrada no cliente o levou a um produto inteiramente novo destinado ao mesmo conjunto de clientes que compram relógios Swatch.
>
> Em parceria com a Daimler-Benz, a SMH anunciou o desenvolvimento do Swatchmobile. Hayek está trabalhando para modificar o conceito tradicional de automóvel. Os jogadores tradicionais do setor automobilístico fabricam automóveis destinados a cobrir grandes distâncias, movidos a gasolina e com design conservador. Hayek enxergou aí uma oportunidade.
>
> Seu alvo são os motoristas europeus urbanos jovens, que precisam se locomover apenas até o outro lado da cidade, têm de estacionar em ruas movimentadas e querem que seu carro não seja apenas um veículo, mas um símbolo.

Podemos afirmar, diante do exposto, que a resposta é posicionar a marca focando os consumidores que valorizam o seu diferencial. Todavia, no caso da Havaianas, que lida com o posicionamento na mente de tantos consumidores das mais diferentes origens, culturas e classes sociais, deve haver ainda a atenção redobrada para não confundir o posicionamento e, ocasionalmente, perder consumidores.

Quais seriam as alternativas de produção para sustentar o crescimento da marca Havaianas?

Como foi visto na primeira questão, o sucesso futuro da Havaianas está na expansão de sua linha de produtos. Em outras palavras, uma das formas de garantir esse sucesso é deixar de ser apenas uma marca de "chinelos de dedo" para se tornar uma marca mais completa, oferecendo, além destes, sandálias, calçados de outros tipos e até mesmo produtos que não se relacionam com os "pés", e sim com o estilo de vida da Havaianas (tais como camisetas, toalhas e outros itens).

E é nesse momento que a empresa precisa se questionar onde esses produtos serão produzidos. É notório que a São Paulo Alpargatas S.A. desenvolveu um parque fabril excepcionalmente competente na produção de chinelos de dedo produzidos em borracha.

Contudo, o futuro da marca deve ampliar esse escopo de produtos, o que vai demandar tecnologias e estruturas fabris das quais a empresa não dispõe. Conforme Corrêa e Corrêa (2006, p. 91):

> Nunca em épocas passadas a tecnologia evoluiu a passos tão rápidos. Isso faz com que seja difícil para empresas manterem internamente os processos de atualização e desenvolvimentos tecnológicos em todas as áreas que concorrem para resultar nos produtos e serviços que oferecem ao mercado. Na esperança de evitar tornarem-se "medíocres em tudo, tentando ser excepcionais em tudo", têm preferido delegar a terceiros parcelas cada vez mais substanciais não só da produção de partes de seus produtos e serviços mas também do desenvolvimento destas partes.

Diante disso, é preciso que a empresa se dedique a produzir aqueles artigos em que sua competência é comprovada. Prahalad e Hamel (1994) definem competência como o conjunto de habilidades e tecnologias, e não apenas uma habilidade ou tecnologia. Assim, a competência central seria a somatória de aprendizados ocorridos, cruzando fronteiras dentro de uma organização. Dessa forma, dificilmente é encontrada uma única unidade ou equipe.

Dada a definição do que sejam competências, Hamel e Prahalad (1994) definem, então, o que seriam três características necessárias para que uma destas seja considerada central:

- ☐ Valor para o cliente – uma competência central deve oferecer uma contribuição desproporcional para o valor percebido pelo cliente. Nesse sentido, é uma competência da organização que proporciona ao cliente um valor (ou benefício) percebido por ele como central. Note que o que é percebido pelo cliente é o benefício advindo da competência, e não a competência em si.

- Diferenciação sobre a concorrência – para que uma competência se qualifique como central, ela deve ser competitivamente única ou exclusiva. Isso não significa que ela tenha de ser dominada por uma única empresa, mas que uma competência que é comum a todo um setor industrial não deveria ser considerada como central.
- Extendabilidade – competências centrais seriam, de acordo com os autores, a porta para os mercados do futuro. Uma competência é realmente central quando sua posse tem papel importante na abertura de novos mercados e oportunidades no futuro.

Pelo anteriormente exposto, o recomendado para a empresa é manter internamente a produção dos chinelos de dedo, área na qual possui estrutura fabril competente e escala de produção que a permite manter uma liderança, tanto em custos como em desenvolvimento tecnológico (valores percebidos pelos clientes).

No caso de outros tipos de calçados que podem ser lançados com a marca Havaianas, a empresa deverá fazer uso de seu poderoso parque fabril (conforme explicado no início, além das sandálias Havaianas, a empresa possuiu uma vasta linha de calçados que já produz e artigos com outras de suas marcas e que possuem tecnologia de ponta).

Para os outros tipos de produtos (como toalhas, camisetas etc.), ou seja, para aqueles que hoje não fazem partem de seu *core business*, é recomendável que a empresa busque parceiros com mais competência para a produção. Existem, tanto no Brasil como no exterior, diversas empresas que poderiam produzir esses artigos para a São Paulo Alpargatas S.A. com a marca Havaianas.

Dessa forma, a empresa poderia se concentrar na produção do que realmente é especialista (chinelos de dedo feitos de borracha).

O modelo vigente de distribuição é o mais indicado para o atual momento da Havaianas? Qual seria o modelo de distribuição recomendado para o futuro da marca, dadas as alternativas exploradas até o momento?

A distribuição dos produtos ou, mais especificamente, o caminho que os produtos percorrem do momento que saem da linha de produção até chegar às mãos (no caso da Havaianas, os pés) dos consumidores é uma das partes mais fascinantes do mundo do marketing. Segundo Kotler (2000, p. 510):

> A maioria dos fabricantes não vende seus produtos diretamente para os consumidores finais. Entre eles há vários intermediários realizando diversas funções. Esses intermediários constituem um canal de marketing (também chamado canal comercial ou canal de distribuição).

A São Paulo Alpargatas S.A. não é exceção a essa regra. Assim como a maioria das empresas, uma parcela muito pequena (insignificante) das Havaianas é vendida diretamente para o consumidor final. Conforme observa Kotler (2000, p. 510):

As decisões referentes ao canal de marketing estão entre as mais essenciais com que os gerentes têm de lidar. Os canais escolhidos afetam todas as outras decisões de marketing. O preço estabelecido pela empresa depende de ela utilizar as grandes redes de varejo ou lojas especializadas. A força de vendas da empresa e as decisões de divulgação dependem do treinamento e da motivação dos revendedores. Além disso, as decisões de canal da empresa envolvem compromissos relativamente de longo prazo com outras empresas.

Atualmente no Brasil e no exterior, a maioria dos chinelos produzidos pela empresa chega aos consumidores por meio de grandes distribuidores (também chamados atacadistas). São empresas que compram os chinelos da São Paulo Alpargatas S.A. e os revendem a outras lojas (varejistas), que os revendem ao consumidor final.

Como mencionado por Corey (1991 apud KOTLER, 2000, p. 510):

> Um sistema de distribuição [...] é um recurso externo muito importante. Geralmente são necessários anos para construí-lo, e ele não é facilmente modificado. É tão essencial quanto os recursos internos, como fabricação, pesquisa, engenharia e vendas. Esse sistema representa um compromisso corporativo significativo com diversas empresas independentes, cujo negócio é a distribuição – e com os mercados específicos que elas atendem. Isso representa também um compromisso com um conjunto de políticas e práticas que constituem a trama sobre a qual é tecido um extenso conjunto de relações de longo prazo.

O caminho escolhido pelas Havaianas tem mostrado resultados fantásticos, ou seja, os produtos com sua marca estão presentes em milhares de pontos de venda no Brasil e no mundo. Entretanto, por que um fabricante delega parte do trabalho de vendas a intermediários, renunciando a uma parte do controle sobre como e para quem os produtos são vendidos?

A resposta vem por meio de Kotler (2000, p. 510), que cita alguns bons motivos, a saber:

> Os fabricantes [...] podem obter um retorno maior investindo mais em seu negócio principal. Se uma empresa obtém um retorno de 20% sobre a fabricação e de apenas 10% sobre o varejo, não tem sentido pensar em estabelecer um varejo próprio.

Isso também é aplicável no caso da Havaianas. Dificilmente uma operação de distribuição ou de varejo traria aos acionistas da empresa o retorno desejado.

> Em geral, os intermediários alcançam maior eficiência quando disponibilizam mercadorias em larga escala e as tornam acessíveis aos mercados-alvo. Por meio de seus contatos, experiência, especialização e escala de operação, os intermediários normalmente oferecem à empresa mais do que ela pode conseguir trabalhando sozinha.

Isso vem totalmente ao encontro com o modo de pensar da Havaianas. A empresa, acertadamente, decidiu se especializar no desenvolvimento, na produção dos chinelos, na comunicação e na promoção de seus produtos, deixando grande parte de sua distribuição na mão de parceiros, que podem executar a tarefa (e assim fazem) de distribuir as sandálias melhor do que ela.

De acordo com Stern e El-Ansary, (apud KOTLER, 2000, p. 511):

> Os intermediários facilitam o fluxo de mercadorias e serviços [...]. Esse procedimento é necessário para diminuir a distância entre a variedade de mercadorias e serviços oferecida pelo fabricante e a variedade necessária para atender a demanda exigida pelo consumidor. Essa distância resulta do fato de os fabricantes normalmente produzirem uma grande quantidade de uma variedade limitada de mercadorias, enquanto os consumidores normalmente desejam uma quantidade limitada de uma grande variedade de mercadorias.

Como mencionado anteriormente, a São Paulo Alpargatas S.A. comercializa grande parte de sua produção por meio de distribuidores/atacadistas, e uma outra grande parte vende diretamente a grandes varejistas, que são as empresas responsáveis por disponibilizar os produtos aos consumidores de Havaianas (no Brasil e no mundo).

Por tudo que foi mencionado podemos dizer que o método de distribuição escolhido pela São Paulo Alpargatas S.A. é o mais indicado para seu atual portfólio de produtos, assim como também acreditamos que será o melhor método para, no futuro, distribuir toda a gama de produtos com a marca Havaianas, caso a empresa deseje realmente expandir a linha de produtos com a sua marca.

O que a empresa deve fazer para ter competências humanas adequadas para implementar as alternativas estratégicas mencionadas?

As alternativas estratégicas sugeridas mudam um pouco a forma atual de trabalhar da empresa, precisando ter competências que atualmente não estão disponíveis em seus funcionários. Podemos fazer essa afirmação porque o plano de crescimento da marca Havaianas sugerido resultará em aumento das exportações e prevê também o mercado de produtos que não são atualmente comercializados.

Dessa forma, entendemos que deverá ser feito um mapeamento das competências humanas necessárias para implementação das alternativas estratégicas apresentadas, comparando-as com as competências atualmente existentes. Recomendamos que seja feito um *assessment* nos funcionários envolvidos para identificar os *gaps*, comparando as competências necessárias com os resultados dos *assessment*, e a elaboração de um plano de treinamento para desenvolvimento das competências. Se identificada muita diferença entre as competências e as necessidades, entendemos que novos funcionários devem ser contratados, e também seria recomendável a formação de parcerias para fornecimento dos novos produtos mencionados na resposta à primeira pergunta.

Entendemos que se as competências estiverem alinhadas com as novas necessidades da empresa, as chances de sucesso na implementação das alternativas estratégicas mencionadas aumentam significativamente, considerando que as competências são uma das questões-chave na geração de valor de uma empresa.

Esse conceito foi estudado por Fleury (2002), que esquematizou o processo de desenvolvimento das competências e o valor econômico das empresas.

Figura 6.11   Competências e o desenvolvimento de valor

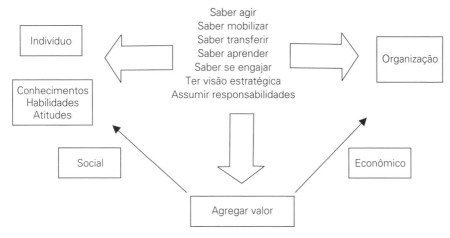

Fonte: FLEURY, 2002, p. 55.

Assim, reforçando nosso entendimento, destacamos que por meio do amplo detalhamento das estratégias e da identificação das competências necessárias será possível implementar as alternativas estratégicas mencionadas com grandes chances de sucesso.

A cultura organizacional da São Paulo Alpargatas S.A. favorece a implantação das propostas sugeridas para o futuro da marca? Em caso negativo, quais seriam as mudanças culturais necessárias para essas implantações?

Acreditamos que a cultura da empresa seja de fundamental importância e relevância à continuidade da marca e à criação da "quinta onda", como sugerido pelo grupo. Se verificarmos a história das Havaianas nos movimentos anteriores, podemos observar que eles ocorreram pela quebra de paradigmas e verdades contidas na cultura da empresa, nas épocas em que os movimentos aconteceram. É importante essa verificação, uma vez que nos referimos a uma empresa com quase 100 anos de história, que vem mudando muito nos últimos anos, mas que ainda possui alguns pontos importantes fundamentados na cultura tradicionalista. Segundo a definição de Schein (apud FLEURY, 2002, p. 287):

> Cultura organizacional é o modelo de pressupostos básicos que um grupo assimilou na medida em que resolveu os seus problemas de adaptação externa e integração interna e que, por ter sido suficientemente eficaz, foi considerado válido e repassado

(ensinado) aos demais (novos) membros como a maneira correta de perceber, pensar e sentir em relação àqueles problemas.

Kotler (2000, p. 64) destaca a importância e os riscos associados à cultura organizacional:

> A organização de uma empresa consiste em sua estrutura, suas políticas e sua cultura, que podem se tornar disfuncionais em um ambiente de negócios em rápida transformação. Enquanto a estrutura e as políticas podem ser alteradas (com dificuldade), a cultura da empresa é quase impossível de ser mudada. Entretanto, a mudança da cultura corporativa é frequentemente a chave para implementação bem-sucedida de uma estratégia.

Esses aspectos levantados por Kotler indicam que a evolução recente do País, a mudança do mercado provocada por planos econômicos e a abertura de mercado, além de mudanças organizacionais, foram essenciais para alguns fatos históricos da Alpargatas S.A., como a perda de alguns importantes negócios e o declínio de marcas como US TOP, entre outras. A Alpargatas S.A. demorou a perceber, por exemplo, o potencial da marca Havaianas, tanto no Brasil quanto no exterior.

No entanto, qual é a definição de cultura corporativa? Ainda segundo Kotler (2000, p. 64):

> A maioria das pessoas de negócios teria dificuldades para encontrar palavras que descrevessem este conceito impreciso, que alguns definem como "a experiência, as histórias, as convicções e as normas compartilhadas que caracterizam uma organização". Entretanto, entre qualquer empresa e a primeira coisa que você nota é a cultura corporativa – a maneira como as pessoas se vestem, como se dirigem umas às outras e como cumprimentam os clientes. Às vezes a cultura corporativa se desenvolve organicamente e é transmitida aos funcionários da empresa diretamente pela personalidade e pelos hábitos do Diretor Presidente. É o caso da gigante da Informática Microsoft, que começou por uma iniciativa empreendedora de Bill Gates. Apesar de ter crescido e se tornado uma empresa de US$ 14 bilhões, a Microsoft não perdeu a cultura empreendedora perpetuada por seu fundador. Na verdade, a maioria pensa que a cultura ultracompetitiva da Microsoft é a grande chave de seu sucesso e de seu muito criticado domínio do setor de informática.

Portanto, também no caso da empresa, pode ocorrer um desenvolvimento orgânico desse conceito cultural voltado para dentro,[4] sem mesmo a percepção das pessoas envolvidas nos processos. Diante disso, para o entendimento dos efeitos da cultura da Alpargatas S.A. na implantação das propostas sugeridas, devemos conhecer em maior detalhe a composição atual dessa cultura.

---

[4] Isso significa que a empresa estava pouco atenta às mudanças do ambiente externo, uma vez que se preocupava mais com questões internas, sem perceber as mudanças e as necessidades de seus consumidores ou de seus setores de atuação.

A seguir apresentamos algumas informações históricas de relevância ao assunto, fornecidas pela própria empresa.

As informações geradas pela empresa mostram pistas importantes de sua cultura. Os fatos históricos dizem respeito à característica industrial da companhia, voltada por muitos anos para as competências internas de produção e comunicação, sem uma efetiva preocupação com o mercado, tanto do ponto de vista dos clientes quanto dos consumidores finais dos produtos e marcas.

Um fato histórico relevante que atesta esse foco voltado mais para dentro é a Havaianas ter lançado o seu modelo Top, monocolor, após praticamente uma década de atividades dos consumidores invertendo as tiras do produto Tradicional, viabilizando após esse período a satisfação destes com essa inovação.

Outro fato de destaque é a grande capacidade produtiva e econômica que teve em sua história, o que gerou ou reforçou, e muito, essa visão para dentro, uma vez que ela conseguia criar demanda, devido à sua quase total dominância de mercado até as décadas de 1970 e 1980, tendo praticamente um monopólio a seu favor, tanto no mercado têxtil como de confecções e calçados.

Agregamos a isso a necessidade fundamental de agilidade e aceitação a inovações em processos e atitudes para novos negócios e oportunidades. Podemos sugerir que, conforme as verificações realizadas e resumidas adiante, de acordo com as considerações teóricas realizadas, temos as seguintes respostas:

Conforme Fleury (2002, p. 291):

> Em tempos de globalização, em que as empresas se internacionalizam à procura de novos mercados, em que elas se fundem ou realizam alianças em busca de sinergias ou diversificam seu quadro de empregados, o tema gestão intercultural assume grande relevância.

Isso significa nossa crença de atenção redobrada da empresa no assunto de cultura, uma vez que passaremos por negócios globalizados, em profunda e rápida mudança, além de ser inovadora em diversos sentidos.

Conforme Corrêa & Corrêa (2006, p. 324):

> Quando se consideram os ambientes competitivos atuais e do futuro, com a concorrência acirrada, é de importância fundamental que os produtos sejam desenvolvidos de forma a atender o mais proximamente possível às necessidades e os desejos dos mercados visados. Em outras palavras, é crucial que a voz do cliente não só se faça ouvir como também que ela seja refletida no processo de desenvolvimento e projeto do produto.

Estamos aqui novamente falando da implacável necessidade de as empresas estarem atentas às mudanças do ambiente externo. Conforme Kotler (2000, p. 86):

> O planejamento estratégico orientado para o mercado é o processo gerencial de desenvolver e manter o ajuste viável entre objetivos, habilidades e recursos de uma organização e as oportunidades de um mercado em contínua mudança. O objetivo

do planejamento estratégico é dar forma aos negócios e produtos de uma empresa, de modo que eles possibilitem os lucros e o crescimento almejados.

Isso demonstra que a cultura da empresa pode ser uma barreira para a implementação das alternativas estratégicas sugeridas. A São Paulo Alpargatas S.A. deverá ter uma cultura voltada para o mercado. Nesse sentido, a empresa identificou quais seriam as adaptações culturais necessárias para isso, as quais discriminamos a seguir:

- mudança de cultura introspectiva, com baixa abertura para o ambiente externo, para cultura aberta e com visão de oportunidades externas;
- oportunidade para introduzir o valor de satisfação do cliente;
- manutenção do ambiente seguro e confortável, apesar de traços que devem ser mudados para ampliar participação, eliminando os traços que favorecem a resistência a mudanças;
- transformar o baixo compromisso com as formas de trabalhar em processos com comprometimento em atingir as metas estabelecidas;
- transformar o atual desconforto com o desempenho de processos multifuncionais e direcionando para o mercado para algo confortável e proativo;
- integração total do papel das áreas corporativas;
- rever o sistema de reconhecimento, de forma ampla, contemplando as necessidades para o avanço da marca em todos os aspectos;
- gerar satisfação generalizada pela mudança no que diz respeito ao relacionamento entre áreas, viabilizando maior integração.

Acreditamos que por meio dessas adaptações, a empresa estará apta a implementar as sugestões propostas.

5. REFERÊNCIAS

ANSOFF, H. Igor. *Estratégia empresarial*. São Paulo: McGraw-Hill, 1977.

CORRÊA, Henrique L.; CORRÊA, Carlos A. *Administração de produção e operações*. São Paulo: Atlas, 2006.

DAMODARAN, Aswath. *Avaliação de investimentos*. Rio de Janeiro: Qualitymark Editora, 1997.

FLEURY, Maria Tereza Leme. *As pessoas na organização*. São Paulo: Gente, 2002.

GARDNER, Howard. *Leading minds*: an anatomy of brand leadership. New York: Basic Books, 1995.

GHEMAWAT, Pankaj. *A estratégia e o cenário dos negócios*. São Paulo: Bookman, 2000.

IVAN, Mauro. *80 anos de nossa história*. São Paulo: Mauro Ivan Marketing Editorial, 1987.

KOTLER, Philip. *Administração de marketing*. São Paulo: Pearson Prentice Hall, 2000.

PORTER, Michel. *Estratégia competitiva*. Rio de Janeiro: Campus, 1989.

PORTER, Michel. *Vantagem competitiva*. Rio de Janeiro: Campus, 1989.

PRAHALAD, C. K.; HAMEL, Gary. *Competindo pelo futuro*. Rio de Janeiro: Campus, 1994.

ROSS, Stephen A.; WESTERFIELD, Randolph W.; JAFFE, Jeffrey F. *Administração financeira*. São Paulo: Atlas, 1995.

SLYWOTZKY, Adrian J. Morrison. *Estratégia focada no lucro*. Rio de Janeiro: Campus, 1998.

STEWART, G. Bennett III. *The quest for value*. New York: Publishers Inc., 1991.

WRIGHT, J. *Análise das cinco forças de Porter*, 2004. (Material de aula).

6. ANEXOS

Figura 6.12   Participação da São Paulo Alpargatas S.A. em outras empresas

Fonte: São Paulo Alpargatas S.A.

Gráfico 6.3   Estrutura acionária

- Sociedade anônima de capital aberto desde 1913.
- Capital total: 1.950 milhões de ações.
- 5.552 acionistas.
- Empresa Nível 1 de Governança Corporativa da Bovespa.

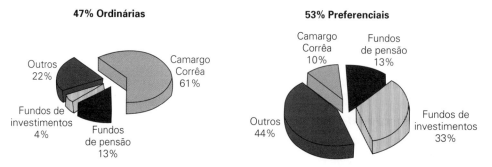

Fonte: São Paulo Alpargatas S.A.

Figura 6.13 Estrutura organizacional

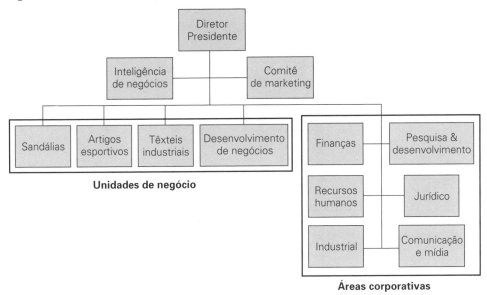

Fonte: São Paulo Alpargatas S.A.

No total são quase 11.000 funcionários distribuídos pelas unidades mencionadas.

Figura 6.14 Unidades produtivas da São Paulo Alpargatas S.A.

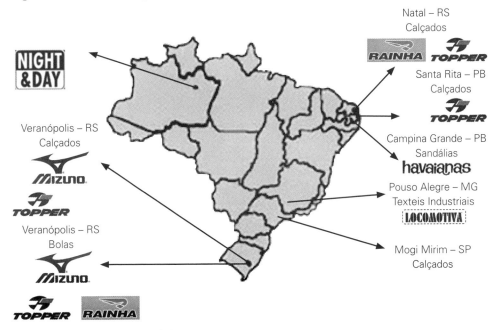

Fonte: São Paulo Alpargatas S.A.

Gráfico 6.4 Evolução da receita bruta

R$ milhões

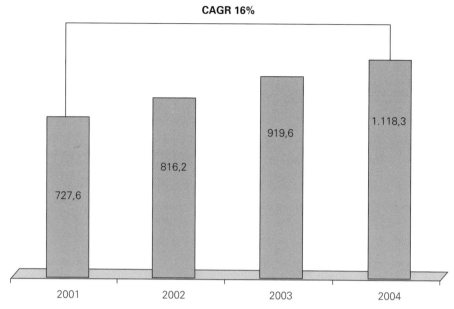

Fonte: Demonstrações financeiras elaboradas pela São Paulo Alpargatas S.A.

Gráfico 6.5 Receita bruta dividida por unidade de negócio – base 2004

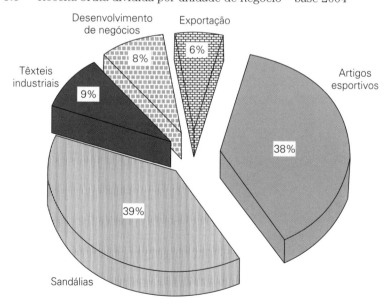

Fonte: São Paulo Alpargatas S.A.

7
A cerveja dos amigos

• James T. C. Wright • Renata Giovinazzo Spers

1. Introdução 181
2. O caso – a cerveja dos amigos 181
   2.1 O mercado de cerveja 181
   2.2 Participação da Antarctica 185
   2.3 Imagem das marcas 186
   2.4 Concepção do Projeto Panzer 187
3. Tópicos para discussão 190
4. Notas de ensino 191
5. Referências 193

Resumo

Este estudo de caso foi elaborado por Renata Giovinazzo, sob orientação do Professor Doutor James T. C. Wright. Procura abordar as implicações estratégicas e mercadológicas da decisão de lançamento de um novo produto.

Tem por objetivo fornecer suporte didático para o ensino na área de Estratégia Competitiva nas Organizações em cursos de Administração Estratégica e Marketing Estratégico.

Envolve análise das transformações que *estão* acontecendo no ambiente do grupo Antarctica, a avaliação do uso dos pontos fortes do Grupo Antarctica no lançamento da Bavaria Pilsen e a análise da contribuição da estratégia de preços para o sucesso inicial do lançamento da Bavaria.

Palavras-chave

- Bavaria • Marketing estratégico • Estratégia competitiva
- Lançamento de novos produtos

1. INTRODUÇÃO

Nos anos 1990, o mercado de cervejas passou por algumas mudanças, com a entrada de novas marcas de cerveja e uma preferência do consumidor por cervejas mais leves, com um comportamento de consumo semelhante ao observado internacionalmente.

Nesse contexto, no final de agosto de 1997, a cerveja Bavaria foi lançada no mercado paulista e ganhou, nos primeiros quatro meses, uma participação de 12,3% na capital do Estado de São Paulo e 8,4% no seu interior, atingindo nacionalmente o *share* de 4,9% segundo a ACNielsen.

A Bavaria Pilsen foi a resposta do Grupo Antarctica ao processo de declínio de *market share* das cervejas tradicionais, como Brahma e a própria Antarctica.

Posicionada estrategicamente para ser um produto de alta imagem e com apelo popular, a cerveja Bavaria foi posicionada para ter o menor preço entre as principais marcas, ou seja, Brahma, Skol, Kaiser e Antarctica. Na comunicação, a abordagem do tema *country* para o mercado de bebidas foi uma inovação. A cerveja de sabor leve, clara e espuma cremosa adaptou-se perfeitamente ao gosto do consumidor de todas as idades e representou um grande sucesso.

A principal decisão da empresa, diante desse grande sucesso, foi o de manter o posicionamento de baixo preço do produto ou aproveitar o aumento do consumo para posicionar a Bavaria com um preço mais elevado em comparação ao preço do lançamento.

2. O CASO – A CERVEJA DOS AMIGOS

2.1 O mercado de cerveja

2.1.1 Mercado mundial

A produção de cerveja vinha apresentando uma taxa de crescimento de 1,95% ao ano nos últimos 14 anos. Em 1994, os maiores produtores eram os Estados Unidos e a China, cuja produção vem crescendo em uma velocidade surpreendente. Em seguida estavam Alemanha, Japão e Brasil, ocupando a quinta posição (Gráfico 7.1).

Gráfico 7.1 Principais países produtores – 1994

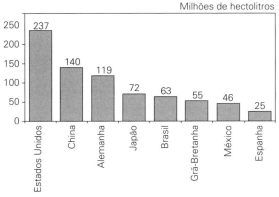

Fonte: OLIVEIRA, 1996.

Quanto ao consumo anual per capita de cerveja, os países que apresentam o maior índice são República Tcheca, Alemanha, Reino Unido, Holanda e Estados Unidos. O consumo brasileiro é baixo em relação ao dos países desenvolvidos e até mesmo de alguns países latinos, como México, Colômbia e Venezuela. O Brasil ocupava a 48ª posição em 1994 (Gráfico 7.2).

Gráfico 7.2 Consumo per capita de cerveja – 1994 (litros/habitante/ano)

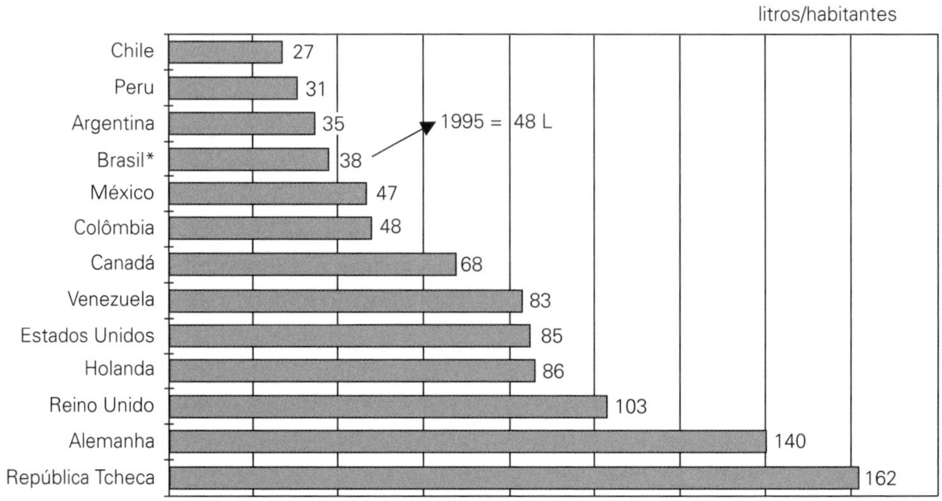

País	litros/habitantes
Chile	27
Peru	31
Argentina	35 (1995 = 48 L)
Brasil*	38
México	47
Colômbia	48
Canadá	68
Venezuela	83
Estados Unidos	85
Holanda	86
Reino Unido	103
Alemanha	140
República Tcheca	162

Fonte: ERC Statistic International (apud OLIVEIRA, 1996).

Entre os maiores produtores de cerveja estão a empresa norte-americana Anheuser-Busch, fabricante da cerveja Budweiser, com cerca de 9% do mercado global; a holandesa Heineken NV, com 4,8% do mercado; a americana Miller Brewing Co., com 4,3% do mercado; e a japonesa Kirin, representando 2,9% do mercado. Os principais produtores brasileiros aparecem entre as 15 maiores cervejarias do mundo, como mostram os dados da Tabela 7.1. Além disso, entre as 25 marcas de cervejas mais consumidas no mundo, as brasileiras aparecem em destaque: Brahma Chopp (4°), Antarctica (5°), Skol (18°) e Kaiser (24°).

---

* Agradecemos ao Grupo Antarctica pela autorização da divulgação das informações contidas no caso.

Este caso não pretende identificar ou recomendar as práticas administrativas, mas, sim, servir de suporte para discussão e análise de práticas de gestão.

Tabela 7.1 Maiores cervejarias em 1994

Rank	Empresa	País	Milhões de hl
1	Anheuser-Busch Inc.	Estados Unidos	140,7
2	Heineken N.V.	Holanda	81,9
3	Miller Brewing Co. (Philip Morris)	Estados Unidos	73,3
4	Kirin Brewery Co. Ltd.	Japão	48,3
5	Foster's Brewing Group	Austrália	46,7
6	South African Breweries Ltd.	África do Sul	45,3
7	Carlsberg A/S	Dinamarca	40,9
8	Cia. Cervejaria Brahma	Brasil	40,7
9	Danone Group	França	37,7
10	Cerveceria Modelo S.A.	México	34,2
11	Santo Domingo Group	Colômbia	33,7
12	Coors Brewing Co.	Estados Unidos	33,1
13	Guinness PLC	Reino Unido	32,6
14	FEMSA	México	26,9
15	Cia. Antarctica Paulista	Brasil	26,9

Fonte: Impact International, Company reports and Salomon Brothers Inc. (apud OLIVEIRA, 1996).

Uma característica observada no mercado mundial de cerveja é que as empresas têm sua produção dirigida, basicamente, ao consumidor interno, exportando apenas pequena parcela da sua produção. A holandesa Heineken é uma exceção, uma vez que suas vendas externas são bastante significativas.

As tendências mundiais indicam uma certa estabilidade no mercado de cervejas dos países desenvolvidos, visto que em alguns deles, como Inglaterra, França, Bélgica e Austrália, houve quedas sucessivas de produção. No entanto, outras regiões, como Ásia e América Latina, estão em fase de grande expansão.

Na América Latina, o consumo está crescendo cerca de 4% ao ano, e verifica-se incremento substancial de capacidade com a entrada de grandes cervejarias internacionais e a expansão panregional das empresas dominantes. Brasil, México e Argentina – os três maiores consumidores – despertam o interesse das grandes cervejarias. No Brasil, a Anheuser-Busch adquiriu participações na Companhia Antarctica. Por sua vez, a Heineken comprou 12% da Kaiser e a Miller fez uma *joint venture* com a Companhia Cervejaria Brahma para distribuição de seus produtos no Brasil e em outros países da América Latina.

2.1.2 Mercado nacional

Em termos de consumo nacional de bebidas, a cerveja ocupa o segundo lugar no ranking, perdendo apenas para os refrigerantes. A cerveja de tipo Pilsen tem 97,1% da preferência brasileira.

O mercado brasileiro é formado por uma população jovem e de baixo poder aquisitivo, sendo as classes C, D e E responsáveis por 77% das vendas totais.

As áreas com maiores oportunidades de volume e *share* são: Rio de Janeiro, São Paulo e Minas Gerais. A região Sudeste apresenta o maior consumo do Brasil, com 70% do mercado total, visto que o Estado de São Paulo responde por 40% das vendas do mercado brasileiro (Gráfico 7.3).

Gráfico 7.3   Áreas com maiores oportunidades de volume e *share*

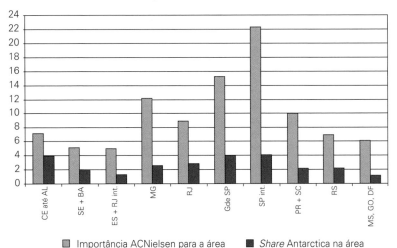

Fonte: Adaptado da ACNielsen (apud POLETINI, 1999).

Em 1992, houve uma acentuada queda no consumo de cerveja, consequência da redução do poder de compra da população brasileira. No entanto, o Plano Real propiciou um considerável aumento no consumo da bebida no biênio 1994/1995, visto que este foi um dos mercados que mais cresceu na era pós-Real (Gráfico 7.4).

Gráfico 7.4   Evolução da renda e consumo per capita de cervejas

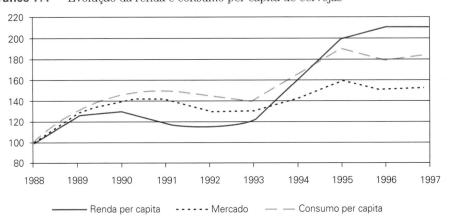

Fonte: IBGE (apud OLIVEIRA, 1996).

Em 1996, o consumo per capita de cerveja chegou a 48 litros/habitante/ano. Em termos regionais, esse consumo apresentava uma estrutura bastante diferenciada, oscilando de 96 litros/habitante Rio de Janeiro para 24 litros/habitante no Nordeste.

Desde 1990 houve uma significativa transformação no mercado, com o crescimento de embalagens não retornáveis, como a lata e as garrafas *long neck* 350 ml. Com o aumento da comercialização em supermercados e outros sistemas de autosserviço, as embalagens não retornáveis evoluíram em vendas de 4,2% em 1993, para 14,8%, em 1996.

2.2 Participação da Antarctica

Nos últimos oito anos, a indústria de cerveja cresceu 8% ao ano e a Antarctica, apesar de apresentar um crescimento em volume, este foi inferior ao da indústria, gerando uma perda de participação de mercado de 40,8%, em 1989, para 26,3%, em 1996 (Gráfico 7.5).

Gráfico 7.5 Participação do mercado de cervejas – Brasil

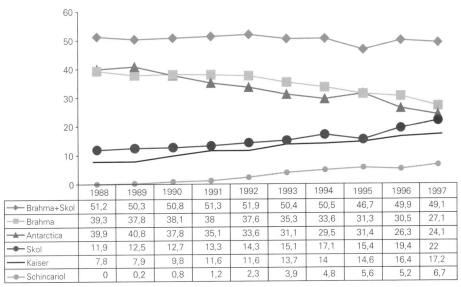

	1988	1989	1990	1991	1992	1993	1994	1995	1996	1997
Brahma+Skol	51,2	50,3	50,8	51,3	51,9	50,4	50,5	46,7	49,9	49,1
Brahma	39,3	37,8	38,1	38	37,6	35,3	33,6	31,3	30,5	27,1
Antarctica	39,9	40,8	37,8	35,1	33,6	31,1	29,5	31,4	26,3	24,1
Skol	11,9	12,5	12,7	13,3	14,3	15,1	17,1	15,4	19,4	22
Kaiser	7,8	7,9	9,8	11,6	11,6	13,7	14	14,6	16,4	17,2
Schincariol	0	0,2	0,8	1,2	2,3	3,9	4,8	5,6	5,2	6,7

Fonte: Adaptado da ACNielsen (apud POLETINI, 1989).

A Antarctica, apesar de possuir uma imagem sólida, com reconhecida qualidade de produtos e ótima reputação, segundo pesquisas realizadas, apresenta alguns pontos vulneráveis. Com o aparecimento de novas marcas no mercado, acentuou-se a tendência de preferência do consumidor, principalmente o jovem, por uma cerveja mais leve. Com isso, cervejas tradicionais como a Antarctica passaram a ser percebidas como mais amargas e mais pesadas.

Essa tendência também é observada nos EUA, em que as cervejas mais leves (*light*) representam 40% do mercado, e as marcas tradicionais perdem participação de mercado para as mais novas.

Dessa forma, enquanto a Antarctica perde participação no mercado de cervejas, marcas jovens e mais baratas ganham posições a cada ano. A Skol ganha participação fazendo um trabalho de distribuição consistente, com uma imagem de pioneirismo e por meio dos próprios aspectos sensoriais do produto, passando de 12,5%, em 1989, para 19,4%, em 1996.

Já a Kaiser, que tem o suporte da Coca-Cola, por ser controlada pelo conjunto de distribuidoras da empresa que operam no Brasil, cresce com uma agressiva política de preços e consolida a imagem com fortes investimentos em publicidade, conseguindo alcançar uma participação de 16,4% do mercado em 1996, contra os 7,9% que possuía em 1989 (Gráfico 7.6).

Gráfico 7.6 Situação de preços no mercado de cervejas (São Paulo, capital) – garrafa 600 ml

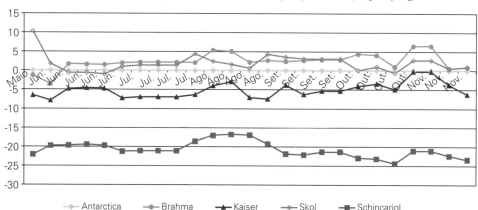

Fonte: Adaptado da ACNielsen (apud POLETINI, 1999).

A Schincariol também teve um significativo aumento de participação no mercado, passando de 0,2%, em 1989, para 5,5%, em 1996.

O acirramento da concorrência deve continuar forte, pois cada 1% de *market share* representa um faturamento de aproximadamente US$ 80 milhões.

O Grupo Antarctica precisa reverter a situação existente e voltar a ganhar participação no mercado. Para isso, foram tomadas algumas decisões de reestruturação da empresa, como redução do número de funcionários de 22.000 para 12.000 e aumento do índice de automação de 65% para 90%, fazendo com que a produtividade dobrasse de 1992 para 1997. Também nesse período, os investimentos da empresa em expansão da produção e tecnologia alcançaram US$ 1 bilhão, ao mesmo tempo em que pequenas fábricas foram desativadas.

2.3 Imagem das marcas

O Grupo Antarctica possui em seu mix de produtos, além da cerveja Antarctica, outras marcas, visto que as de maior representatividade são Polar, Bohemia, Original, Serramalte e Bavaria Premium.

Fazendo uma análise da Antarctica e dos principais concorrentes, o que se pode observar em relação à imagem das marcas é o seguinte:

A **Antarctica** possui uma imagem de produto de qualidade, tradicional, bastante competitivo. Está associada ao público mais velho e possui na imagem resquícios de amarga, pesada, com alto teor alcoólico e mais escura.

A **Polar** é uma cerveja leve e de baixo custo, é considerada aguada e ao longo de sua existência passou por um multiposicionamento (popular, combate, *premium*).

Já a **Bohemia** é uma marca com conceito de alta qualidade, mas muito reservada, associada à origem do produto em Petrópolis, Rio de Janeiro.

A **Original** tem uma imagem de raridade no Paraná, é muito regional, pouco expressiva no mercado nacional.

A **Serramalte** é um produto com imagem de qualidade e nobreza no Rio Grande do Sul, mas também é bastante regional e considerada forte e escura.

A **Bavaria Premium** possui uma marca com posicionamento *premium*, ótima imagem nacional e o melhor conceito de qualidade e sabor.

A **Brahma** possui uma imagem de produto líder, de melhor qualidade. Está associada ao público jovem, com uma menor exigência de produto e muito consumo de imagem.

Quanto a **Kaiser**, apesar de ter uma política de baixos preços, possui uma imagem de produto de qualidade e positiva diante do consumidor, sendo quase inexistente sua associação a baixos preços. É a segunda opção de cerveja, com uma imagem de marca em ascensão.

A **Skol**, por sua vez, é uma cerveja com conceito de pioneirismo, de qualidade e sabor diferenciado. Consumida por jovens, é vista como um produto leve, suave, sem "pesar no estômago" e bastante apetitoso.

E, por fim, a **Schincariol** é uma das cervejas mais baratas do mercado, com uma imagem de marca desprestigiada.

2.4 Concepção do Projeto Panzer

Além da reestruturação ocorrida no Grupo Antarctica, decidiu-se pelo lançamento de uma nova marca, com um produto novo: o Projeto Panzer.

Essa decisão foi suportada por um planejamento extremamente bem cuidado, apoiado em dados e informações coletados em exaustivas análises de mercado, que identificou a necessidade estratégica do lançamento de uma segunda marca.

A decisão foi de que a segunda marca, conforme definida em pesquisa junto ao consumidor, seria a versão Pilsen de uma marca já existente na versão Premium, ou seja, a Bavaria.

O posicionamento de preço foi o de lançar a Bavaria Pilsen com um valor 5% a 10% inferior ao concorrente mais barato, a Kaiser. Passados alguns meses, o preço ficaria no mesmo nível do concorrente mais barato, mas na mesma faixa de preços da Antarctica, Brahma, Skol e Kaiser (Gráfico 7.7).

Gráfico 7.7 Posicionamento de preço

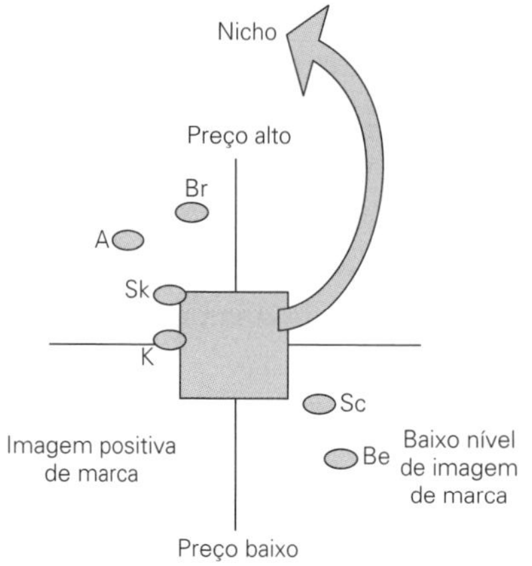

Preço %	Marca	Posicionamento de preço
105	Brahma	PREMIUM
100	Antarctica	
100	Skol	STANDARD
95	Kaiser	
	PANZER	
90	Schincariol	BAIXO
80	Belco	

Fonte: Adaptado de POLETINI (1999).

A Bavaria Pilsen foi um produto desenvolvido a partir de pesquisas com os próprios consumidores, e o que se constata é que o consumidor quer uma cerveja leve, clara, com teor alcoólico médio, cor média e amargor suave. Não há restrições quanto ao nome, pelo contrário, a Bavaria é vista como um produto *premium*, e o consumidor quer ter a oportunidade de consumi-la a preços mais acessíveis.

Quanto às embalagens, a Bavaria Pilsen é lançada em lata, que na opinião dos consumidores agrega modernidade e transmite a ideia de uma cerveja leve e saborosa, além de que o domínio da cor branca na embalagem está associado a uma cerveja *premium*, mais suave. Há também o lançamento em garrafa retornável de 600 ml, garrafa *long neck* e 600 ml *one way*.

Observando os resultados das pesquisas, a Bavaria Pilsen é caracterizada por uma cor mais clara (leve e suave), menor teor alcoólico e amargor, com preços mais competitivos, a fim de atingir as classes C e D, e direcionada para o público jovem entre 18 e 35 anos. Seu lançamento ocorreu primeiro em São Paulo, depois no restante da região Sudeste e, após alguns meses, o lançamento nacional do produto.

O Estado de São Paulo responde por 40% do consumo nacional de cerveja, e a Antarctica é a 3ª marca na capital e a 4ª marca no interior, sendo, portanto, áreas que permitem avaliar o potencial da Bavaria no sentido de alavancar as vendas do grupo e reverter a tendência de queda de participação de mercado.

A estratégia de divulgação da Bavaria Pilsen envolve comunicação e promoção. Quanto à comunicação, há a elaboração de campanha regional de lançamento em toda a mídia, desenvolvida pela agência DM9DDB. São feitos filmes para TV, campanha em rádio, mídia impressa e outdoors. A base da campanha é musical, explorando o slogan "Bavaria, a cerveja dos amigos", contando, inicialmente, com a participação de Chitãozinho e Xororó, Leandro e Leonardo, Zezé Di Camargo e Luciano, em um ambiente *country*, que tem a identificação do público jovem. Verifica-se que os maiores eventos em massa do País são os sertanejos, e até os cariocas consomem a "cultura" sertaneja, proporcionando a segunda maior receita em shows e vendagem de discos de duplas sertanejas, ficando atrás somente de São Paulo.

Após a verificação da aceitação do produto na região, houve o desenvolvimento da campanha em âmbito nacional. O tema "amigos" é escolhido porque possui a vantagem de ser abrangente e permitir, no futuro, associar a imagem de outros amigos famosos à do produto.

Há *merchandising* nos pontos de venda – supermercados, lojas de auto-serviço e conveniência; bares e restaurantes são decorados com cartazes, folders, faixas e luminosos especiais, com a distribuição de brindes promocionais e prêmios. A rede de distribuição da Antarctica decora os caminhões que fazem a entrega do produto. Os pontos de venda são fundamentais para a estratégia de divulgação da nova marca. É neles que a Bavaria concentra seu marketing: proximidade com o cliente e foco no consumidor. Todos esses materiais exploram o tema "Bavaria, a cerveja dos amigos". Ações de degustação por todo o Estado de São Paulo, apoiadas por veículos "Blazer" decorados e equipes de promotoras uniformizadas, impactaram positivamente os consumidores nos locais de consumo.

A Bavaria Pilsen conta com a criação de uma "força-tarefa" específica para suas vendas. Para fazer a distribuição são utilizados os entrepostos e distribuidores Antarctica, e o produto é distribuído em supermercados, auto-serviços e conveniências, bares e restaurantes e clientes especiais. Além disso, as distribuidoras também fazem um trabalho de telemarketing, vendas on-line 24 horas, *vending machines* e utilizam a internet e 0800 para se comunicar com o consumidor final.

A Bavaria Pilsen foi lançada inicialmente no Estado de São Paulo, onde pretendia ganhar 5% do mercado paulista de cervejas em seis meses. Conquistou um *share* de 12,3% depois de quatro meses do lançamento na capital e 8,4% no interior do Estado. Com isso, o Grupo Antarctica cresceu 4,9% e alcançou em vendas a cerveja Brahma (Gráficos 7.8, 7.9 e 7.10).

Gráfico 7.8 Participação de mercado na Grande São Paulo com a Bavaria (%)

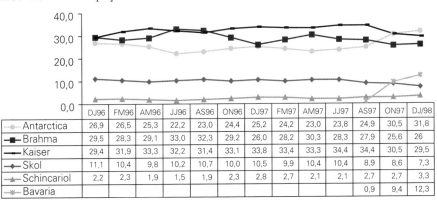

	DJ96	FM96	AM96	JJ96	AS96	ON96	DJ97	FM97	AM97	JJ97	AS97	ON97	DJ/98
Antarctica	26,9	26,5	25,3	22,2	23,0	24,4	25,2	24,2	23,0	23,8	24,9	30,5	31,8
Brahma	29,5	28,3	29,1	33,0	32,3	29,2	26,0	28,2	30,3	28,3	27,9	25,6	26
Kaiser	29,4	31,9	33,3	32,2	31,4	33,1	33,8	33,4	33,3	34,4	34,4	30,5	29,5
Skol	11,1	10,4	9,8	10,2	10,7	10,0	10,5	9,9	10,4	10,4	8,9	8,6	7,3
Schincariol	2,2	2,3	1,9	1,5	1,9	2,3	2,8	2,7	2,1	2,1	2,7	2,7	3,3
Bavaria											0,9	9,4	12,3

Fonte: ACNielsen (informação cedida pelo Grupo Antarctica).

Gráfico 7.9 Participação total de mercado com a Bavaria (%)

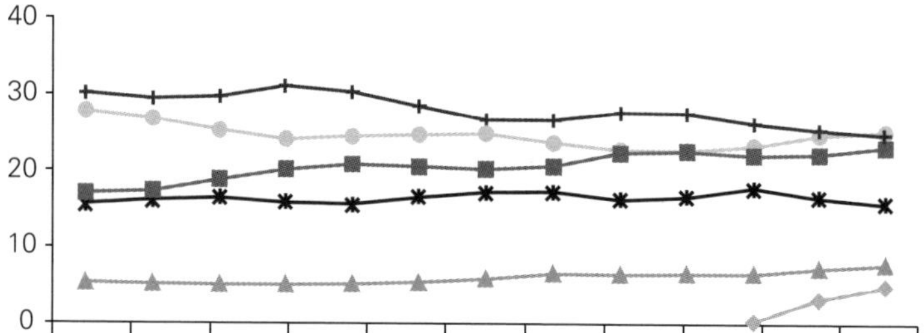

	DJ96	FM96	AM96	AS96	ON96	DJ97	FM97	AM97	JJ97	ON97	DJ98
Antarctica (incl. Bavaria)	27,8	26,8	25,3	24,5	24,7	24,9	23,7	22,8	22,7	24,7	25,2
Brahma	30,1	29,4	29,7	30,3	28,5	26,7	26,7	27,7	27,6	25,4	24,8
Kaiser	15,6	16,1	16,4	15,6	16,5	17,2	17,3	16,2	16,6	16,5	15,7
Skol	17	17,3	18,8	20,8	20,5	20,2	20,6	22,4	22,6	22,2	23,2
Schincariol	5,3	5,2	5,1	5,2	5,4	5,9	6,6	6,5	6,6	7,3	7,8
Bavaria										3,2	4,9

Fonte: ACNielsen (informação cedida pelo Grupo Antarctica).

Gráfico 7.10 Participação do mercado no interior de São Paulo com a Bavaria (%)

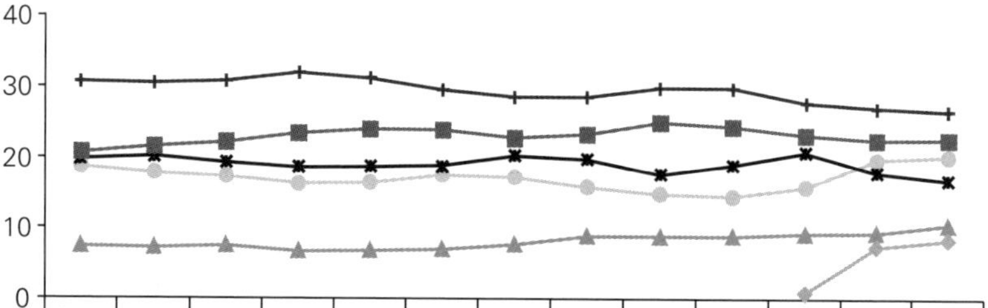

	DJ96	FM96	AM96	JJ96	AS96	ON96	DJ97	FM97	AM97	JJ97	AS97	ON97	DJ98
ANTARCTICA	18,7	17,8	17,3	16,3	16,4	17,5	17,2	15,8	14,8	14,5	15,8	19,7	20,2
BRAHMA	30,6	30,5	30,8	31,9	31,1	29,6	28,5	28,6	29,9	29,8	27,8	27,1	26,6
KAISER	19,8	20,1	19,2	18,6	18,7	18,8	20,3	19,8	17,6	19	20,8	17,9	16,8
SKOL	20,7	21,5	22,1	23,4	24	23,9	22,8	23,3	25	24,4	23,2	22,5	22,6
SCHINCARIOL	7,4	7,2	7,5	6,7	6,8	7	7,7	8,9	8,8	8,9	9,2	9,4	10,5
BAVARIA											0,9	7,4	8,4

Fonte: ACNielsen (informação cedida pelo Grupo Antarctica).

Dessa forma, a Antarctica conseguiu recuperar a primeira posição de mercado em São Paulo e obteve resultados em Minas Gerais, no Rio de Janeiro e em âmbito nacional.

A questão fundamental que se coloca é: qual deve ser o papel desse novo produto na estratégia do Grupo Antarctica no que diz respeito ao mercado de cervejas?

3. TÓPICOS PARA DISCUSSÃO

☐ Quais as transformações que estão acontecendo no ambiente do Grupo Antarctica?

- ❏ O lançamento da Bavaria Pilsen representa um uso adequado dos pontos fortes do Grupo Antarctica? Discuta.
- ❏ A estratégia de preços adotada contribuiu para o sucesso inicial do lançamento? Por quê?
- ❏ A reação da Antarctica de corte de pessoal surtiu efeito? Discuta.
- ❏ Qual a motivação para o Grupo Antarctica desenvolver equipes de vendas distintas para a Bavaria Pilsen?
- ❏ Qual deve ser a estratégia genérica do Grupo Antarctica para o futuro da Bavaria Pilsen?

4. NOTAS DE ENSINO

Quais as transformações que estão acontecendo no ambiente do Grupo Antarctica?

a) O consumo de cerveja apresenta tendência ascendente devido ao crescimento da população, assim como uma tendência ao crescimento do poder aquisitivo das classes de menor renda (por exemplo, considere o efeito do Plano Cruzado, em 1986, e do Plano Real, em 1994).

A comparação do consumo per capita entre diversos países também sugere que há um espaço considerável para o crescimento do mercado de cerveja (veja comparação com o México e as diferenças de consumo per capita).

b) A entrada de grandes empresas internacionais, como a Anhauser-Busch (Budweiser), Miller e Heineken, em associação com os produtores nacionais tradicionais, indica uma tendência de aprimoramento em tecnologia produtiva, modernização administrativa e ampliação de capital no mercado brasileiro. A utilização do modelo das Cinco Forças Competitivas de Porter (1989) deve resultar em uma tendência de acirramento dos padrões de competição entre as empresas do setor.

O lançamento da Bavaria Pilsen representa um uso adequado dos pontos fortes do Grupo Antarctica? Discuta.

Alguns dos pontos fortes da Antarctica são a imagem de solidez e qualidade dos produtos do grupo; a Bavaria Premium, já existente, é um produto com imagem nobre e reconhecimento nacional. A existência prévia de uma marca já conhecida certamente contribuiu para a boa aceitação inicial do lançamento.

O uso de pesquisas junto aos consumidores para caracterizar os atributos desejados de amargor, leveza, teor alcoólico, cor etc. também capitalizou sobre o conhecimento do mercado consumidor e da capacidade técnica de desenvolver um novo produto "sob medida".

A estratégia de preços adotada contribuiu para o sucesso inicial do lançamento? Por quê?

Foi adotada uma estratégia de preço de penetração, fixando o preço da Bavaria Pilsen de 5% a 10% abaixo da competidora da mesma categoria, a Kaiser. A estratégia de penetração facilita o rápido ganho de *market share*. No caso da Antarctica, como vinha ocorrendo perda de participação no mercado, pode-se entender que havia capacidade ociosa de produção, o que é usualmente uma restrição ao uso dessa estratégia.

Ao oferecer um produto elaborado mediante estudo dos desejos do consumidor, com um preço inferior ao da concorrência, a estratégia permitiu uma rápida penetração inicial.

A reação da Antarctica de corte de pessoal surtiu efeito? Discuta.

A reestruturação com corte de pessoal é usualmente a primeira reação de uma empresa à perda de *market share*, segundo apontam Prahalad e Hamel (1995).

Essa é a resposta competitiva correta somente no caso em que a perda de competitividade se deve exclusivamente a um custo excessivo de produção e distribuição. Em geral, o preço elevado é apontado como a causa fundamental da perda de mercado.

No caso da Antarctica, o corte de 22.000 para 12.000 funcionários não reverteu o declínio de participação de mercado. Já o lançamento de um novo produto, com apelo a novos segmentos do mercados, permitiu retomar o crescimento de vendas na cidade de São Paulo, decorridos poucos meses do lançamento.

Isso não significa, no entanto, que a decisão de reduzir o quadro tenha sido equivocada. Pode-se afirmar apenas que não foi por si só suficiente para tornar a empresa competitiva, conforme argumentam Prahalad e Hamel (1995).

Qual a motivação para o Grupo Antarctica desenvolver equipes de vendas distintas para a Bavaria Pilsen?

No lançamento de uma nova marca, complementando uma linha existente e com pouca diferenciação na forma de utilização do produto, a "canibalização" das marcas próprias é uma ameaça.

Isso significa que há um perigo de a segunda marca "ganhar mercado" exclusivo da primeira marca da própria empresa. O uso de uma mesma força de vendas, oferecendo os dois produtos a um mesmo ponto de venda, pode gerar a substituição de um produto pelo outro, sem ganho de mercado em relação à concorrência.

Qual deve ser a estratégia genérica do Grupo Antarctica para o futuro da Bavaria Pilsen?

Considerando-se que a Bavaria Pilsen é um produto de ampla aceitação no mercado de cerveja, não cabem estratégias genéricas de enfoque em segmentos ou nichos específicos, segundo a classificação de estratégias de Porter (1986).

A opção de competir com base no menor custo é limitada, por um lado, pela existência de um segmento consumidor de um produto de menor preço: a cerveja Schincariol. Essa estratégia requeria grande capacidade adicional para redução de custos, sem perda de qualidade. Por outro lado, competir com base no menor custo exclusivamente no segmento de preços intermediários (Bavaria Pilsen, Kaiser, Skol) apresenta riscos, uma vez que a Kaiser, por força de sua integração com a distribuição de Coca-Cola, apresenta potencial elevado de ganhos de escala na logística, ampla possibilidade de penetração nos pontos de venda e, presumivelmente, boa saúde financeira para uma guerra de preços. A guerra de preços é provável, visto que tem sido a estratégia de sucesso da Kaiser até o momento.

Já a estratégia de diferenciação apresenta-se como a mais promissora, uma vez que o produto é percebido pelo mercado por apresentar a qualidade Antarctica associada a uma imagem leve, jovem, moderna e descontraída (*country*).

Nesse caso, caberia abrandar a estratégia de preço de penetração e buscar a realização de uma margem maior na comercialização da Bavaria Pilsen.

Esse movimento estratégico poderá ser composto pelo lançamento de um outro produto de baixo preço do amplo portfólio do Grupo Antarctica. Capitalizar a aprendizagem obtida no lançamento da Bavaria seria uma importante consideração, segundo os conceitos de Senge (2001).

Essa combinação de movimentos, integrada no contexto de sistemas de fabricação flexível, constituiria um portfólio de produtos com amplas condições de atuar nos diversos segmentos competitivos do mercado de cervejas.

5. REFERÊNCIAS

AAKER, D. A. *Administração estratégica de mercado*. Porto Alegre: Bookman, 2001.

OLIVEIRA, Maria Helena. *Cerveja*: um mercado em expansão. Estudo BNDES Setorial. n. 4. Setembro/1996.

POLETINI, A. C. *Hoje é sexta-feira*. Marketing: a ciência do pode ser. São Paulo: Dórea Books and Art, 1999.

OLIVEIRA, Maria Helena. Relatório do BNDES setorial, 1996.

PORTER, Michael E. *Vantagem competitiva*: criando e sustentando um desempenho superior. Rio de Janeiro: Campus, 1989.

PORTER, Michael E. *Estratégia competitiva*: técnicas para uma análise de indústrias e da concorrência. Rio de Janeiro: Campus, 1986.

PRAHALAD, C. K., HAMEL, G. *Competindo pelo futuro*. Rio de Janeiro: Campus, 1995.

SENGE, Peter M. *A quinta disciplina*. Arte e prática da organização que aprende. Rio de Janeiro: Best Seller, 2001.

8
Estratégia em um setor em transformação

• Adelino Bortole • Newton Sant´Anna
• Sergio Salomão • Solange Carvalho

1. Introdução 197
2. O caso – e-Nacom 197
   2.1 As origens da TV aberta 197
   2.2 A criação da Anatel 198
   2.3 O surgimento da TV por assinatira 199
   2.4 A entrada da e-Nacom no mercado de TV
       por assinatura 201
   2.5 A e-Nacom no mercado de TV por assinatura ... 203
   2.6 A e-Nacom no mercado de internet e transporte
       de dados 206
   2.7 O desenvolvimento do setor de telecomunicações ... 207
   2.8 A TV digital 209
   2.9 A tecnologia de maior capilaridade: as linhas
       de transmissão 210
   2.10 As grandes mudanças em 2002 211
   2.11 Análise financeira 214
3. Tópicos para discussão 219
4. Notas de ensino 219
5. Referências 231
6. Anexos 232

Resumo

Este estudo de caso foi elaborado por alunos de MBA Executivo Internacional com co-autoria do Prof. Orientador Adelino de Bortoli a partir de informações coletadas em revistas, na internet, em relatórios anuais e em entrevistas com executivos de uma empresa do setor cujo nome real não será explicitado. Expõe o recente desenvolvimento e as mudanças no setor de telecomunicações, focando-se em uma empresa de TV por assinatura que opera no mercado brasileiro.

A partir de uma breve descrição do setor e de suas mudanças decorrentes do surgimento de novas tecnologias e competidores, o caso apresenta o desafio da definição de estratégias empresariais.

O caso envolve as áreas de estratégia e finanças e convida o leitor a praticar conceitos de planejamento estratégico, SWOT, atratividade econômica e cenários por meio de estudos de um setor industrial específico.

Palavras-chave

- Setor de telecomunicações • Planejamento estratégico
- Análise financeira • Cenários

1. INTRODUÇÃO

O avanço no setor das comunicações está gerando surpreendentes mudanças no modo de vida das pessoas. Exemplos disso são o surgimento das redes de fibras óticas e de técnicas de compressão digital, que podem permitir o desenvolvimento dos canais de televisão interativos, fazendo com que seus usuários obtenham informações personalizadas e acesso a milhares de filmes e programas; redes comutadas de modo que possam ser usadas por muitos assinantes, tais como as redes telefônicas; e outras, como as redes de televisão a cabo de alta capacidade ou de banda larga, adaptadas para que possam transmitir imagens em movimento. Não há dúvidas de que todas essas tecnologias irão mudar o mundo. O mistério está em como elas irão fazê-lo.

As mudanças, aliadas ao surgimento de novas tecnologias e competidores, contribuem para elevar a dificuldade das empresas na definição de suas estratégias, objetivando a sobrevivência e o sucesso de seus negócios. A empresa de TV por assinatura que opera no mercado brasileiro, alvo deste estudo de caso, vem ilustrar esse grande desafio.

2. O CASO – e-NACOM[1]

Em meados de 2001, o diretor de planejamento estratégico da e-Nacom se perguntava qual seria o principal negócio da empresa em cinco anos, mas o que mais o instigava estava muito próximo de ocorrer a partir de 2002 com a desregulamentação das telecomunicações no Brasil, quando haveria o compartilhamento das redes de comunicação, permitindo que seus potenciais concorrentes pudessem utilizar o seu mais valioso ativo: *a rede de telecomunicação*.

Esse caso começa descrevendo as origens da TV aberta, sua evolução para TV por assinatura, o surgimento de tecnologias concorrentes e substitutas, regulamentação e convergência com o mercado de telecomunicações até a competição total em 2002, focado em um mercado emergente de telecomunicações no Brasil.

2.1 As origens da TV aberta

A TV aberta surgiu nos Estados Unidos em 1940. No Brasil, iniciou suas atividades em 1950 com um único canal, sustentando-se com inserções publicitárias que permitiam o acesso universal gratuito.

O Código Brasileiro das Telecomunicações (CBT), instituído em 1962, previa que as concessões fossem outorgadas pelo Presidente da República por meio do Ministério das Comunicações. Por esse código, os serviços de radiodifusão seriam de finalidade educativa e cultural, mesmo em seus aspectos informativo e recreativo, e eram considerados de interesse nacional, permitindo-se apenas a exploração comercial destes, na medida em que não prejudicasse esse interesse e aquela finalidade.

---

[1] e-Nacom é o nome fictício adotado pelos autores.

Na prática, o código não era cumprido rigorosamente devido a fortes influências políticas nas concessões. Em 1965 surgia a TV Globo, oriunda do jornal *O Globo,* do Rio de Janeiro. Em 1972, a TV brasileira ganhou cores e já contava com cinco redes operando nos principais centros urbanos do País, além de um canal educacional e cultural sustentado por verba pública. A programação era elaborada de forma a atrair o público-alvo dos anunciantes, notadamente as classes C e D, satisfazendo-os razoavelmente (segmentação de classes, ver Anexo I).

Nos anos 1980, a TV já era o maior veículo de comunicação de massa no Brasil, com cobertura nacional, visto que em 1999 havia no País 53,7 milhões de aparelhos receptores, estando presente em 85% dos lares brasileiros. Além dessa presença, havia ainda aparelhos instalados em lugares públicos, tais como escolas, bares, postos de saúde e centros comunitários, universalizando o acesso à informação. Dessa forma, a TV se consolidava como um instrumento de grande influência na formação política, cultural e educacional do Brasil.

Devido ao não cumprimento do CBT, verificou-se em 1999 uma forte concentração horizontal no setor, uma vez que 73% da verba publicitária da TV aberta era captada pelas Organizações Globo. Além disso, havia uma grande concentração vertical, pois as Organizações Globo controlavam áreas de produção e distribuição. No ano 2000, uma pesquisa do Ibope nas nove maiores regiões metropolitanas brasileiras comprovava a maciça presença da TV nos domicílios brasileiros em função da classe socioeconômica (ver Tabela 8.1).

Tabela 8.1 Distribuição de televisores e domicílios de acordo com a classe socioeconômica

Classe	% Domicílios	% Domicílios com uma ou mais TVs
A	6	100
B	23	100
C	36	99
D	31	94
E	4	57

Fonte: IBOPE, 2000.

2.2 A criação da Anatel

Em julho de 1997 era criada a Agência Nacional de Telecomunicações (Anatel), com a missão de promover o desenvolvimento das telecomunicações do País, de modo a dotá-lo de uma moderna e eficiente infraestrutura de telecomunicações, capaz de oferecer à sociedade serviços adequados, diversificados e a preços justos, em todo o território nacional. A agência foi criada com independência administrativa, autonomia financeira, ausência de subordinação hierárquica, mandato fixo e estabilidade dos dirigentes que seriam indicados pela Presidência da República e aprovados pelo Senado Federal.

Do Ministério das Comunicações, a Anatel herdou os poderes de outorga, regulamentação e fiscalização para todos os serviços de telecomunicação, incluindo telefonia fixa e móvel, radiodifusão, TV aberta e por assinatura, telecomunicação por satélite, entre outros.

Além disso, a Anatel tinha as seguintes atribuições: compor administrativamente conflitos de interesses entre prestadoras de serviços de telecomunicações; atuar na defesa e proteção dos direitos dos usuários; atuar no controle, prevenção e repressão das infrações de ordem econômica, no âmbito das telecomunicações, ressalvadas as competências legais do Conselho Administrativo da Defesa Econômica (Cade); estabelecer restrições, limites ou condições a grupos empresariais para obtenção e transferência de concessões, permissões e autorizações, de forma a garantir a competição e impedir a concentração econômica no mercado; e definir a estrutura tarifária de cada modalidade de serviços prestados em regime público.

2.3 O surgimento da TV por assinatura

A TV por assinatura surgiu nos Estados Unidos na década de 1940, quando algumas comunidades remotas que não recebiam sinais de boa qualidade de TV aberta se cotizavam e adquiriam uma antena de alta sensibilidade e, por meio de cabos, levavam o sinal até as residências. Assim nascia a TV a cabo ou CATV (*Community Antena TV* e depois *Cable TV*). O conceito evoluiu com a inserção de programação diferenciada e menor tempo de intervalos comerciais, uma vez que a receita era obtida diretamente do telespectador.

No Brasil, a TV a cabo surgiu em Petrópolis, em 1958, com o mesmo objetivo da primitiva TV a cabo americana, ou seja, de melhorar a qualidade de recepção da TV aberta. Em 1989, ocorreu a primeira transmissão de programação diferenciada por meio do Canal +, que transmitia a programação do canal de esportes ESPN. Em 1991, os grandes grupos de mídia Abril e Globo decidiram investir nesse segmento, os quais foram seguidos por outros grupos.

No limiar da TV por assinatura brasileira havia três tecnologias disponíveis para transmissão: *cabo, microondas* e *satélite*.

No sistema de cabo (ver Figura 8.1), a transmissão era feita da geradora de sinal até as residências por meio físico, com a utilização de cabos coaxiais, fibra ótica ou cabos híbridos que seriam instalados em postes de empresas distribuidoras de eletricidade ou de telefonia, pagando-se a estas uma taxa mensal. O investimento para construção da rede, sendo proporcional ao comprimento do cabo, exigia um elevado capital inicial para se obter uma área de cobertura abrangente, visto que o cabo tinha que ser instalado primeiro para depois serem vendidas as assinaturas. Como vantagem principal, a rede de cabos permitiria no futuro o fluxo bidirecional de sinais e poderia transmitir além da programação televisiva quaisquer tipos de dados, telefonia e acesso à internet.

Cada canal codificado de forma analógica consumia uma faixa de frequência de 6 MHz (definições de faixas de frequências, ver Anexo II). Devido ao fato de a transmissão no cabo ser isolada, em um cabo blindado livre de interferências, a largura da banda de transmissão poderia alcançar 550 MHz, o que significaria a possibilidade de transmissão de 78 canais com codificação analógica por cabo. Por se tratar de um serviço localizado, o serviço seria prestado por meio de concessão regulamentada em 1995 pela Lei da TV a Cabo.

Figura 8.1   Sistema de TV a cabo (TVC)

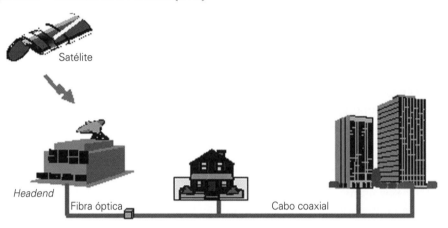

Cabo – A programadora transmite o sinal por satélite até o *headend* da operadora, que envia a programação ao assinante por meio de cabo coaxial ou fibra ótica.

No sistema *Multichannell Multipoint Distribution Service* (MMDS) ou Serviço de Distribuição Multicanal Multiponto, o sinal era transmitido da geradora de sinal por ondas eletromagnéticas enviadas por uma antena que se propagavam pelo ar (microondas) até as residências. Como as ondas perdiam a potência e não superavam obstáculos físicos, criando "sombras", eram necessários amplificadores e redirecionadores para uma ampla cobertura. Os sistemas bidirecionais ainda estavam em desenvolvimento, uma vez que para haver interação do telespectador seria necessário o uso de uma linha telefônica (ver Figura 8.2).

Figura 8.2   Sistema de MMDS

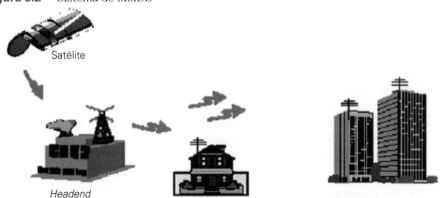

MMDS – A programadora transmite o sinal por satélite até o *headend* da operadora, que envia a programação ao assinante, e este a recebe por meio de uma antena de microondas.

Esse sistema permitiria, mais tarde, também o envio de dados, voz e acesso à internet, mas devido ao fato de compartilhar o espectro de radiofrequências, a largura de banda era limitada a 186 MHz, o que reduzia o número de canais analógicos possíveis a 31. Havia a vantagem de as antenas e receptores somente serem instalados à medida que surgiam novos assinantes, compatibilizando o investimento inicial de instalação com o crescimento da receita. Para operar o sistema MMDS era necessária apenas uma autorização da autoridade competente.

No sistema *Direct To Home* (DTH) ou Direto Para a Residência, os sinais eram transmitidos do gerador de sinal para um satélite geoestacionário situado a 36.000 km de altitude, e de lá refletido até antenas situadas em cada domicílio atendido, permitindo também o acesso à internet, mas com o retorno por meio de telefone, pois a transmissão bidirecional estava em desenvolvimento. Se, por um lado, o sistema permitia praticamente uma cobertura nacional, por outro, o investimento inicial era elevadíssimo, pois exigia o aluguel de espaço em satélites, uma rede nacional de vendas e maciça propaganda para a criação rápida de uma massa crítica de assinantes. A operação do sistema exigia somente uma autorização.

Figura 8.3 Sistema DTH

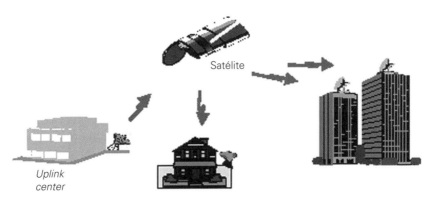

DTH – A programadora transmite o sinal por satélite diretamente até a casa do assinante.

2.4 A entrada da e-Nacom no mercado de TV por assinatura

O Brasil, em 1994, já era um dos mercados mais atrativos para investimentos em telecomunicações, sendo a maior economia da América Latina, representando cerca de 42% do PIB regional e 59% do mercado de telecomunicações (ver Gráfico 8.1).

Em 1994, uma companhia multinacional da indústria de telecomunicações, englobando telefonia fixa, móvel, televisão e internet, decidiu, embora tardiamente, participar do mercado brasileiro, o segundo maior país das Américas em termos de população e área, decidindo investir em TV por assinatura.

A empresa optou pelo cabo e, como já havia operadoras de TV por assinatura nos grandes centros urbanos com esse sistema, decidiu adquirir concessões em áreas selecionadas sem competidores, pois experiências anteriores mostravam que o segundo operador em uma área para o mesmo serviço e preço obteria, no máximo, um terço do mercado.

Gráfico 8.1   *Market share* Regional – 1994

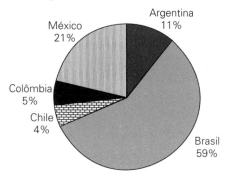

Fonte: PTS, edição n. 39.

Como a lei brasileira exigia que 51% do controle da empresa fosse detido por brasileiro nato ou naturalizado, a e-Nacom optou por se associar a uma empresa local. Essa empresa possibilitaria também a obtenção de uma programação exclusiva, como um canal de esportes brasileiro.

Fundou-se, então, a e-Nacom como uma empresa de telecomunicação da próxima geração. Suas operações consistiam em instalar uma rede de cabos, contratar programação de empresas distribuidoras de programas de entretenimento e informação e fornecê-las aos assinantes. As distribuidoras, por sua vez, adquiriam os pacotes das produtoras, tais como: CNN (notícias), ESPN (esportes), Globo e estúdios independentes.

O custo da programação era cobrado em função do número de assinantes. Havia vários tipos de pacotes, de 30 a 48 canais, visto que os preços variavam de R$ 30 a R$ 51. O custo de instalação de cada assinante era de aproximadamente R$ 200,00, dado que a e-Nacom subsidiava 50% desse valor. Dessa forma, para a empresa ter o retorno do custo de instalação, o tempo mínimo para amortizar esse subsídio era em média de nove meses.

A empresa se concentrou na instalação de redes de cabos em regiões com grande densidade de habitações por quilômetro (250 residências/km^2), de alta renda e corporações. A expansão da rede foi acelerada em 1997 e 1998 para evitar a entrada de uma segunda concessão de TV a cabo na mesma região. O custo médio por quilômetro da rede era aproximadamente 15 mil dólares (US$ 15.000/km). As outras tecnologias, MMDS e DTH, tiveram pouco sucesso nessa região, o que era creditado ao menor preço de assinatura e à qualidade do serviço prestado pela e-Nacom. A rede era construída de forma a permitir a bidirecionalidade e fornecer acesso à internet e telefonia, o que estava previsto na Lei Geral das Comunicações, outorgada em 1997.

A metodologia empregada era baseada em um estudo socioeconômico e de distribuição geográfica para obter o máximo índice de domicílios percorridos nas classes A e B.

2.5 A e-Nacom no mercado de TV por assinatura

A e-Nacom, em dezembro de 2000, era uma das quatro maiores provedoras de TV a cabo no Brasil. Desde a aquisição de dez licenças inexploradas de serviços de TV por assinatura no final de 1994 e lançamento dos serviços em 1996, a empresa havia aumentando a sua participação no mercado para um total de 84.294 assinaturas.

Os Gráficos 8.2 e 8.3 mostram a evolução da TV por assinatura no Brasil.

Gráfico 8.2   Evolução da rede e número de domicílios percorridos

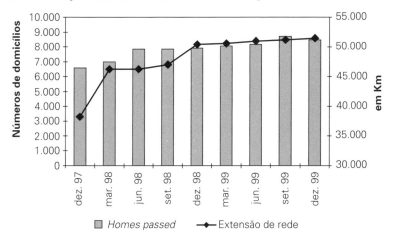

Fonte: PTS, edição 39.

Gráfico 8.3   Evolução de assinantes

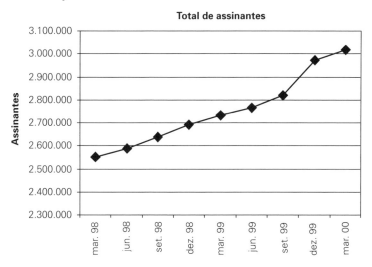

Fonte: PTS, edição 39.

A e-Nacom operava em duas regiões geográficas, representando uma população agregada de aproximadamente 7,3 milhões, cobrindo cerca de 1,9 milhões de casas. O centro da operação de banda larga (*Broadband*) da e-Nacom concentrava-se em cidades médias das regiões Sul e Sudeste.

Na região Sudeste, a operação consistia em áreas de serviços que abrangiam 22 licenças, englobando uma população aproximada de 6,7 milhões, atendendo a um total de 1,8 milhões de casas. A e-Nacom adquiriu dez dessas licenças em 1995, e em meados de 2000 adquiriu 12 das demais licenças por meio de investimentos em outra subsidiária. Para tanto, emitiu ações evitando financiamento de altos juros ou riscos cambiais.

No final de 2000, a área licenciada pela e-Nacom cobria aproximadamente 797.000 casas, passando sua rede em aproximadamente 492.000 delas, representando 62% do total de casas em potencial. A e-Nacom tinha 113.601 assinaturas, o equivalente a uma taxa de penetração de 23%.

As cidades cobertas pela e-Nacom, na região Sudeste, com as aquisições das novas licenças em 2000 formaram um *cluster* contendo dez das maiores cidades da região. Além disso, a e-Nacom operava em 12 das 25 cidades da região com população superior a 200.000 habitantes.

A operação na região Sul cobria quatro licenças, englobando uma população aproximada de 673.000 habitantes, atendendo a um total de 181.000 casas. As áreas incluídas no *cluster sul* foram adquiridas em 1998, o que contemplava naquela época 1.000 quilômetros de rede instalada. No final de 2000, a rede na região Sul passava em aproximadamente 91.000 casas, representando 50% do total de casas potenciais. A e-Nacom tinha 15.811 assinaturas, o equivalente a uma taxa de penetração de 17%. As quatros licenças da região Sul cobriam três das nove maiores cidades da região, excetuando-se as capitais.

A penetração da e-Nacom era superior à média da penetração nas grandes cidades brasileiras, considerando-se todas as tecnologias, conforme mostra a Tabela 8.2. Isso era creditado à seletividade da abrangência da rede da e-Nacom, que detinha 73% dos assinantes nas classes ABC, contra 50% da média nacional.

Tabela 8.2 Penetração da TV paga nas regiões metropolitanas

Cidade	Domicílios com TV	Nº de assinantes	Penetração
São Paulo	4.532.252	636.998	14,05%
Rio de Janeiro	3.096.882	337.997	10,91%
Belo Horizonte	990.542	114.740	11,58%
Porto Alegre	962.947	98.861	10,27%
Recife	740.250	20.640	2,79%
Curitiba	666.621	86.600	12,99%
Fortaleza	601.406	36.940	6,14%
Brasília	485.797	96.079	19,78%
Belém	209.327	20.000	9,55%

Fonte: PTS, base março/2000 (edição n. 40).

A e-Nacom detinha, em meados de 2001, 26 licenças de banda larga, sendo a quarta maior operadora de TV a cabo no Brasil em termos de números de assinatura.

A operação no Sudeste representava o negócio principal da empresa, cobrindo aproximadamente 1,8 milhões de casas. Os serviços de TV por assinatura eram fornecidos em 12 cidades entre as 22 licenças obtidas nessa região. A e-Nacom planejava lançar os serviços de TV por assinatura nas demais áreas até o final de 2001, assim que as redes das devidas cidades fossem implantadas. Os serviços de TV por assinatura estavam disponíveis nas quatro áreas licenciadas da região Sul, cobrindo aproximadamente 181.000 casas.

Com o serviço por assinatura, a e-Nacom planejava lançar um pacote diferenciado (*premium*) de programação. Isso iria permitir aos assinantes definirem melhor seus pacotes de programação, e à e-Nacom, fornecer opções adicionais de programação. Também planejava ofertar programação no modelo *pay-per-view*, no qual o assinante pagaria para ter acesso a um determinado canal por 24 horas, em que seria exibido o filme programado.

A programação era adquirida basicamente de três fontes. Parte era obtida diretamente de distribuidores nacionais e internacionais. Nesta última categoria se incluía a HBO, com exclusividade para a e-Nacom, que era um diferencial competitivo em relação à concorrência, devido à grande quantidade de filmes oferecidos. Entretanto, os custos eram em moeda estrangeira, além da necessidade de traduzir e legendar filmes, o que acarretava uma pressão de custos substancial. Outra parte da programação era obtida por meio de um "contrato guarda-chuva" com a Tevecap S.A. ou seus afiliados, e sua terceira fonte era um grande operador brasileiro associado.

O poder das organizações Globo era marcante, pois com sua participação na SKY, no sistema DTH e no sistema a cabo na NET detinha 70% da base de assinantes e se recusava a fornecer o sinal aberto da rede Globo para seus concorrentes, embora isso tenha sido julgado normal pelo Cade. Verificou-se que a principal concorrência era a própria TV aberta, que tinha uma programação que satisfazia a maioria da população.

No segmento de TV a cabo, em dezembro de 2000, o custo da programação representava cerca de 25% da receita total da empresa. Outro custo representativo era o aluguel dos postes, que figurava outros 25% da receita nos pacotes básicos. A empresa tinha que aumentar a penetração nas casas em que passavam os cabos da companhia para aumentar a rentabilidade.

A evolução da e-Nacom no mercado foi bastante positiva, atingindo um nível de penetração próximo ao máximo estimado para a indústria no Brasil, conforme mostrado no Gráfico 8.4.

No primeiro trimestre de 2001, em razão da instabilidade na economia Argentina, iniciava-se um movimento de desvalorização do real, mas, mesmo assim, a Associação Brasileira de Telecomunicações por Assinatura (ABTA) divulgou um crescimento de 3% na base de assinantes das operadoras associadas, totalizando 3,5 milhões de usuários, contra os 3,4 milhões computados até dezembro de 2000.

O faturamento registrado nos três primeiros meses de 2001 era de R$ 673 milhões, enquanto os investimentos somaram R$ 524 milhões.

Gráfico 8.4 A evolução da rede, domicílios percorridos e assinantes da e-Nacom

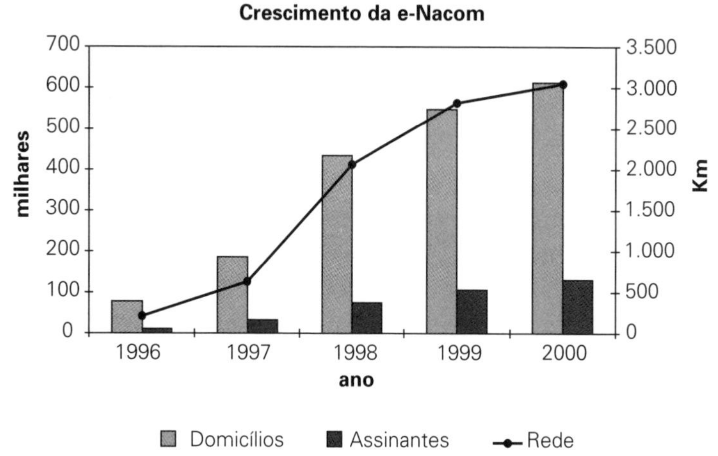

Crescimento da e-Nacom

Fonte: Relatório de informações anuais da e-Nacom, dezembro de 2001.

Segundo a associação, do total de assinantes contabilizados no final do período, pouco mais de 2 milhões eram usuários de TV a cabo, enquanto 350 mil utilizavam a tecnologia MMDS, e 1,1 milhão, DTH. Os assinantes do serviço de internet em alta velocidade somavam aproximadamente 68 mil.

Conforme análise do então presidente da ABTA, Moysés Pluciennik, quando há desaceleração da economia do País, o mercado de televisão por assinatura rapidamente se retrai. Ele dizia que atingir o crescimento de 3% quando o Brasil já apresentava sinais de desvalorização cambial e aumento nas taxas de juros podia ser visto como uma vitória mas ressaltando que o setor poderia ser afetado caso não houvesse uma rápida retomada da economia, dado o caráter não essencial da TV por assinatura. A taxa de *churn* (desistência) se aproximava a 25% dos assinantes por ano.

2.6 A e-Nacom no mercado de internet e transporte de dados

Em 1995, o governo autorizou, por meio de lei, as operadoras de TV a cabo a utilizarem suas redes para transmissão de dados meteorológicos, bancários, financeiros, culturais, entre outros, além dos sinais de vídeo e áudio já transmitidos pelas suas redes.

Com o objetivo de garantir livre escolha e competição sadia, em 1999 a Anatel regulamentou o modelo de rede aberta, a qual exigia a separação das operações de transporte de dados do provedor de serviço de internet. Dessa forma, a e-Nacom teve que criar uma nova razão social para explorar o *Internet Service Provider* (ISP), serviço de provimento de acesso à internet, chamado ISP – e-Nacom NET.

No mesmo ano, a Anatel regulamentou o acesso de internet através de redes de banda larga, o que deu sinal verde para a e-Nacom iniciar o seu serviço de acesso e abriu uma oportunidade para a empresa oferecer o serviço, competindo com o *Asyncronous Digital Subscriber Line* (ADSL – linha por assinatura assíncrona digital com velocidade de envio de dados superior ao de recebimento) fornecido pelas companhias telefônicas. O hardware escolhido para esse serviço previa a possibilidade de se fornecer serviços de voz no sistema voz sobre IP (*Internet Protocoll* – protocolo internet). No Brasil, o número de telefones fixos instalados atingia a marca de 40 milhões.

No início de 2000, a e-Nacom identificou a oportunidade de atuar em novas linhas de negócios, tais como *High-Speed Access*(acesso de alta velocidade de comunicação), ISP e *Wholesale Data Transport* (serviços de transporte de dados em grande volume).

Em fevereiro de 2000, a e-Nacom passou a oferecer, em áreas selecionadas dentro de sua concessão, o serviço de acesso à internet por banda larga de alta velocidade. O serviço consistia em oferecer um *modem* (conversor de sinais), permitindo conectar os computadores pessoais a provedores de internet. Este poderia ser adquirido em 18 meses dentro de um contrato de prestação do serviço ou alugado mensalmente. No caso de condomínios residenciais, o investimento do *modem* poderia ser dividido entre os moradores, reduzindo, assim, o custo da instalação. Por meio de parcerias com provedores de acesso ligados na rede e-Nacom, esse serviço passou a ser vendido também pelos provedores de acesso.

Nesse período a e-Nacom criou o seu próprio serviço de ISP (e-Nacom NET), que ofereceria uma variedade de serviços para pequenos escritórios e escritórios em residências (*home office*), tais como serviços de segurança e comércio eletrônico. O mercado residencial serviria para obter uma massa crítica para o serviço de ISP, mas o foco da e-Nacom estava no mercado corporativo, interessado em outros serviços de valores agregados.

No final do primeiro trimestre de 2001, a e-Nacom passou a oferecer o serviço de transporte de dados para as empresas de telecomunicações, ou seja, vendendo infraestrutura de telecomunicações por meio do aluguel de fibra ótica excedente (*dark fiber*) para as empresas de telecomunicações ofertarem conexões locais ou *last miles* (última milha para acesso às residências) aos usuários finais. A evolução dos serviços *Wholesale Data Transport* está diretamente associada ao posicionamento estratégico da e-Nacom para a abertura de mercado em 2002.

Em meados de 2001, além dos serviços de TV por assinatura, a e-Nacom se posicionava e se preparava para atuar no mercado de telecomunicações, por meio do provimento de serviços de dados e internet, de forma a ter maiores vantagens competitivas no ano seguinte. Segundo o Yankee Group, as empresas que tiverem maior abrangência geográfica, ou seja, mais conexões locais (*last mile*), estariam em melhores condições de competir no mercado.

2.7 O desenvolvimento do setor de telecomunicações

A Figura 8.4 sintetiza a evolução do mercado de telecomunicações no mundo.

Figura 8.4 Estágio do desenvolvimento do mercado de telecomunicações

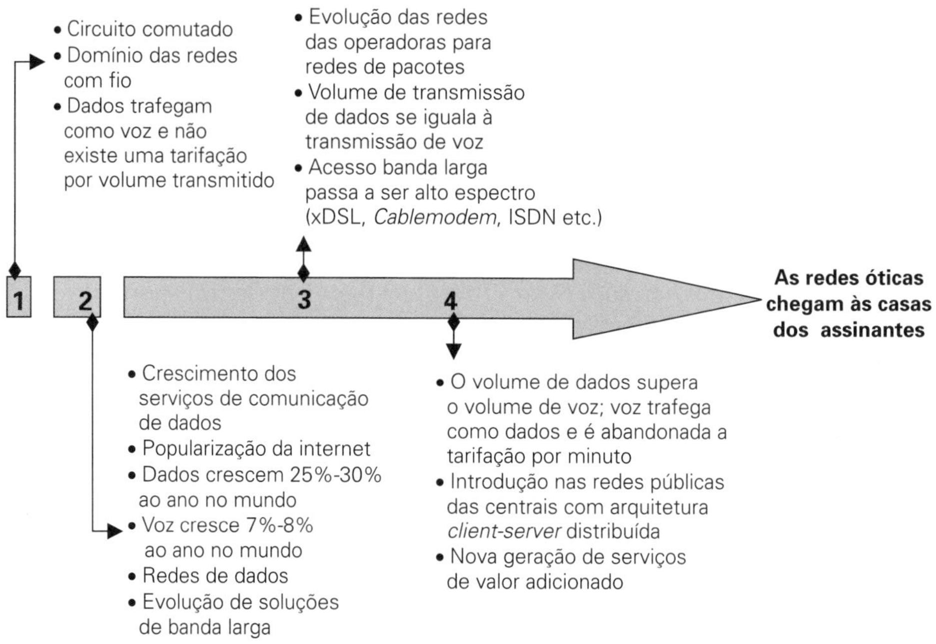

- Circuito comutado
- Domínio das redes com fio
- Dados trafegam como voz e não existe uma tarifação por volume transmitido

- Evolução das redes das operadoras para redes de pacotes
- Volume de transmissão de dados se iguala à transmissão de voz
- Acesso banda larga passa a ser alto espectro (xDSL, *Cablemodem*, ISDN etc.)

1 2 3 4 → **As redes óticas chegam às casas dos assinantes**

- Crescimento dos serviços de comunicação de dados
- Popularização da internet
- Dados crescem 25%-30% ao ano no mundo
- Voz cresce 7%-8% ao ano no mundo
- Redes de dados
- Evolução de soluções de banda larga

- O volume de dados supera o volume de voz; voz trafega como dados e é abandonada a tarifação por minuto
- Introdução nas redes públicas das centrais com arquitetura *client-server* distribuída
- Nova geração de serviços de valor adicionado

Fonte: The Yankee Group, 1999.

O mercado brasileiro de fibras óticas em 2000 recebeu diversos investimentos na área de redes, principalmente para atender à crescente demanda do setor corporativo e à evolução do tráfego de internet no País.

Os grandes investidores eram as empresas tradicionais de telecomunicações no Brasil, como Telefônica, Embratel, Telemar e Brasil Telecom.

A grande alteração se apresentava com a entrada de novos operadores internacionais – 360 Networks, AT&T e Global Crossing –, e com a criação de novos operadores locais – Pegasus, Metrored –, que passariam a criar e ampliar suas redes de forma rápida. Outro grande segmento eram as empresas distribuidoras de energia elétrica, petróleo e TV a cabo. Elas investiam pesadamente em redes de fibras óticas, utilizando suas infraestruturas existentes.

Em meados de 2001, o mercado brasileiro de redes de fibras óticas para comunicação de dados, voz e vídeo estava em franca expansão, e os tradicionais operadores de telecomunicações estavam ampliando e aprimorando tecnologicamente suas redes.

Isso se devia principalmente ao fato de novos operadores para serviços de redes e circuitos especializados, oferecendo serviços de alta qualidade tanto para o mercado corporativo como para outros operadores, terem construído novas redes óticas, enquanto as empresas de infraestrutura do setor público, especialmente do setor elétrico, começaram a construir e aprimorar redes óticas.

Inicialmente, o objetivo era oferecer essa infraestrutura para outras operadoras, mas com o decorrer da evolução e expansão de suas redes também passaram a oferecer serviços para o segmento corporativo – usuário final.

Os investimentos do setor no mercado brasileiro chegaram a mais de US$ 1,4 bilhões no ano 2000, considerando-se somente os investimentos em centrais de comunicações de longa distância (*backbones*), nacional e internacional. Esse patamar de investimento deveria continuar por mais dois ou três anos, segundo o Yankee Group. Se incluídos nos valores de investimentos as redes metropolitanas locais e o acesso ao usuário final (*last miles*), esse valor seria elevado para mais de US$ 3,6 bilhões.

No final de 2000, o mercado brasileiro possuía mais de 130 mil km de rotas de fibras óticas, espalhadas ao longo das rodovias, ferrovias, redes de transmissão de energia, metrô, gasodutos e cidades. Além disso, a evolução do tráfego internacional acarretou uma grande evolução dos *backbones* internacionais.

Os grandes operadores de serviços de longa distância internacional estavam finalizando suas redes de cabos submarinos, aumentando sua capacidade de transmissão de pouco mais de 2 Gbps, das redes internacionais, para cerca de 5,5 Tbps.

Anteriormente, as redes internacionais eram compostas, basicamente, por grandes consórcios, dos quais a Embratel era o único integrante nacional e, na época, com a inclusão das novas redes, a ampliação da participação da Embratel vinha crescendo e a entrada de grandes empresas operadoras internacionais também era sentida.

Esse quadro mostra uma tendência de melhoria, com características de um mercado competitivo, com um grande número de operadoras com a oferta superando a demanda, característica muito importante para iniciar uma crescente queda de preços.

2.8 A TV digital

Nos anos 1980, fora do Brasil, a TV aberta lutava para manter a sua posição de instrumento líder de comunicação de massa, por meio do aperfeiçoamento tecnológico, defendendo seu mercado das novas tecnologias que disputavam o poder aquisitivo dos consumidores.

Objetivando uma melhor qualidade de som e imagem, o desenvolvimento da TV digital iniciou-se no Japão no início da década de 1980. Seguiram o Japão a Europa e também os Estados Unidos, onde foi comercialmente lançado, em 1998, o sistema *Advanced Television System Comitee* (ATSC), focado no sistema de alta definição de imagem *High Definition TV* (HDTV) ou TV de Alta Definição, voltado ao público sofisticado com receptores de U$ 8 mil. Entretanto, não deslanchou devido ao alto custo dos receptores, exigindo antenas externas, não chegando a ser uma ameaça às TVs por assinatura.

Logo em seguida, era lançado na Inglaterra o sistema *Digital Video Broadcasting* (DVB), que melhorou as características do sistema anterior, permitindo tanto a HDTV como a *Standard Definition TV (*SDTV) ou TV de Definição Padrão – esta última possibilitava transmitir em uma mesma faixa de 6 MHz até 4 canais simultâneos, o que significa que além do programa principal poderiam ser fornecidas simultaneamente outras informações ou imagens, por exemplo, câmaras distintas em um jogo de futebol, instruções para compra de algum produto mostrado no programa principal, transmissão com defasagem de tempo para *replay* ou horários diferentes.

Por último, no final do ano 2000, foi lançado no Japão o sistema *Integrated Services Digital Broadcasting* (ISDB) ou Transmissão Digital de Serviços Integrados, que, além de incorporar os recursos do DVB, trazia a grande vantagem de ser captado por sistemas móveis, tais como celulares.

A TV digital prometia ser um aperfeiçoamento da TV analógica, trazendo uma melhor qualidade de imagem e de som, recursos de interatividade, como o comércio eletrônico utilizando a TV como interface (*t-commerce*), e era vista como uma reação ao avanço das TV por assinaturas e outras mídias.

No Brasil, a TV aberta estava interessada em adotar a tecnologia japonesa ISDB, pois permitia que suas transmissões fossem captadas em aparelhos celulares, aumentando a base de espectadores. Consultores da Associação Brasileira de Emissoras de Rádio e Televisão (Abert) imaginavam ônibus lotados com dezenas de espectadores assistindo programas nos seus celulares enquanto iam ou voltavam do trabalho, ampliando o horário de exposição à inserção publicitária em duas a quatro horas diárias, além dos 20 milhões de veículos que poderiam receber as transmissões.

Em 2001, a Anatel iniciou estudos visando à implantação da TV Aberta Digital no Brasil, iniciando-se com a escolha da tecnologia a ser adotada inicialmente pelas emissoras. Assim, optou-se por um plano de migração com a disponibilização de conversores de baixo custo, permitindo a continuidade do uso da base de receptores analógicos existentes e um horizonte de implantação total da TV digital de 10 a 15 anos.

A previsão da Abert é de que haveria um desembolso com importações de equipamentos da ordem de 20 a 30 bilhões de dólares ao longo de 10 anos.

No entanto, a frágil situação das reservas cambiais do Brasil inibia qualquer decisão influenciada pelo risco cambial. Outro ponto conflitante era a escala de produção necessária para se atingir os custos viáveis para classes C e D, que, dependendo da escolha da tecnologia, poderia ser maior ou menor em função dos mercados de exportação que adotariam a mesma tecnologia do Brasil.

2.9 A tecnologia de maior capilaridade: as linhas de transmissão

Em 1995, na Inglaterra, a Northern Telecom e a United Utilities Company uniram esforços para viabilizar a ideia de se utilizar a rede elétrica como meio de transmissão de dados para os usuários, denominada *Digital PowerLine*. Consistia em utilizar a linha de transmissão elétrica de baixa tensão entre a residência do usuário e a subestação da fornecedora de energia elétrica para a transmissão de dados.

Posteriormente, na Alemanha, em 1997, a RWE, uma distribuidora de energia elétrica, utilizava a tecnologia experimentalmente para comunicação interna, agregando outros recursos como comando de equipamentos ligados em rede.

Essa evolução foi rebatizada com o nome de *PowerLine Communication* (PLC) ou Comunicação sobre linha de suprimento de energia.

A subestação local era conectada aos provedores de serviços (internet, telefone etc.) via cabos ópticos de alta velocidade. Da estação até a residência do usuário, os sinais eram transmitidos em banda larga pelo mesmo condutor utilizado para fornecer energia elétrica. Na residência existia um decodificador interligando a sua rede interna à linha externa, permitindo se acoplar um *modem* em qualquer tomada de energia elétrica (ver Figura 8.5).

Além dos recursos de comunicação de dados, telefonia e vídeo *on demand,* a tecnologia já permitia outras inovações, tais como medição remota do consumo de energia, comunicação com aparelhos eletrodomésticos permitindo, por exemplo, o sistema *pay-per-use*, reabastecimento automático de geladeiras, gerenciamento de energia e monitoramento de segurança por meio de vídeo, bastando somente uma tomada para conexão à rede.

O grande diferencial seria a presença em praticamente todas as residências e disponibilidade 24 horas por dia.

No início de 2001, a RWE lançou o serviço comercialmente em duas cidades médias na Alemanha, e em maio do mesmo ano, iniciava testes em 50 residências em Curitiba por meio de consórcio com a Copel distribuidora estatal de energia elétrica paranaense. A tecnologia PLC dava grandes passos.

Figura 8.5 Sistema de transmissão de dados via linha de transmissão de energia elétrica

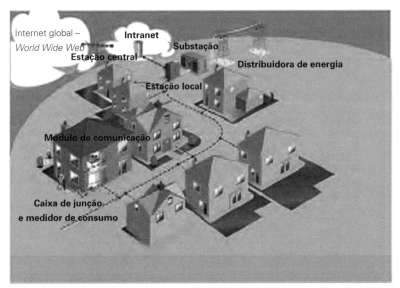

2.10 As grandes mudanças em 2002

No ano 2000, a Anatel regulamentou o compartilhamento da infraestrutura, a qual já era prevista na Lei Geral de Telecomunicações de 1997. Além disso, haveria, também, a livre concorrência por todas as empresas de telecomunicação sem restrição de área. Se de um lado essa decisão trazia novas oportunidades de uso da própria rede, prestando novos serviços de valor adicionado (internet, voz etc.)

e expansão da base de clientes fora de sua área geográfica, de outro lado facilitaria trazer à porta de seus clientes a presença dos seus concorrentes.

A convergência tecnológica acenava para um acirramento ainda maior da competição no mercado de telecomunicação em 2002. Unir voz, dados e imagens no mesmo pacote colocaria frente a frente segmentos que antes não concorriam entre si. Operadoras de telefonia, que estavam se estabelecendo no ramo de acesso rápido à internet, já se preparavam para oferecer imagens de TV ou dos chamados vídeos sob demanda. As TVs por assinaturas, por sua vez, ofereciam a imagem e o acesso rápido à rede mundial e diziam que incluir voz em seus serviços seria uma questão de tempo.

O fato era que o mercado já se preparava para dois cenários: *competição total ou parceria*. Como cenário bastante provável, em função da conjuntura econômica, altos graus de endividamento e desvalorização cambial, esperava-se que vários acordos fossem fechados entre os dois segmentos até 2002, quando o governo anunciava desregulamentar o setor de telecomunicações, abrindo espaço para concorrência livre.

Para se ressarcir dos altos investimentos feitos para conseguir oferecer a bidirecionalidade, as operadoras de televisão a cabo estavam preparadas para oferecer qualquer tipo de serviço de telecomunicação. No entanto, as empresas de telefonia estavam se preparando para oferecer os serviços convergentes, entregar os serviços de telefonia, acesso à internet e sinal de TV.

O que aconteceria com o mercado de TV a cabo quando as grandes operadoras de telecomunicações começassem a disputar seus clientes? Essa preocupação permeou a mente dos executivos do segmento e da ABTA durante todo o ano de 2001. Representantes da indústria de cabo discutiam a possibilidade de sugerir mudanças na legislação regulatória e fiscal, a fim de permitir o crescimento do setor e aumentar sua competitividade. Com 3,5 milhões de assinantes e nenhuma empresa com balanço positivo, o segmento de TV a cabo enxergava, na convergência entre serviços de telefonia, comunicação de dados e entretenimento, uma possibilidade de salvação e, ao mesmo tempo, uma grande ameaça à sua sobrevivência. A oportunidade era a oferta de serviços de banda larga e telecomunicações, para aumentar as contas médias e a penetração, que poderia até dobrar. A ameaça era a perspectiva de que operadoras de telefonia entrassem nesse segmento, usando suas redes para oferecer serviços de áudio e vídeo. A diretoria da ABTA decidiu em meados de setembro de 2001, propor à assembleia da entidade, que encaminharia uma solicitação à Anatel para que esta revisse esse item do regulamento, de modo a não criar uma expectativa entre os concorrentes (empresas de telecomunicações) de que poderiam prestar serviços semelhantes às empresas de TV a cabo.

Segundo a empresa de pesquisa de Mercado PTS (*Pay TV Survey*), por meio de opiniões de especialistas do setor, haveria três cenários para o desenvolvimento e o crescimento do setor de TV por assinatura, conforme os Gráficos 8.5, 8.6 e 8.7.

Gráfico 8.5 Cenário pessimista

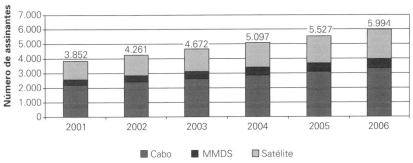

Nesse cenário, a PTS considera um crescimento econômico médio de 2% ao ano para os próximos seis anos e uma consequente menor penetração da TV por assinatura, além do baixo crescimento da quantidade de domicílios de maior renda (classes A, B, e C). A base de clientes deverá atingir cerca de 6 milhões em 2006, um pouco menor que a previsão anterior (ver PTS 39 – maio de 2000) devido ao desempenho aquém da média registrada pelas novas concessões em 2000. Deve-se considerar ainda a perspectiva de fracassos das estratégias para atingir maior penetração na classe C, cuja participação pode crescer, mas com reflexos na inadimplência e no resultado. Por fim, a evolução da TV paga tem forte correlação com a tendência do PIB e a distribuição de renda, mas depende também da evolução da TV aberta que, com sua programação indo ao encontro do gosto do público, não estimula a entrada de novos assinantes, especialmente na classe C.

Fonte: PTS, 2001.

Gráfico 8.6 Cenário base

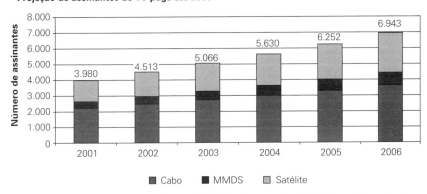

Mais uma vez, a elaboração do cenário de probabilidade de ocorrência é influenciada pelo desempenho das novas operações, resultando em 300 mil assinantes a menos para 2005 (sobre a previsão anterior), atingindo 6,9 milhões em 2006. O crescimento do PIB é estimado para 3,5%, em média, em taxa anual. O foco na classe C poderá assegurar melhores taxas de penetração apesar de as políticas adotadas não obterem muito sucesso em melhorar sua participação na base de assinantes. Além disso, as operadoras deverão continuar balizando sua expansão e investimentos conforme o grau de atratividade das localidades, adiando para os próximos anos investimentos em praças com demanda mais atingida ou com renda e consumo abaixo da média. É Importante reafirmar para todos os cenários que parece haver uma tendência de redução da participação de mercado das operações de MMDS em relação ao cabo e à evolução firme do DTH. Entretanto, para as cidades de menor potencial de escala (abaixo de 150 mil habitantes), a tecnologia foi considerada vencedora na disputa pelo assinante nas projeções.

Fonte: PTS, 2001.

Gráfico 8.7 Cenário otimista

Projeção de assinantes de TV paga até 2006

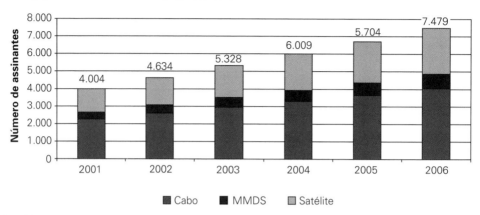

Considerando aspectos pontuais, como a crise energética e as turbulências da Argentina, e outros estruturais, como a inversão do ciclo econômico na principal economia do planeta (EUA), a PTS aposta em 15% de probabilidade de ocorrência desse cenário para o setor (contra 25% para o pessimista), com taxas de crescimento do PIB acima dos 4% para o País e retomada do processo de distribuição de renda verificado no início do Plano Real entre 2002 e 2004, criando as condições para um aumento da participação das classes B e C na base de assinantes (esta última em menor grau).

Fonte: PTS, 2001.

2.11 Análise financeira

As Tabelas 8.3 e 8.4 mostram o resultado financeiro da e-Nacom, e as tabelas 8.5 e 8.6 mostram o resultado financeiro da líder no mercado de TV por assinatura – Globo Cabo.

Tabela 8.3 Balanço e-Nacom (em milhares de reais)

Descrição	31/12/1998	31/12/1999	31/12/2000
Ativo total	**163.724**	**307.096**	**386.522**
Ativo circulante	25.275	34.015	60.424
Disponibilidades	1.289	8.094	49.620
Créditos	7.082	5.380	6.235
Estoques	-	-	-
Outros	16.904	20.541	4.569
Ativo realizável a longo prazo	-	-	-
Créditos diversos	-	-	-
Créditos com pessoas ligadas	-	-	-
Com coligadas	-	-	-
Com controladas	-	-	-
Com outras pessoas ligadas	-	-	-
Outros	-	-	-

(continua)

(*continuação*)

Ativo permanente	138.449	273.081	326.098
Investimentos	-	-	-
Participações em coligadas	-	-	-
Participações em controladas	-	-	-
Outros investimentos	-	-	-
Imobilizado	68.875	103.552	155.343
Diferido	19.854	104.263	124.002
Goodwill	49.720	65.266	46.753
Passivo total	**163.724**	**307.096**	**386.522**
Passivo circulante	70.413	59.362	109.290
Empréstimos e financiamentos	6.782	-	50.847
Debêntures	-	-	-
Fornecedores	12.619	36.171	44.482
Impostos, taxas e contribuições	-	-	-
Dividendos a pagar	-	-	-
Provisões	-	-	-
Dívidas com pessoas ligadas	38.067	15.356	11.131
Outros	12.945	7.835	2.830
Passivo exigível a longo prazo	30.578	194.246	107.042
Empréstimos e financiamentos	-	49.412	84.091
Debêntures	-	-	-
Provisões	-	-	-
Dívida com pessoas ligadas	30.578	144.834	22.951
Outros	-	-	-
Resultado de exercícios futuros	-	-	-
Participações minoritárias	6.538	16.286	15.950
Patrimônio líquido	56.195	37.202	154.240
Capital social realizado	89.773	128.313	332.781
Reservas de capital	-	-	-
Reservas de reavaliação	-	-	-
Ativos próprios	-	-	-
Controladas/coligadas	-	-	-
Reserva de lucros	-	-	-
Legal	-	-	-
Estatutária	-	-	-
Para contigência	-	-	-
De lucros a realizar	-	-	-
Retenção de lucros	-	-	-
Especial para dividendos não distribuídos	-	-	-
Outras reservas de lucro	-	-	-
Lucros/prejuízos acumulados	(33.578)	(91.111)	(178.541)

Fonte: Relatório de informações anuais da e-Nacom, dez. 2001.

Tabela 8.4 Demonstrativo de resultados no período de 12 meses e-Nacom (em milhares de reais)

Descrição	1998	1999	2000
Receita bruta de vendas e/ou serviços	97.522	113.517	135.403
Deduções da receita bruta	-	-	-
Receita líquida de vendas e/ou serviços	97.522	113.517	135.403
Custo de bens e/ou serviços vendidos	(49.869)	(55.700)	(56.523)
Resultado bruto	47.653	57.817	78.880
Despesas/receitas operacionais	(71.060)	(108.757)	(166.557)
Com vendas	(26.675)	(33.876)	(38.815)
Gerais e administrativas	(26.675)	(33.876)	(38.815)
Financeiras	(7.371)	(19.184)	(27.807)
Receitas financeiras	768	3.291	1.263
Despesas financeiras	(8.139)	(22.475)	(29.070)
Outras receitas operacionais	-	-	-
Outras despesas operacionais	(10.339)	(21.821)	(61.120)
Resultado da equivalência patrimonial	-	-	-
Resultado operacional	(23.407)	(50.940)	(87.677)
Resultado não operacional	(1.171)	(6.209)	(7.835)
Receitas	-	-	-
Despesas	(1.171)	(6.209)	(7.835)
Resultado antes de tributação/participações	(24.578)	(57.149)	(95.512)
Provisão para IR e CS	-	-	-
IR diferido	-	-	-
Participações/contribuições estatutárias	-	-	-
Participações			
Contribuições	-	-	-
Reversão dos juros sobre capital próprio	-	-	-
Participações minoritárias	7.851	(384)	8.082
Lucro/prejuízo do exercício	(16.727)	(57.533)	(87.430)

Fonte: Relatório de informações anuais da e-Nacom, dez. 2001.

Tabela 8.5 Balanço Globo Cabo (em milhares de reais)

Descrição	31/12/1998	31/12/1999	31/12/2000
Ativo total	**1.438.960**	**1.472.581**	**2.254.073**
Ativo circulante	107.602	288.024	291.452
Disponibilidades	10.885	193.278	144.219
Créditos	71.523	66.988	98.328
Estoques	4.452	2.731	17.199
Outros	20.742	25.027	31.706

(continua)

(continuação)

Ativo realizável a longo prazo	45.684	110.156	121.446
Créditos diversos	32.588	-	-
Créditos com pessoas ligadas	10.061	45.178	2.002
Com coligadas	1.860	45.060	1.400
Com controladas	-	-	-
Com outras pessoas ligadas	8.201	118	602
Outros	3.035	64.978	119.444
Ativo permanente	1.285.674	1.074.401	1.841.175
Investimentos	245	159	276
Participações em coligadas	-	-	-
Participações em controladas	235	149	-
Outros investimentos	10	10	276
Imobilizado	835.903	676.299	1.208.879
Diferido	149.634	129.756	169.876
Goodwill	299.892	268.187	462.144
Passivo total	**1.438.960**	**1.472.581**	**2.254.073**
Passivo circulante	447.694	666.825	746.072
Empréstimos e financiamentos	210.791	526.715	442.068
Debêntures	-	-	18.829
Fornecedores	38.342	59.734	144.908
Impostos, taxas e contribuições	13.848	17.797	24.395
Dividendos a pagar	-	-	-
Provisões	15.982	20.363	45.669
Dívidas com pessoas ligadas	136.915	-	-
Outros	31.816	42.216	70.203
Passivo exigível a longo prazo	687.941	461.251	1.278.194
Empréstimos e financiamentos	491.034	262.569	755.424
Debêntures	83.905	121.096	348.477
Provisões	-	-	-
Dívidas com pessoas ligadas	52.624	652	17.578
Outros	60.378	76.934	156.715
Resultado de exercícios futuros	-	-	-
Participações minoritárias	(561)	-	-
Patrimônio líquido	303.886	344.505	229.489
Capital social realizado	667.901	1.234.792	1.468.366
Reservas de capital	-	-	-
Reservas de reavaliação	-	-	-
Ativos próprios	-	-	-
Controladas/coligadas	-	-	-
Reserva de lucros	-	-	-

(continua)

(continuação)

Legal	-	-	-
Estatutária	-	-	-
Para contingência	-	-	-
De lucros a realizar	-	-	-
Retenção de lucros	-	-	-
Especial para dividendos não distribuídos	-	-	-
Outras reservas de lucro	-	-	-
Lucros/prejuízos acumulados	(364.015)	(890.287)	(1.256.877)

Fonte: Relatório de informações anuais da Globo Cabo, dez. 2001.

Tabela 8.6 Demonstrativo de resultados no período de 12 meses Globo Cabo (em milhares de reais)

Descrição	1998	1999	2000
Receita bruta de vendas e/ou serviços	503.469	747.692	1.013.486
Deduções da receita bruta	(46.630)	(74.857)	(122.633)
Receita líquida de vendas e/ou serviços	456.839	672.835	890.853
Custo de bens e/ou serviços vendidos	(222.808)	(352.570)	(476.938)
Resultado bruto	234.031	320.265	413.915
Despesas/receitas operacionais	(457.158)	(835.305)	(703.112)
Com vendas	(54.232)	(30.348)	(70.197)
Gerais e administrativas	(245.114)	(129.787)	(152.123)
Financeiras	(126.384)	(355.632)	(227.420)
Receitas financeiras	21.717	251.633	70.326
Despesas financeiras	(148.101)	(607.265)	(297.746)
Outras receitas operacionais	-	527	2.219
Outras despesas operacionais	(20.607)	(308.852)	(253.694)
Resultado da equivalência patrimonial	(10.821)	(11.213)	(1.897)
Resultado operacional	(223.127)	(515.040)	(347.362)
Resultado não operacional	(8.174)	(7.563)	(14.444)
Receitas	26.935	-	-
Despesas	(35.109)	(7.563)	(14.444)
Resultado antes de tributação/participações	(231.301)	(522.603)	(361.806)
Provisão para IR e CS	(162)	(3.108)	(4.836)
IR diferido	-	-	-
Participações/contribuições estatutárias	-	-	-
Participações	-	-	-
Contribuições	-	-	-
Reversão dos juros sobre capital próprio	-	-	-
Participações minoritárias	(233)	(561)	52
Lucro/prejuízo do exercício	(231.696)	(526.272)	(366.590)

Fonte: Relatório de informações anuais da Globo Cabo, dez. 2001.

Em outubro de 2001, o diretor de planejamento estratégico da e-Nacom tinha que enviar o planejamento de longo prazo aos seus acionistas, recomendando as ações estratégicas da e-Nacom para os cinco anos seguintes, diante do novo cenário de telecomunicações em 2002. As principais ações da empresa poderiam abranger desde alianças estratégicas com empresas de telefonia, investimentos para direta competição em telefonia, abertura de capital para investimentos em novos segmentos ou até mesmo preparar-se para possíveis fusões/aquisições.

3. TÓPICOS PARA DISCUSSÃO

- Quais foram as vantagens e desvantagens de a empresa não ter sido pioneira no mercado?
- Represente e comente o sistema de valores do segmento de comunicação.
- Qual a estratégia genérica da empresa considerando-se o segmento de TV por assinatura?
- Elabore uma análise SWOT (*Strength* = Forças; *Weakness* = Fraquezas; *Opportunities* = Oportunidades; *Threats* = Ameaças) da empresa no segmento de TV e transporte de dados.
- Elabore e comente o diagrama das cinco forças competitivas no segmento de TV.
- Quais são os principais fatores externos que influenciam o desempenho do segmento de TV por assinatura?
- Compare a situação financeira da e-Nacom com a empresa líder de mercado – Globo Cabo.
- Recomende uma estratégia para a e-Nacom.

4. NOTAS DE ENSINO

Quais foram as vantagens e desvantagens de a empresa não ter sido pioneira no mercado?

Desvantagens

- Não desfrutou da reputação de líder ou pioneira, perdendo um grande apelo de marketing, embora tenha se associado a uma empresa pioneira nesse setor.
- Não se apropriou antecipadamente das licenças nos centros urbanos mais populosos e com maior concentração do poder aquisitivo, portanto, de maior concentração que, no caso do cabo, impacta diretamente na rentabilidade.
- Nas áreas em que havia concorrência de TV por assinatura (cabo, satélite e microondas), os clientes que quisessem trocar de provedor teriam que pagar novas taxas de adesão, instalação e novos equipamentos. Em outras palavras, mudanças acarretavam custos aos clientes.

Vantagens

- A empresa encontrou uma base local desenvolvida de fornecedores, sem a necessidade de identificar e desenvolver sua rede de fornecedores, ou seja, incorreu em gastos em relação ao pioneiro.
- Havendo empresas pioneiras atuando no mercado, os entrantes posteriores, tais como a e-Nacom, puderam basear suas decisões em informações reais. Dessa forma, houve ganhos pelo melhor dimensionamento da demanda e ganhos de escala dos insumos.
- Houve uma mudança de percepção do comprador, e a empresa desfrutou da desvalorização da imagem da tecnologia MMDS (sombra, qualidade de imagem etc).
- As empresas pioneiras utilizaram tecnologia MMDS, as quais foram substituídas por cabo, devido ao seu desempenho. Isso evitou que a e-Nacom incorresse em custos de modificação dos equipamentos.
- A empresa, tendo iniciado posteriormente sua entrada, pôde escolher uma tecnologia de transmissão mais avançada, permitindo a bidirecionalidade, a qual os pioneiros não detinham.

Represente e comente o sistema de valores do segmento de comunicação.

O setor de comunicações é bastante complexo devido à emergente concorrência de diversas tecnologias e à possível convergência dos meios.

Podemos, entretanto, estabelecer uma cadeia de valores considerando a situação inicial da empresa, tendo como base o provimento de TV por assinatura.

Sistema de valor da TV por assinatura:

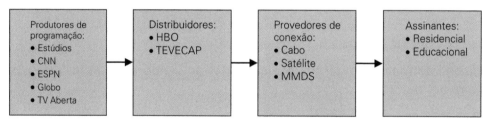

- Há a dependência dos poucos distribuidores de conteúdo, o que impacta fortemente o custo operacional da empresa, pois o conteúdo representa aproximadamente 25% da receita.
- Há alta dependência de produção e programação internacional, o que acaba por impactar fortemente o custo operacional, devido ao custo de traduções ou legendas.
- Verifica-se uma forte tendência à fidelização, pois uma vez que o assinante investe na taxa de instalação, dificilmente ele troca por outro provedor (barreira de mudança).

- A vantagem competitiva está na criação de uma cadeia diferenciada de provimento de conteúdo exclusivo, por exemplo, TVA com HBO.
- Com a desregulamentação em 2002, o diferencial competitivo passa da abrangência geográfica (conexão física) para o provimento de conteúdo.

Qual a estratégia genérica da empresa considerando-se o segmento de TV por assinatura?

A estratégia genérica da empresa é de ter enfoque no custo.

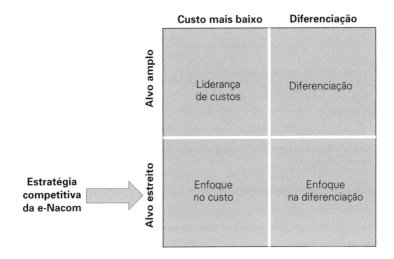

- A empresa focou no segmento residencial de classes ABC em áreas selecionadas, de forma que a área coberta pela e-Nacom representa 73% de famílias de classes ABC, enquanto a média da indústria é de 50%.
- Preferiu uma região com alto índice de presença corporativa, permitindo à empresa atuar no mercado com outros serviços, tais como internet e outros.
- A e-Nacom focou no segmento de residências de alto poder aquisitivo e corporações, por meio do provimento de serviços de qualidade de mercado a um custo competitivo.
- A escolha da tecnologia (cabo) posiciona a e-Nacom como uma empresa que compete em custos no segmento focado.

Elabore uma análise SWOT (*S*trength = Forças; *W*eakness = Fraquezas; *O*pportunities = Oportunidades; *T*hreats = Ameaças) da empresa no segmento de TV e transporte de dados.

- Como pontos fortes da rede entende-se: abrangência total das áreas de concessão nas classes ABC, última milha (retém o cliente) e tecnologia de banda larga com longa vida.

Strength	**Weakness**
• Infraestrutura (rede) • Pioneiro na área de atuação • Tecnologia (fibra) • Programação HBO • Presença em uma área de maior poder aquisitivo e empresas • Canal comunitário	• Fragilidade financeira *Brand* • Porte da empresa considerando o principal concorrente: Globo • Forte dependência do provedor de programação/distribuição
Opportunities	**Threats**
• Serviços com valor agregado • Crescimento da internet residencial • Convergência: voz, dados e imagem • Desregulamentação	• TV Digital • Convergência: dados, voz e imagem • Crise econômie • Baixa penetração da TV por assinatura • Desregulamentação • Novos entrantes com capital • Desvalorização do Real

Elabore e comente o diagrama das cinco forças competitivas no segmento de TV.

As cinco forças competitivas de Porter (1986), aplicadas ao segmento de TV:

• Empresas de telecom (*incubent*)
• Empresas de energia
• *Global payers:* AT&T e outros

ENTRANTES

CONCORRENTES

 FORNECEDORES

• Distribuidores
• Provedores de programação
• Energia elétrica/poste

• Globo Cabo – Net/MMDS
• DirecTV/DTH
• TV aberta

 COMPRADORES

• Residências
• Corporações

SUBSTITUTOS

• TV Digital
• Convergência de voz, dados e imagem

A indústria de telecomunicação é formada por grupos estratégicos, ou seja, grupos de empresas que estão seguindo uma estratégia idêntica ou semelhante ao longo das dimensões estratégicas, tais como:

- entretenimento – empresas de TV (aberta e por assinatura);
- voz – empresas de telefonia;
- dados – provedores de transporte e acesso à internet.

Podemos dizer que a grande ameaça para a e-Nacom é a convergência das tecnologias, ou seja, voz, dados e TV são trafegados pelo mesmo cabo – fibra ótica. Com isso, teremos outras empresas competindo pelo mesmo cliente (residência), tais como: empresas de telefonia, provedores de internet e empresas de energia elétrica.

Com a desregulamentação em 2002, as barreiras de entrada, isto é, o acesso físico exclusivo ao cliente (residência) deixa de existir, pois todas as empresas serão obrigadas a permitir o uso compartilhado de sua infraestrutura (segundo a Lei Geral das Telecomunicações).

Descreve-se, a seguir, uma análise detalhada das cinco forças competitivas de Porter (1986) no segmento de TV.

- Competidores

Como principais competidores da e-Nacom temos as empresas provedoras de TV a cabo, satélite e microondas, tratando-se somente de clientes de baixo tráfego unidirecional para entretenimento e educação. Um outro grande competidor é a própria TV aberta, que tem uma programação satisfatória para as classes com menor poder aquisitivo.

Embora o número de concorrentes seja pequeno (dois), o porte destes pode ser considerado um fator de forte limitação de preços.

Com o baixo crescimento da base de clientes pode haver a luta da concorrência pela participação de mercado, deteriorando os resultados do setor como um todo. A melhoria do crescimento econômico pode reverter esse quadro.

Os altos custos de depreciação dos ativos força os competidores à obtenção de uma clientela mínima visando equilibrar os custos fixos.

As barreiras de entrada são também bastante altas. Os altos investimentos de lenta recuperação que correspondem principalmente às licenças de concessão, infraestrutura, publicidade e custos fixos de saída, tais como multas rescisórias devidas ao órgão regulador, são fatores que tendem a manter os competidores em atividade, mesmo com baixa rentabilidade. Trata-se, portanto, de um negócio com potencial de alta rentabilidade, mas também de alto risco.

- Entrantes potenciais

São empresas tradicionais de telecomunicação (Incunbent), tais como: Telefônica, Brasil Telecom, empresas de energia elétrica (Eletronet) e competidores globais.

Como barreiras de entrada temos a necessidade de capital, que é bastante elevada, exigindo investimentos de milhões de dólares em licenças, equipamentos, satélites, redes de cabos, estações rádio-base e marketing.

Os usuários residenciais são geralmente avessos à mudança quando há custos de substituição de equipamento receptor/decodificador ou reinstalação, sendo, portanto, uma forte barreira. Já os usuários corporativos e educacionais não são tão sensíveis ao custo de mudança se houver um maior valor agregado ao serviço.

Quanto à política governamental, o órgão regulador do setor, Anatel, tem estimulado a competição para beneficiar o usuário e também arrecadar os valores das licenças de concessão. Além disso, para evitar uma posição predominante dos prestadores de serviço, a Anatel tem se pautado no livre acesso do sistema de cabos para quaisquer provedores de informação. Em 2002 foi prevista uma desregulamentação no setor que permitiria aos operadores de TV a cabo fornecerem serviços de telefonia e vice-versa.

Há ganhos de economia de escala, e todos os concorrentes têm um custo operacional unitário decrescente com o aumento do número de clientes.

A situação de baixa penetração apresentada para a infraestrutura instalada da e-Nacom é um forte inibidor da entrada de novos competidores com sistemas de cabos ou rádio, mas não para sistemas via satélite ou cabos de energia.

Nos serviços oferecidos pela e-Nacom não há diferenciação do produto que fidelize o consumidor residencial, pelo contrário, o serviço concorrente por satélite é portátil, permitindo hipoteticamente sua instalação em um outro domicílio, onde o cliente resida temporariamente ou se mude em definitivo, em que a instalação do cabo seja custosa, inviável economicamente ou até fora da área de concessão da e-Nacom.

Podemos dizer que já não havia mais uma demanda reprimida de comunicação no Brasil após a abertura das telecomunicações. O lento crescimento do número de usuários não comportaria a entrada de mais concorrentes sem diminuir os preços dos fornecedores estabelecidos como forma de defesa.

☐ Fornecedores

O aluguel do poste exerce extrema pressão de custos.

☐ Clientes

Os clientes residenciais, devido à sua pulverização, não têm grande poder sobre os provedores de informação. Há, entretanto, uma grande elasticidade no preço devido à má distribuição de renda do cliente residencial brasileiro. Esse tipo de cliente, entretanto, pode gerar uma receita fixa considerável (mensalidade multiplicada pelo número de pontos de acesso).

Já os clientes corporativos são os grandes geradores de receita por tráfego, entretanto, são mais exigentes no quesito segurança e sigilo dos dados, dispõem de mais informações sobre os concorrentes e têm um poder de barganha maior.

☐ Substitutos

Podemos considerar que os provedores de acesso telefônico e tecnologias emergentes (PLC) são potenciais substitutos dos serviços da e-Nacom.

Conclusão: as forças do mercado são grandes e reduzem a lucratividade do setor.

Quais são os principais fatores externos que influenciam o desempenho do segmento de TV por assinatura?

- ☐ Crescimento econômico.
- ☐ Desemprego.
- ☐ Custo e disponibilidade de energia elétrica.
- ☐ Distribuição de renda.
- ☐ Taxa de câmbio.
- ☐ Melhoria da TV aberta.
- ☐ Novos entrantes/tecnologias.

Compare a situação financeira da e-Nacom com a empresa líder de mercado – Globo Cabo.

Nessa análise verifica-se a situação financeira da e-Nacom com base na análise do balanço desta comparada às informações financeiras da Globo Cabo, principal *player* no mercado de TV a cabo no Brasil.

Além disso, será avaliada, baseando-se em índices financeiros, a situação financeira da empresa, de acordo com a estrutura de capitais e sua liquidez, bem como a situação econômica nos indicadores de rentabilidade da empresa.

Situação financeira

Estrutura de capitais

Neste item podemos observar as grandes linhas de decisões financeiras em termos de obtenção e aplicação de recursos.

a. Participação de capitais de terceiros.

Gráfico 8.8 Capitais de terceiros/Patrimônio Líquido (%)

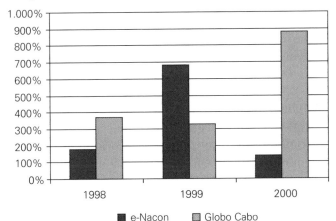

	1998	1999	2000
e-Nacon	179,72%	681,71%	140,26%
Globo Cabo	373,70%	327,45%	882,08%

Fonte: Elaborado pelos autores a partir dos relatórios anuais da e-Nacom e Globo Cabo.

Por meio dessa avaliação pode-se observar que a e-Nacom, em 1999, para cada R$ 100 de capital próprio (Patrimônio Líquido), tomou R$ 681,71. Em 2000, a empresa apresenta uma situação melhor em que para cada R$ 100 próprios, tomou R$ 140. Essa alteração ocorreu em razão, principalmente, da emissão de ações da empresa no ano de 2000. Do ponto de vista estritamente financeiro, quanto maior a relação da participação de capitais de terceiros, menor a liberdade de decisões financeiras da empresa ou maior dependência aos terceiros.

Quando comparada com a Globo Cabo, pode-se verificar a menor dependência de terceiros da e-Nacom, especialmente no ano de 2000, quando a Globo Cabo apresentou um grande aumento da participação de terceiros no seu capital.

b. Composição do endividamento

Gráfico 8.9   Passivo Circulante/Capitais de Terceiros

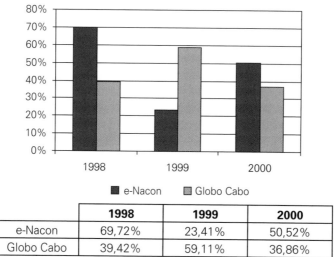

	1998	1999	2000
e-Nacon	69,72%	23,41%	50,52%
Globo Cabo	39,42%	59,11%	36,86%

Fonte: Elaborado pelos autores a partir dos relatórios anuais da e-Nacom e Globo Cabo.

Nessa análise é observada a composição do endividamento considerando-se prazos das dívidas. Uma situação é possuir dívidas de curto prazo que precisam ser pagas com recursos possuídos atualmente mais aqueles gerados em curto prazo; uma outra situação é operar com dívidas a longo prazo, pois então a empresa dispõe de tempo para gerar recursos (normalmente lucro + depreciação) para pagar essas dívidas.

Na e-Nacom, em 1999, a empresa operava com 23% de suas dívidas vencíveis em curto prazo, enquanto em 2000 essa dívida passou a 50%. Nesse ponto, cabe avaliar o impacto da redução da dependência de capitais de terceiros apresentada de 1999 para 2000, demonstrado anteriormente, como fator que possa minimizar o aumento da composição de endividamento.

c. Imobilização do Patrimônio Líquido

Gráfico 8.10 Ativo Permanente/Patrimônio Líquido

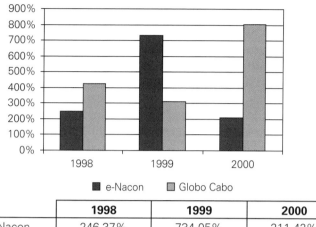

	1998	1999	2000
e-Nacon	246,37%	734,05%	211,42%
Globo Cabo	423,08%	311,87%	802,29%

Fonte: Elaborado pelos autores a partir dos relatórios anuais da e-Nacom e Globo Cabo.

Podemos verificar que a e-Nacom investiu em 1999, no Ativo Permanente a importância equivalente a 734% do Patrimônio Líquido. Isso devido principalmente à aquisição de novas licenças de operação para ampliação de sua rede. Em 2000, o valor foi de 211% do Patrimônio Líquido comparando-se a 802% da Globo Cabo. Dessa forma, podemos observar novamente a grande dependência dessa empresa por capital de terceiros, uma vez que os recursos próprios não são suficientes para financiar os investimentos em Ativos Permanentes. Assim, observa-se que não existe Capital Circulante próprio para financiamento do Ativo Circulante.

d. Imobilização dos recursos não correntes

Gráfico 8.11 Ativo Permanente/Patrimônio Líquido + exigível a longo prazo

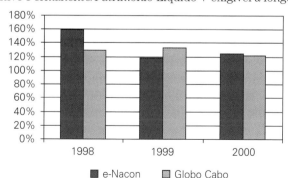

	1998	1999	2000
e-Nacon	159,55%	117,99%	124,81%
Globo Cabo	129,63%	133,34%	122,12%

Fonte: Elaborado pelos autores a partir dos relatórios anuais da e-Nacom e Globo Cabo.

Os elementos do Ativo Permanente têm vida útil de dois, cinco, dez ou 50 anos. Assim, não é necessário financiar todo o imobilizado com recursos próprios. É perfeitamente possível utilizar recursos de longo prazo, desde que o prazo seja compatível com a duração do imobilizado ou que seja suficiente para a empresa gerar recursos capazes de resgatar as dívidas de longo prazo. Surge, então, a lógica de comparar as aplicações fixas (Ativo Permanente) com os recursos não correntes (Patrimônio Líquido + exigível a longo prazo). Uma consideração importante refere-se a quando esse número é superior a 100%, como no caso da e-Nacom e da Globo Cabo, em que a empresa possui todos os seus recursos comprometidos, não existindo nenhum excesso de recursos não correntes para ser aplicado em Ativo Circulante, ou seja, não existe recursos para seu giro.

Liquidez

Nesta etapa será analisada a situação financeira da empresa.

a. Liquidez Geral

Gráfico 8.12 Ativo Circulante/Passivo Circulante + exigível a longo prazo

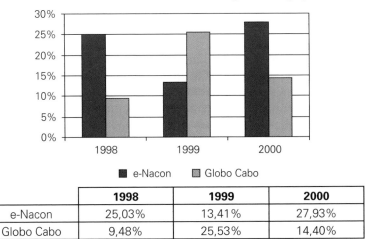

	1998	1999	2000
e-Nacon	25,03%	13,41%	27,93%
Globo Cabo	9,48%	25,53%	14,40%

Fonte: Elaborado pelos autores a partir dos relatórios anuais da e-Nacom e Globo Cabo.

Na avaliação de imobilização do Patrimônio Líquido foi observado que a empresa estava comprometida e ainda buscava capital de terceiros para composição de seu imobilizado. Nessa análise, temos um comparativo com a Globo Cabo, em que os indicadores revelam que em 2000 a e-Nacom apresentou uma insuficiência de recursos, com apenas 27,93% destes disponíveis para financiamento de suas dívidas, enquanto a Globo Cabo dispunha de apenas 14,40%. Nesse aspecto é importante considerar que as empresas dependem da geração de recursos para liquidar suas dívidas, pois os atuais recursos circulantes são insuficientes.

Rentabilidade

Essa análise apresenta qual a rentabilidade dos capitais investidos, quanto renderam os investimento e, portanto, qual o grau de êxito econômico da empresa.

a. Margem Líquida

Gráfico 8.13 Perdas Líquidas/Vendas

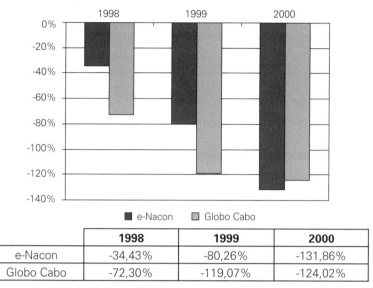

	1998	**1999**	**2000**
e-Nacon	-34,43%	-80,26%	-131,86%
Globo Cabo	-72,30%	-119,07%	-124,02%

Fonte: Elaborado pelos autores a partir dos relatórios anuais da e-Nacom e Globo Cabo.

Tanto a e-Nacom quanto a Globo Cabo têm apresentado quedas na margem de lucro. O próprio valor absoluto de lucro caiu (maiores perdas), enquanto o valor absoluto das vendas aumentou. Isso significa que as empresas auferiram menor lucro global e ganharam menos por unidade vendida.

b. Rentabilidade do Ativo

Gráfico 8.14 Perdas Líquidas/Ativo

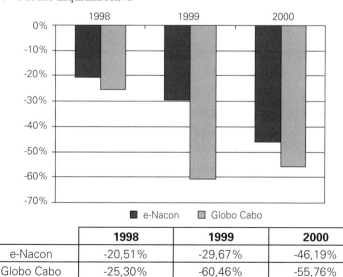

	1998	**1999**	**2000**
e-Nacon	-20,51%	-29,67%	-46,19%
Globo Cabo	-25,30%	-60,46%	-55,76%

Fonte: Elaborado pelos autores a partir dos relatórios anuais da e-Nacom e Globo Cabo.

Essa avaliação mostra o quanto a empresa obteve de Lucro Líquido (perdas) em relação ao Ativo. Essa é uma medida na qual observa-se a capacidade de a empresa gerar Lucro Líquido e, assim, poder capitalizar-se. Em resumo, a e-Nacom teve acentuada queda simultânea da margem líquida e da rentabilidade do ativo, reduzindo drasticamente seu poder de capitalização.

Análise de goodwill

Neste item é feita uma avaliação da volatilidade do valor da e-Nacom em relação aos seus ativos intangíveis.

Participação do *goodwill* no Ativo Total

Gráfico 8.15 Análise de participação de *goodwill*

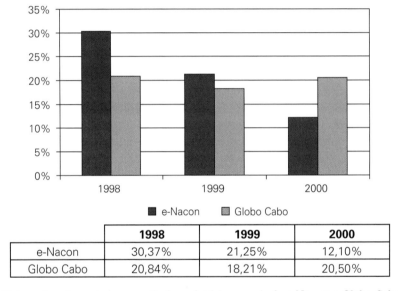

	1998	1999	2000
e-Nacon	30,37%	21,25%	12,10%
Globo Cabo	20,84%	18,21%	20,50%

Fonte: Elaborado pelos autores a partir dos relatórios anuais da e-Nacom e Globo Cabo.

A e-Nacom tem apresentado redução linear na participação do *goodwill* em seus ativos, mostrando uma preocupação em considerar a grande incerteza em lucros futuros relacionados a este, enquanto a Globo Cabo tem mantido uma participação constante do *goodwill* em seus ativos.

Recomende uma estratégia para e-Nacom

Sendo a rede o maior ativo da e-Nacom, a estratégia recomendada é a utilização de parcerias e alianças estratégicas com as empresas de telefonia. O serviço de *Wholesale* (serviço de transporte para empresas de telecomunicações) é o produto de maior valor estratégico para a empresa nesse contexto.

A e-Nacom deve atuar fortemente com as empresas de telefonia, de forma a ser a infraestrutura de telecomunicações (fibra) destas nas atuais áreas de sua concessão. Dessa forma, o maior faturamento da empresa a médio prazo passa de TV por assinatura para serviços de transporte em relação às empresas de telefonias.

A longo prazo, a e-Nacom pode avaliar a fusão com uma grande operadora de telefonia, pois segundo pesquisas de mercado (Yankee Group), o mercado brasileiro tem espaço para dois a três megatelcos (superoperadoras) apenas, o que significa uma forte tendência para fusões e aquisições.

5. REFERÊNCIAS

DE IUDÍCIBUS, Sérgio. *Teoria da contabilidade*. 6. ed. São Paulo: Atlas, 2000.

FRANCES, Cairncross. *O fim das distâncias*. São Paulo: Nobel, 2000.

GHEMAWAT, Pankaj. *A estratégia e o cenário dos negócios*: textos e casos. Porto Alegre: Bookman, 2000.

MATARAZZO, Dante C. *Análise financeira de balanços*: abordagem básica e gerencial. 5. ed. São Paulo: Atlas, 1998.

PLANO Editorial e-Commerce. *O modelo competitivo na internet*. Ago. 2000.

PORTER, M. E. *Estratégia competitiva*: técnicas para análise da indústria e da concorrência. 7. ed. Rio de Janeiro: Campus, 1986.

PORTER, M. E. *Vantagem competitiva*: criando e sustentando um desempenho superior. 15. ed. Rio de Janeiro: Campus, 1989.

RELATÓRIO anual e-Nacom, 1998, 1999, 2000.

RELATÓRIO anual Globo Cabo, 1998, 1999, 2000.

RELATÓRIO do Yankee Group, 2000.

REPORT on Integrated Technical and Market Issues of Digital Television. Version 1.0 – 03/28/2001 – CPQD Telecon & IT Solutions.

REVISTA Nacional de Telecomunicações. Set./nov. 2000.

REVISTA Internet Business. Jul. 2000.

SLYWOTZKY, Adrian J. *A estratégia focada no lucro*. Rio de Janeiro: Campus, 1998.

Endereços da internet pesquisados para obtenção de informações e dados de mercados/tendências:

Associação Brasileira de Emissoras de Rádio e Televisão: <www.abert.org.br>

Associação Brasileira de TV por assinatura: <www.abta.org.br>

Ibope: <www.ibope.com.br>

Instituto brasileiro de Geografia e Estatística: <www.ibge.gov.br>

PAY-TV: <www.paytv.com.br>

Portal Anatel: <www.anatel.gov.br>

RWE: <www.rwe.de>

6. ANEXOS

Anexo I

Critério para medição do poder aquisitivo do consumidor

Para se medir o poder aquisitivo do consumidor foram estabelecidos critérios de medição pela Associação Brasileira de Anunciantes (ABA) e Associação Nacional das Empresas de Pesquisa de Mercado (ANEP), com a participação da Associação Brasileira dos Institutos de Pesquisa de Mercado (Abipeme). A classificação socioeconômica do Brasil foi estratificada em cinco classes, considerando-se a quantidade de bens de consumo duráveis que a família possui, o grau de instrução do chefe de família e a presença de empregados domésticos.

Classe	Número de pontos
A	25 a 34
B	17 a 24
C	11 a 16
D	6 a 10
E	0 a 5

Posse de itens	Não tem	Tem 1	Tem 2	Tem 3	Tem 4 ou +
Televisão em cores	0	2	3	4	5
Rádio	0	1	2	3	4
Banheiro	0	2	3	4	4
Automóvel	0	2	4	5	5
Empregada mensalista	0	2	4	4	4
Aspirador de pó	0	1	1	1	1
Máquina de lavar	0	1	1	1	1
Videocassete	0	2	2	2	2
Geladeira	0	2	2	2	2
Freezer (independente ou parte de geladeira duplex)	0	1	1	1	1

Grau de instrução do chefe da família	1.1.1.1 Pontos
Analfabeto/Ensino fundamental I incompleto	0
Ensino fundamental I completo/Ensino fundamental II incompleto	1
Ensino fundamental II completo/Ensino médio incompleto	2
Ensino médio completo/Superior incompleto	3
Superior completo	5

Anexo II

Banda larga

Para a transmissão de áudio é suficiente uma faixa de frequências de 48 kHz cobrindo todo o espectro de frequência da fala humana, que requer somente 3,8 kHz. Entretanto, para a transmissão de dados e imagens nessa faixa de frequência teríamos uma resposta muito lenta. Na transmissão digital, os *modems* codificam um bit utilizando uma frequência de 1Hz, dessa forma, teremos apenas 48.000 bits por segundo em uma linha telefônica convencional, sendo essa velocidade insuficiente para a transmissão de imagens em movimento. É considerada banda larga, qualquer faixa superior a 48 Khz. No ano de 2001, a tecnologia permitia faixas de até 1,5 MHz no ambiente de banda larga, representando uma velocidade 31,25 vezes maior que a das linhas telefônicas convencionais.

O espectro de radiofusão

Para que haja distinção entre as diversas categorias de transmissão por rádio (televisão aberta, rádio AM, FM, rádio amador, rádio cidadão, entre outros), os aparelhos transmissores e receptores filtram as ondas de rádio em uma determinada largura de frequência, a qual é definida pelo órgão governamental competente, evitando-se interferências entre as distintas categorias.

9

O caso Gol Linhas aéreas inteligentes
O redesenho de processos de outsourcing de tecnologia de informação como gerador de vantagem competitiva

• Carlos Honorato Teixeira • Gaspar Lopes Romão Júnior
• Nelson Iatallese • Wilson Ferreira Júnior

1. Introdução 237
2. O caso – o processo de terceirização da área de TI da Gol Linhas aéreas inteligentes 237
   2.1 Contexto da empresa 237
   2.2 *Low fare, low cost* 238
   2.3 Ocupação das aeronaves 242
   2.4 O *outsourcing* 245
   2.5 Estratégia competitiva 246
   2.6 Estratégia de operações 249
   2.7 A opção pelo *outsourcing* 250
3. Descrição do problema 250
   3.1 Adaptação da cultura da empresa ao novo modelo ... 251
   3.2 Decisões na estratégia de operação 252
4. Tópicos para discussão 253
5. Notas de ensino 254
6. Conclusão 260
7. Glossário 261
8. Referências 262

Resumo

A Gol Linhas Aéreas Inteligentes é hoje uma das companhias aéreas mais bem-sucedidas do mundo. Em seus cinco anos de operação, a companhia conquistou quase 30% do mercado brasileiro de aviação comercial de passageiros com uma estratégia já consagrada em outros países: *low fare, low cost* – baixo custo, baixo preço –, posicionando-se no mercado como uma companhia com preços competitivos em relação aos concorrentes.

Esse sucesso no mercado brasileiro e, mais recentemente, no latino-americano baseia-se em uma estratégia clara de busca da liderança de custos e é sustentada pela formação de uma série de competências. Estas garantem uma vantagem competitiva em custos e permitem expandir suas atividades com agressividade em um setor complexo como o da aviação comercial.

Este trabalho busca identificar e analisar o processo de *outsourcing* de serviços de tecnologia da informação como elemento fundamental no sucesso da consecução da estratégia da Gol no mercado brasileiro.

Palavras-chave

• Gol • Estratégia • *Low fare, low cost* • *Outsourcing* • Tecnologia da Informação – TI.

1. INTRODUÇÃO

Este trabalho busca analisar, por meio de um caso real ambientado no cenário de competição do mercado aéreo brasileiro, a importância da relação entre a empresa contratante e a fornecedora dos serviços de *outsourcing*. Mostra como é fundamental que ambas as empresas conscientizem-se de que um processo de terceirização não se resume na simples transferência de atividades e responsabilidades de uma para outra empresa. A intenção é destacar que, no momento da elaboração dos contratos de *outsourcing*, o cuidado com vários critérios é fator decisivo para o sucesso e sustentação do processo de terceirização, tais como: a clara definição do escopo do projeto, a definição de matrizes de responsabilidades das empresas envolvidas, a extrapolação de custos e o comprometimento gradual pela melhoria e adequação dos serviços prestados. A observação cuidadosa desses fatores contribuirá diretamente para que a contratante mantenha e amplie sua vantagem competitiva diante de seus concorrentes.

2. O CASO – O PROCESSO DE TERCEIRIZAÇÃO DA ÁREA DE TI DA GOL LINHAS AÉREAS INTELIGENTES

2.1 Contexto da empresa

A Gol Linhas aéreas inteligentes foi criada em 2000 pelo Grupo Áurea Administração e Participações, uma *holding* de 36 empresas com atuação no setor de transporte terrestre, com 420 milhões de passageiros transportados em 2000 e um faturamento anual de um bilhão de Reais (DUQUE, 2004).

Conforme demonstra a Tabela 9.1, em 2000 a Gol identificou um nicho de mercado no qual havia uma demanda reprimida e, portanto, grande potencial de crescimento.

Tabela 9.1 Mercado de transporte aéreo de passageiros no Brasil em 2000

5% da população (36 milhões de passageiros no ano)
0,2 vôos domésticos por habitante
25 milhões de usuários potenciais
Setor aéreo em crescimento (taxa de crescimento 80% acima do PIB)
Projeção de 70 milhões de passagens anuais em sete anos (100% de crescimento)
Ociosidade média de 45% dos assentos

Fonte: Adaptado de DUQUE (2004).

Inicialmente, o maior diferencial da empresa foi a sua capacidade de identificar, com base em uma ampla análise do ambiente externo, uma oportunidade de explorar um novo segmento. Havia uma procura crescente e uma busca dos consumidores por um serviço que oferecesse, ao mesmo tempo, baixo custo, rapidez e segurança – utilizando um modelo de negócio inovador e rentável. Esse nicho já havia sido identificado em outros continentes por companhias que desenvolveram essa estratégia de mercado e é explorado com sucesso por empresas como a Southwest e Jet Blue, nos EUA, e Easyjet e Ryanair, na Europa.

A estratégia fundamental do modelo de negócio implementado pela Gol está sustentada por dois pontos principais: *low fare, low cost* e a taxa de ocupação das aeronaves.

2.2 Low fare, low cost

O conceito de *low fare, low cost* baseia-se no objetivo de viabilizar uma operação eficiente, com uma estrutura enxuta e baixos custos operacionais, de tal maneira que possa oferecer as tarifas com preços competitivos no mercado, abaixo dos concorrentes.

Com isso, a empresa consegue operar lucrativamente, gerando caixa e obtendo bons resultados operacionais, e, dessa forma, encontra uma maneira de manter um nível alto de investimentos, por meio de capital próprio ou de terceiros, sendo capaz de sustentar o seu crescimento e alcançar uma maior participação de mercado. Esse "ciclo virtuoso" é ilustrado pela figura a seguir.

Figura 9.1   Ciclo virtuoso – Gol

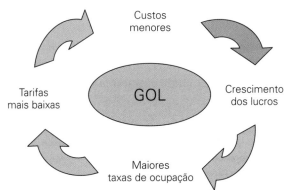

Fonte: GOL, 2005.

Com a finalidade de atingir esses objetivos, a empresa adotou uma série de medidas para manter uma estrutura de baixos custos operacionais. A primeira delas foi o investimento em tecnologia, permitindo integrar os sistemas da empresa com os usuários de forma rápida e segura, possibilitando a aquisição dos bilhetes por meio da internet e, assim, minimizando os custos administrativos com lojas e funcionários. A segunda foi a terceirização de diversas atividades, sobretudo na área de Tecnologia de Informação, visando não somente a redução dos custos e dos investimentos necessários em uma atividade secundária mas também buscando um serviço mais eficiente e especializado a ser prestado por fornecedores com maior foco e *core competence* na área (PRAHALAD; HAMEL, 1990), capazes de otimizar os seus recursos e obter ganhos de escala. A terceira medida foi o investimento em uma frota nova, moderna e padronizada (Boeing 737). Isso permitiu, de um lado, alavancar uma boa negociação e condições de compra junto ao fornecedor, minimizando os custos com manutenção – reduzindo o consumo de combustível e os gastos com peças de reposição e qualificação técnica da equipe de manutenção. Finalmente, a última medida foi a contratação de mão de obra experiente e especializada dos concorrentes, otimizando custos com treinamento para uma empresa em fase de *start-up*, e a adoção de uma filosofia de trabalho e visão de negócio buscando a simplicidade e informalidade no tratamento com os clientes.

O primeiro vôo da Gol ocorreu em janeiro de 2001. Desde então, a empresa tem apresentado resultados financeiros consistentes, que endossam o sucesso da estratégia *low fare, low cost*, demonstrados nos Gráficos 9.1 e 9.2.

Gráfico 9.1 Receita operacional líquida e margem operacional de 2001 a 2004

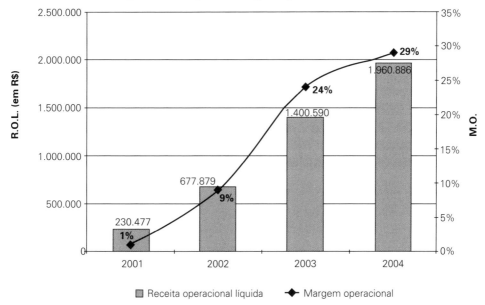

Fonte: GOL, 2005.

No período de 2001 a 2004, a Gol foi capaz de aumentar a sua receita líquida em cerca de 650% e, ao mesmo tempo, conseguiu obter um crescimento consistente na sua margem operacional, que saltou de 1%, em 2001, para 29%, em 2004. Essa melhoria significativa dos seus resultados operacionais foi suportado diretamente pela sua estratégia de ter uma estrutura de custos eficiente.

O Gráfico 9.2 demonstra que a Gol obteve um aumento consistente no seu lucro líquido e EBITDA ao longo do tempo. Desde o início das suas atividades, esse crescimento possibilitou uma geração de fluxo de caixa importante para alavancar o seu crescimento – seja por meio do investimento direto ou da consolidação da sua credibilidade diante do mercado, facilitando e barateando o financiamento de suas atividades por terceiros. Em suma, os números reforçam a estratégia da empresa de manter um controle rígido tanto sobre os seus custos operacionais como em relação às despesas administrativas e outras despesas não operacionais.

Gráfico 9.2   Lucro líquido e EBITDAR de 2001 a 2004

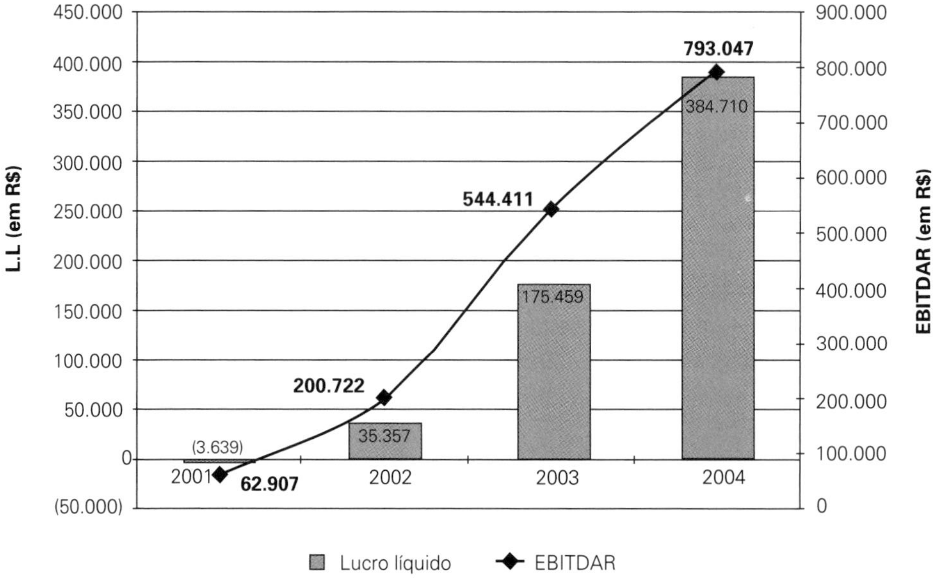

[Gráfico mostrando Lucro líquido (em R$) e EBITDAR (em R$):
- 2001: L.L. (3.639), EBITDAR 62.907
- 2002: L.L. 35.357, EBITDAR 200.722
- 2003: L.L. 175.459, EBITDAR 544.411
- 2004: L.L. 384.710, EBITDAR 793.047]

Fonte: GOL, 2005.

Outros indicadores do seu desempenho operacional, contidos nos dois gráficos seguintes, também demonstram o sucesso da implementação dessa estratégia adotada pela Gol, bem como o crescimento do seu negócio.

No Gráfico 9.3 verifica-se que a Gol conseguiu aumentar a quantidade de passageiros transportados em mais de 340% entre 2001 e 2005, saindo de pouco mais de dois milhões de passageiros, em 2001, para 9.2 milhões de passageiros, em 2004. Isso foi resultado da sua estratégia de oferecer preços baixos e popularizar o transporte aéreo de passageiros, o que permitiu à empresa aumentar sua participação de mercado. Da mesma forma, o gráfico revela que o crescimento do percentual de vendas de passagens pela internet em comparação ao total de passagens vendidas foi ampliado expressivamente no mesmo período, saltando de 13% para 75,8% – um aumento de quase 63 pontos percentuais nos seus quatro primeiros anos de operação. Esses números reforçam também a coerência da estratégia da Gol, uma vez que permite à empresa sustentar o seu crescimento de maneira saudável, ampliando os seus lucros e geração de caixa: de um lado oferece tarifas mais agressivas que os concorrentes com o objetivo de sustentar o crescimento de suas operações e ampliar sua participação de mercado, e de outro incentiva o uso da internet como forma de reduzir as suas despesas operacionais, por meio de promoções e descontos nas tarifas.

Gráfico 9.3 Passageiros transportados e passagens vendidas pela internet de 2001 a 2004

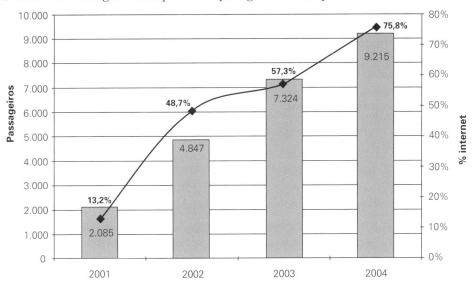

Fonte: GOL, 2005.

Gráfico 9.4 Destinos atendidos e número de aeronaves de 2001 a 2004

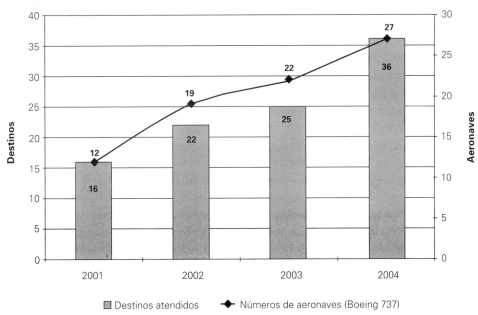

Fonte: GOL, 2005.

Destaca-se também a ampliação dos destinos atendidos, que passou de 16 para 36 entre 2001 e 2004 – um aumento de 125% no período –, e do comportamento do investimento da empresa na compra de novas aeronaves: a empresa iniciou as suas operações com 16 aviões e adquiriu mais 20 nos primeiros quatro anos de operação – um crescimento também de 125% da sua frota.

2.3 Ocupação das aeronaves

O segundo ponto de sustentação do modelo de negócio implementado pela Gol é o alto nível da ocupação das aeronaves.

A estratégia de oferecer tarifas baixas tem como objetivo conquistar o maior número possível de clientes dos concorrentes e também popularizar o transporte aéreo de passageiros, atraindo novos consumidores para o mercado.

Dessa forma, para compensar tarifas menores, a empresa deve buscar alternativas para maximizar a sua geração de receita, de forma a cumprir a sua estratégia de obter altas margens de lucro que a possibilita sustentar os níveis de investimento e crescimento almejados.

Algumas alternativas encontradas para apoiar essa estratégia foram: adaptação das aeronaves de forma a utilizar o máximo de espaço disponível – para isso, inclusive, foi criado um serviço de bordo rápido e enxuto que necessita de um espaço reduzido de armazenagem, assim, ganham-se assentos extras –; utilização de rotas de grande demanda com o objetivo de maximizar o número de assentos ocupados; opção por trechos curtos (de cerca de uma hora e meia de vôo) para reduzir o tempo parado no solo e aumentar o tempo de vôo das aeronaves.

Gráfico 9.5 Passageiros e assentos por km e taxa de ocupação de 2001 a 2004

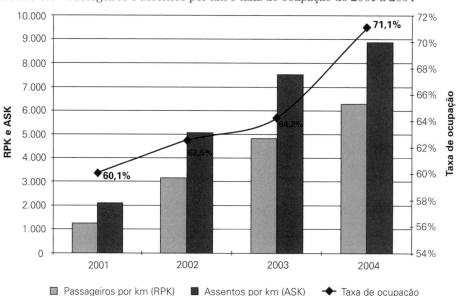

Fonte: Gol, 2005.

O êxito obtido por meio dessa estratégia é refletido nos indicadores apresentados no Gráfico 9.5, em que RPK é a sigla que corresponde à quantidade de passageiros transportados por km e ASK corresponde ao número de assentos disponíveis ofertados pela empresa por km.

Esses dois índices são amplamente utilizados para medir e comparar o desempenho operacional das empresas de aviação comercial de passageiros, tanto no mercado brasileiro como no mercado internacional.

O resultado comparativo da participação de mercado da Gol em relação aos seus concorrentes no mercado doméstico, bem como a comparação dos resultados financeiros da Gol com as empresas que adotaram a mesma estratégia em outros países é extremamente favorável ao sucesso de sua estratégia.

No que diz respeito à participação de mercado, no segmento de transporte aéreo de passageiros no Brasil, a Gol obteve uma firme trajetória de crescimento desde o início de suas operações, alcançando 5% de participação de mercado nos seis primeiros meses de operação.

A evolução de sua participação no mercado, tanto com relação ao número de assentos oferecidos por km como também por número de passageiros transportados por km, é demonstrada a seguir.

Gráfico 9.6 Assentos oferecidos por km (ASK) – Setor e Gol de 2001 a 2005

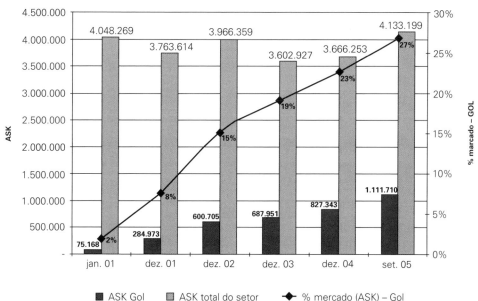

Fonte: Departamento de Aviação Civil, 2005.

Os números mostrados no Gráfico 9.6 revelam que no início de suas operações, em janeiro de 2001, a Gol oferecia cerca de 75 mil assentos, e que esse número aumentou em mais de 1.300%, alcançando 1,1 milhão de assentos em setembro de 2005. Esses números, em comparação com o total do mercado, representam um crescimento da participação no número de assentos de 2%, em janeiro de 2001, para 27%, em setembro de 2005.

A variação do número total de assentos oferecidos no mercado (ASK) como um todo foi muito baixo no mesmo período, saindo de 4.048 milhões, em janeiro de 2001, para 4.143 milhões, em setembro de 2005 – um aumento de somente 2%.

Conclui-se, portanto, que a Gol efetivamente obteve sucesso com a implementação da sua estratégia e, do ponto de vista do número de assentos oferecidos no mercado, conquistou uma participação importante desde o início das suas operações.

Gráfico 9.7 Passageiros transportados por km (RPK) – Setor e Gol de 2001 a 2005

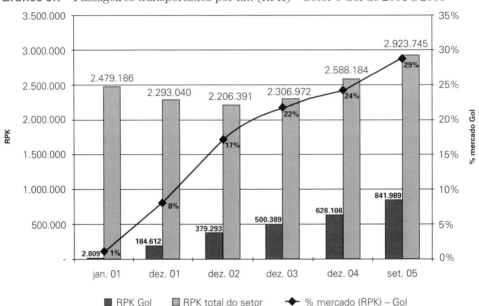

Fonte: Departamento de Aviação Civil, 2005.

O Gráfico 9.7 permite avaliar a evolução da participação de mercado da Gol sob outro aspecto ainda mais relevante que o número de assentos: a quantidade de passageiros transportados (RPK).

Por esse ponto de vista, a Gol saiu de uma participação de 1%, em janeiro de 2001 para 29%, em setembro de 2005. Isso significa que a quantidade de passageiros cresceu cerca de 300 vezes no período, partindo de pouco menos de 3 mil para quase 842 mil. Vale salientar que o mercado, como um todo, apresentou um crescimento de somente 18%, alcançando 2,9 milhões de passageiros em setembro de 2005.

O próximo gráfico ilustra a participação no mercado brasileiro regular de transporte aéreo em junho de 2005, comparativamente aos seus principais concorrentes, considerando o número de passageiros transportados.

Gráfico 9.8 Participação no mercado brasileiro em junho de 2005

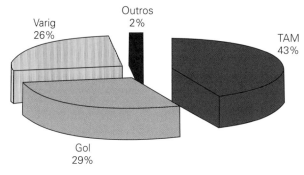

Fonte: Gol, 2005.

É interessante comparar o desempenho da Gol com indicadores operacionais das empresas que seguiram a mesma estratégia em outras partes do mundo, e que também comprovam o alinhamento estratégico da companhia e sua disciplina de valor com a implantação e revelam que a empresa apresenta bons resultados.

Tabela 9.2 Comparação de indicadores financeiros de 2005

	GOL	RYANAIR	SOUTHWEST	JETBLUE	WESTJET
EBITDAR (USD MM)	312	571	1.318	266	129
EBITDAR Margin	37,1%	34,4%	19,6%	19,7%	13,4%
Lucro líquido (USD MM)	155	331	409	30	-26
Margem líquida	18,4%	20%	7%	2,2%	-2,7%
Crescimento do lucro por ação	20,0%	15%	10%	20%	20%

Fonte: Adaptada de Gol, 2005.

2.4 O *outsourcing*

Durante a Segunda Guerra Mundial as indústrias bélicas americanas foram obrigadas a se concentrar na produção de armamentos em uma velocidade crescente. O aumento contínuo da produção era condição vital e decisiva na definição de quem seria o país vitorioso no confronto mundial entre as nações. As indústrias daquela época não tiveram alternativas a não ser delegar algumas atividades paralelas a empresas prestadoras de serviços. Terminada a guerra, e diante de um período de euforia e de crescimento das indústrias voltadas aos consumidores civis, as empresas defrontaram-se com um aumento da concorrência nos mercados e perceberam a necessidade de adotar procedimentos e estratégias para se tornarem cada vez mais competitivas.

Nesses esforços para aumento da competitividade, diversas práticas foram adotadas pelas empresas, desde a introdução do pensamento e planejamento estratégico, gestão de pessoas e reengenharia de processos. Já no início da década de 1980, entre as práticas de gerenciamento está a redução dos níveis hierárquicos, que visa reduzir custos e agilizar a tomada de decisões, conhecida como *downsizing*. Graças à diminuição do número de empregados, a execução de algumas atividades consideradas secundárias passou a ser transferida a terceiros, ou empresas fora da corporação, dando origem ao que se chamou de *outsourcing* (terceirização).

Em um cenário competitivo, terceirizar deixou de ser uma opção para se tornar condição de sobrevivência para as empresas. Atualmente, indicadores de mercado mostram crescentes avanços da terceirização nas decisões estratégicas das organizações que buscam concentrar esforços diretos nas atividades relacionadas ao seu negócio principal ou *core business*. Entre as várias áreas que vêm passando por esse processo, a de Tecnologia da Informação (TI) destaca-se com taxas de crescimento mundial dos processos de internacionalização na ordem de 7,9% desde 2003 (Gartner Research, 2005), devendo manter esse nível pelo menos até 2008.

Gráfico 9.9 Taxas anuais de crescimento de *outsourcing* no mercado de TI estimadas para o período de 2003-2008

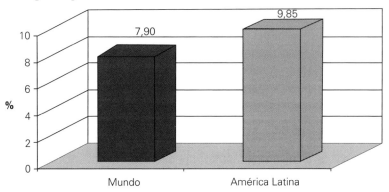

Fonte: GARTNER RESEARCH, 2005.

2.5 Estratégia competitiva

A aplicação de conceitos-chave para a análise de cenários permite um melhor entendimento da importância de um planejamento estratégico como um dos fatores determinantes para o sucesso da empresa e perpetuação do seu negócio de forma lucrativa. A análise da matriz Swot permite a combinação de forças e fraquezas de uma empresa com as oportunidades e ameaças que ela enfrenta no seu mercado. Permite, assim, um direcionamento mais estratégico no posicionamento competitivo, uma vez que auxilia na avaliação de quais competências e recursos devem se igualar às necessidades do ambiente para lhe conferir mais valor (GHEMAWAT, 2000). Em cenários em que uma empresa, com participação consolidada no mercado, depara-se com deficiências no atendimento de sua demanda, é necessário reavaliar o poder e a importância de seus fornecedores dentro da cadeia de valor, procurando mensurar qual o grau de vulnerabilidade resultante de uma deficiência por parte desse participante.

Alguns métodos analíticos são utilizados para determinar a extensão em que os complementadores podem ou não reivindicar o valor que foi criado: custos relativos de mudança do fornecedor, concentração relativa, diferenças ao estimular o aumento da demanda, facilidade de separação e taxa de crescimento do mercado.

Uma das principais conclusões em relação ao mapeamento do cenário de negócios é que ele necessita ser dinâmico, pois as relações entre as cinco forças e a estruturação da rede de valor (PORTER, 1986) mudam com o tempo em decorrência de ciclos, tendências, choques e as estratégias dos demais participantes, não só concorrentes mas também os elementos complementares, nesse caso com maior destaque para os fornecedores.

Assim, é importante realizar uma análise dinâmica e contínua do cenário, uma vez que tanto a situação do mercado em si como o reposicionamento dos principais *players* (compradores, fornecedores e concorrentes) podem ser alterados a qualquer instante, influindo no sucesso da estratégia estabelecida.

Figura 9.2 As cinco forças competitivas de Porter

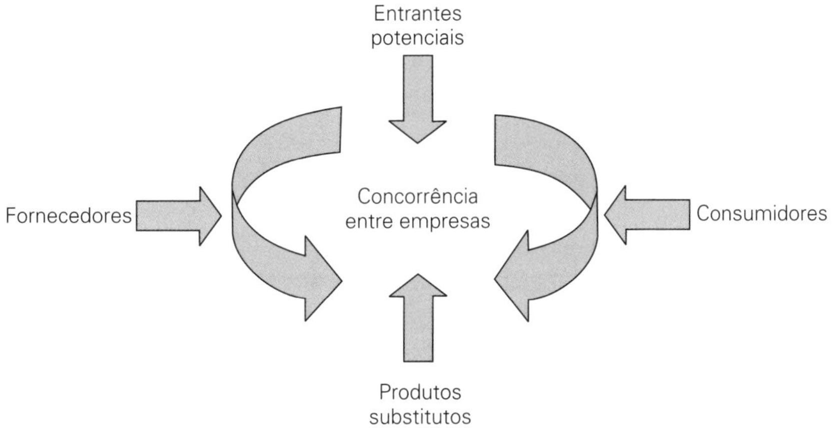

Fonte: PORTER, 1986.

Ghemawat (2000) faz referência a uma das principais causas pelas quais a geração de valor pode não ser apropriada pela empresa: a violação, que pode ser exemplificada pelo fato de a empresa enfrentar a possibilidade de ter seu crescimento de negócio ameaçado pela forma como está estruturado o seu relacionamento com o fornecedor. Assim, conclui-se que de fato o importante é a capacidade do negócio gerar valor e ser lucrativo. Para isso, é essencial que a empresa entenda não somente as necessidades do cliente mas como ela está relacionada com a sua cadeia de valor, atentando para os fatores internos e externos decisivos ao sucesso do negócio, por exemplo, entender a importância do fornecedor.

A figura a seguir ilustra a cadeia de valor da Gol.

Figura 9.3 Cadeia de valor – Gol Linhas aéreas

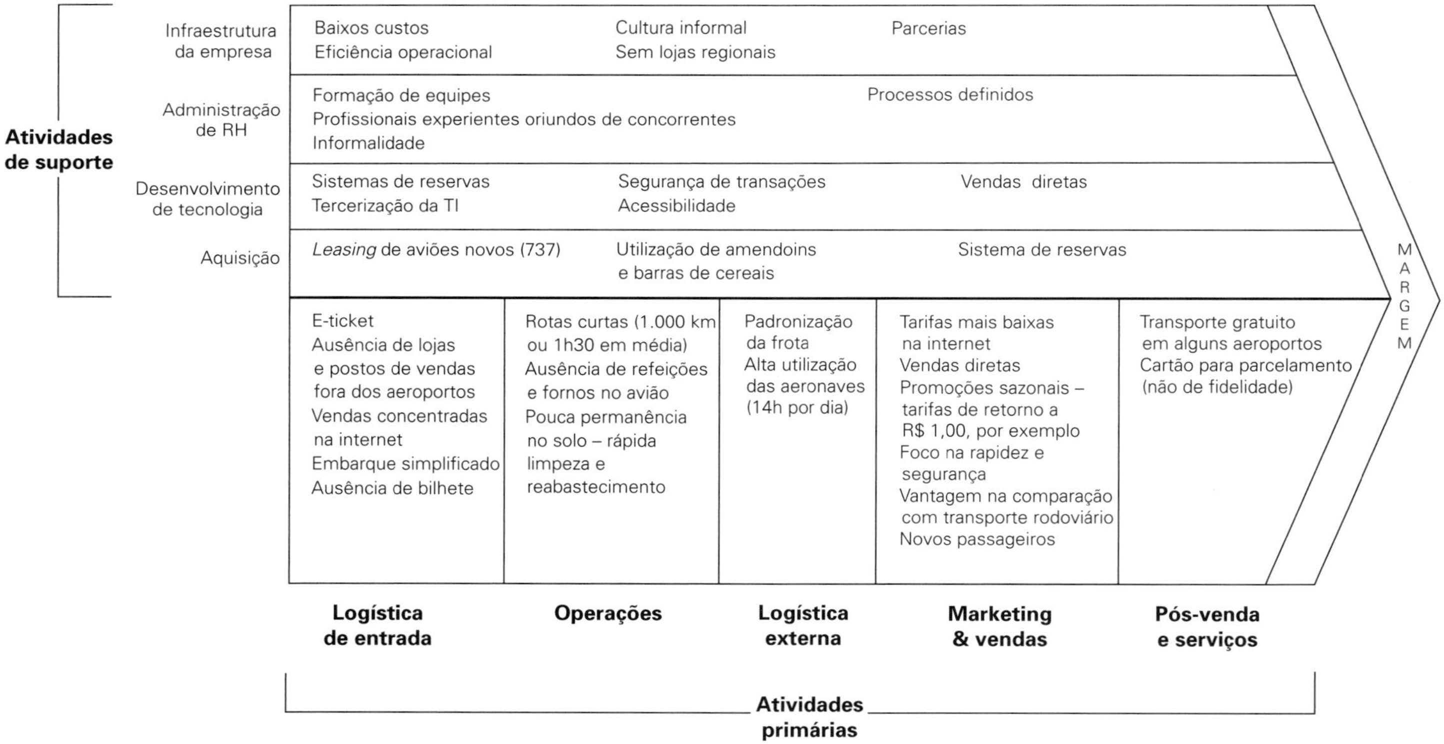

	Logística de entrada	Operações	Logística externa	Marketing & vendas	Pós-venda e serviços
Infraestrutura da empresa	Baixos custos Eficiência operacional	Cultura informal Sem lojas regionais		Parcerias	
Administração de RH	Formação de equipes Profissionais experientes oriundos de concorrentes Informalidade		Processos definidos		
Desenvolvimento de tecnologia	Sistemas de reservas Terceirização da TI	Segurança de transações Acessibilidade		Vendas diretas	
Aquisição	Leasing de aviões novos (737)	Utilização de amendoins e barras de cereais		Sistema de reservas	
Atividades primárias	E-ticket Ausência de lojas e postos de vendas fora dos aeroportos Vendas concentradas na internet Embarque simplificado Ausência de bilhete	Rotas curtas (1.000 km ou 1h30 em média) Ausência de refeições e fornos no avião Pouca permanência no solo – rápida limpeza e reabastecimento	Padronização da frota Alta utilização das aeronaves (14h por dia)	Tarifas mais baixas na internet Vendas diretas Promoções sazonais – tarifas de retorno a R$ 1,00, por exemplo Foco na rapidez e segurança Vantagem na comparação com transporte rodoviário Novos passageiros	Transporte gratuito em alguns aeroportos Cartão para parcelamento (não de fidelidade)

Atividades de suporte

MARGEM

Fonte: Adaptada de Porter, 1986.

Slywotzky e Morrison (1998) detalham alguns riscos advindos do crescimento. Este é atraente, mas pode incorporar componentes de alto risco, principalmente quando ocorre de forma muito rápida, fazendo com que muitas empresas não se preparem adequadamente no ritmo que seria esperado. A euforia de um ambiente de grande crescimento pode ocultar a realidade e, sem dúvida, cria um desafio gerencial muito mais complexo. O crescimento acelerado pode advir de uma ampliação da concepção de negócio originalmente criada em função de condições apresentadas pelo mercado, o que pode obrigar a empresa a ampliar seu escopo de atuação, abrangendo áreas nas quais não são operacionalmente eficientes. Qualquer um desses riscos, uma vez que se torna realidade, pode levar qualquer negócio lucrativo, mesmo que em uma situação de crescimento, às zonas de lucro zero. Um outro desafio colocado pelos autores diz respeito à real importância do aumento no volume de operações da empresa diante do crescimento do valor que esta é capaz de gerar. Muitas vezes, o simples crescimento de volume de vendas ajuda a ocultar um mau gerenciamento e ineficiências que podem ser intensificadas em um momento posterior, no qual a empresa reavalia o seu posicionamento estratégico, o que pode ser tardio.

2.6 Estratégia de operações

A aviação comercial de passageiros caracteriza-se como o *core competence* ou competência central da Gol, uma vez que tal atividade está calcada claramente em três características básicas que a evidenciam como tal. A primeira é a de que essa atividade denota significativa contribuição no valor percebido pelo cliente da Gol, fato demonstrado no seu acentuado crescimento e conquista de expressivo *market share* em curto espaço de tempo. A segunda é a de que tal competência mostrou-se, em um primeiro momento, como exclusiva ou, pelo menos, não dominada por todo o setor de aviação comercial, visto que se revestiu de características que diferenciaram a empresa das demais, como o baixo preço das tarifas, a possibilidade de realizar reservas on-line e *check-in*, cancelamentos e alterações de vôo via internet, aeronaves mais modernas (Boeing Next Generation 737-800) com velocidade 12% maior e 7% de economia de combustível em relação aos aviões da mesma categoria. A terceira característica que evidencia essa atividade como competência central da Gol é a de que esta tem viabilizado a abertura de novos mercados e oportunidades a exemplo dos serviços de transporte de cargas (Gollog) recentemente oferecidos pela GOL.

Para suportar tal competência central, a Gol optou então por terceirizar atividades secundárias, como no caso da área de TI, fundamental para o sucesso da estratégia de redução de custos e diferenciação nos serviços. A Gol procurou servir-se da habilidade gerencial proporcionada por empresas fornecedoras de *data center* com comprovada experiência e compartilhamento de boas práticas assimiladas em vários outros sites, os quais as definiam como *benchmarking* de sua área, agregando real valor também na qualidade dos serviços oferecidos pela Gol. As dificuldades encontradas no desempenho desses fornecedores vieram mais tarde, como reflexo do surpreendente crescimento experimentado pela empresa ao final do primeiro ano de atividade e em contraste com o subdimensionamento dos contratos de *outsourcing* firmados entre as empresas.

2.7 A opção pelo *outsourcing*

Estrategicamente, a Gol procurou focar em seu negócio principal, ou *core business*, o segmento de aviação comercial de passageiros. Para manter esse foco, a empresa iniciou a busca por parceiros que pudessem apoiar sua estratégia de crescimento. Adotou modelos de parcerias e terceirização de algumas áreas e processos, principalmente nos quais a empresa não detinha a competência e os níveis de especialização necessários e que, assim, demandariam muito tempo para serem desenvolvidas internamente. Uma das áreas que passou pelo processo de *outsourcing* foi a de Tecnologia de Informação, envolvendo a infraestrutura de *data center*, na qual foram hospedados os equipamentos computacionais, em local diferente dos escritórios da empresa. Em uma fase de *start-up* ou concepção de uma empresa, investir em infraestrutura sofisticada como de um *data center*, que necessitava estar disponível 24 horas, sete dias por semana, com altos níveis de segurança física de acesso às dependências locais e segurança lógica para proteção dos dados da empresa, a manutenção dessa infraestrutura e a capacitação de profissionais demandariam recursos mais necessários ao negócio propriamente dito. Busca-se, dessa forma, obter as competências necessárias, as quais exigem altos níveis de investimentos e tempo, principalmente para uma empresa como desafio de crescer rapidamente em um mercado bastante competitivo, como o de aviação. Outro fator importante a ser considerado foi a estratégia *time to market*, ou *tempo de chegada ao mercado*, para manter a vantagem competitiva. A definição por um parceiro de tecnologia foi vital para apoiar essa estratégia, além da flexibilização e da decisão por manter uma estrutura de custos enxuta, que possibilitasse praticar preços competitivos e alinhados com a estratégia definida.

3. DESCRIÇÃO DO PROBLEMA

Em meados 2002, 18 meses após a concepção da empresa, a Gol encontrava-se frente a duas situações contrastantes. Embora positiva, a primeira referia-se ao crescimento acelerado comparado a seus concorrentes, muito acima da média do mercado e do que havia sido definido como plano de crescimento para aquele ano. Entretanto, havia o risco eminente de rompimento nos contratos de *outsourcing* com seus parceiros e fornecedores, que não haviam sido definidos de forma clara e objetiva, em que estes pudessem suportar a nova demanda por serviços, principalmente de Tecnologia de Informação. O risco estava percebido: onde os contratos não tinham um escopo bem definido, papéis e responsabilidades claros e não havia gatilhos prevendo a extrapolação de custos caso ocorresse um aumento da demanda pelos serviços de tecnologia.

A infraestrutura de *data center*, a tecnologia computacional, os meios de comunicação e as competências profissionais já não poderiam mais suportar o crescimento acelerado do negócio, podendo causar danos à imagem da empresa, pela eventual indisponibilidade ou lentidão no acesso aos serviços. Em um cenário como esse, um outro fator interessante é o crescimento dos custos por demanda de serviços adicionais, pois os contratos atuais já não mais atendiam à demanda pelos serviços de TI, caminhando contra a estratégia de manter uma estrutura de custos enxuta. Além dos problemas descritos, há, também, outros fatores que colaboram para reforçar a necessidade de rever o contrato de *outsourcing* de TI. Entre esses fatores, verifica-se a ausência de visibilidade dos problemas operacionais da empresa, a necessidade de obter informações de forma mais ágil e estruturada para a avaliação de resultados, tomada de decisões e aumento dos custos de banda de comunicação e *hosting* dos equipamentos.

Havia um risco eminente de lentidão ou perda de acesso aos serviços, em que a estrutura de TI, que havia apoiado seu sucesso até o momento, estava ameaçada e no limite.

3.1 Adaptação da cultura da empresa ao novo modelo

A satisfação dos objetivos almejados em um processo de terceirização, tais como redução de custos, melhoria de processos operacionais, rapidez na identificação e solução de problemas, controle e segurança, dependem em grande parte da qualidade da comunicação e do alinhamento das expectativas entre o cliente e o provedor do serviço. A formalização de processos é normalmente adotada como meio de garantir que o nível de comunicação e as expectativas mútuas sejam satisfeitas, porém o estabelecimento desses processos é fortemente dependente da cultura organizacional das empresas. O conceito de cultura foi trazido à administração no final da década de 1950, visando adequar as empresas multinacionais à nova realidade gerada pela expansão geográfica. As necessidades de reproduzir suas estruturas em países diferentes no sentido de gerar vantagens comparativas, tais como mão de obra mais barata, novos mercados, proximidade a fontes de matéria-prima etc., evidenciavam essas transformações. Vários pesquisadores, entre eles Hofstede (1990), focaram seus estudos em culturas nacionais, procurando traçar um perfil de comportamento de uma mesma estrutura organizacional, entendida aqui como empresa, estabelecida em diferentes geografias.

Esses estudos, porém, foram pouco conclusivos, visto que o conceito de cultura organizacional abandona o contexto sociocultural, típico de cada país ou geografia, e se volta mais para o interior das organizações e das corporações. Smircich (1983) identificou diferentes focos e visões de organização nos diferentes estudos de cultura que analisou, e entre eles merece destaque um que atribui interessante conceito e visão à "cultura corporativa". Ele define o conceito de cultura como algo que funciona como um mecanismo adaptativo, permitindo a articulação dos indivíduos na organização, e a visão das empresas como organismos adaptativos que existem por meio de processos de trocas com o ambiente. Schein (2001) trabalhou posteriormente na consolidação das diferentes tendências estudadas por Smircich (1983) e desenvolveu um conceito de cultura organizacional bastante abrangente, no qual afirma ser o conjunto de pressupostos básicos inventador, descobertos ou desenvolvidos por um grupo ao aprender a lidar com os problemas de adaptação externa e integração interna.

Um grave problema identificado por Schein (2001) é de que existem pressupostos considerados tão óbvios que os membros da organização nem sequer tomam consciência deles, e tais pressupostos influenciam todo o processo de interação dos membros da empresa sem que eles tomem conhecimento disso na maior parte do tempo, o que dificulta significamente a interação necessária entre grupos de empresas diferentes, como o que ocorre em processos de terceirização, momento no qual membros de organizações diferentes se deparam com os chamados "paradigmas culturais".

Realizar o diagnóstico de cultura de uma organização implica aprofundar-se nas diferentes camadas que a compõem, caracterizadas pelo seus graus de profundidade. Nas camadas mais externas, estão os comportamentos visíveis (ambiente, produtos e comportamento das pessoas). Nas camadas mais profundas, encontramos as histórias, os mitos, os heróis e os fundadores; e no centro, os valores da organização. Essas camadas são, por sua vez, permeadas pelas políticas de prática e gestão.

Cada vez mais o tema de *gestão intercultural* (FLEURY, 2002) assume valor de grande importância, dado o crescente movimento de fusões, alianças, *joint ventures* e parcerias, movimentos típicos resultantes da globalização. Esses movimentos justapõem grupos que operavam com valores e pressupostos básicos diferentes, evidenciando, por exemplo, o questionamento de valores nunca antes contestados, a geração de novos valores e o domínio de uma cultura sobre a outra. Enfim, exige uma profunda análise prévia da situação em conjunto pelas duas ou mais organizações envolvidas, a fim de evitar a formação de contraculturas, conflitos ou até mesmo as chamadas subculturas guerrilheiras (FLEURY, 2002) que possam minar e comprometer o sucesso de processos de terceirização.

3.2 Decisões na estratégia de operação

Historicamente, as decisões de "comprar ou fazer" de uma indústria eram tomadas basicamente fazendo-se referência aos custos operacionais marginais, ou seja, se o custo marginal calculado para executar a atividade fosse maior do que o custo marginal de terceirizar, obviamente o mais adequado seria optar pela terceirização. Essa política manteve-se até os anos 1990, momento no qual houve uma alteração significativa em que preocupações mais estratégicas, como as chamadas competências centrais, passaram a ser indispensáveis na decisão entre o "comprar ou fazer". De acordo com Prahalad e Hamel (1995), para que uma competência seja considerada central, ou *core competence*, ela deve possuir três características básicas: a de proporcionar significativa contribuição no valor percebido pelo cliente; a de que uma competência central deve ser exclusiva ou, pelo menos, não dominada por todo o setor industrial; e a de que uma competência central deve ter a capacidade de viabilizar a abertura de novos mercados e oportunidades no futuro.

Uma vez definida a competência, ou as competências centrais, torna-se mais claro considerar quais as atividades podem ser terceirizadas no processo, facilitando a decisão entre o que "comprar ou fazer", de modo que essa opção configure-se claramente como fonte de criação e alteração na lógica de apropriação de valor criado.

Existem diferentes formas de aumento de valor agregado, tais como transferência de parcelas de valor apropriado a outros, por exemplo, demitir funcionários e contratá-los posteriormente como pessoa jurídica na qualidade de prestador de serviços, reduzindo, assim, o "valor apropriado" (valor considerado) anteriormente na forma de salários e benefícios.

Uma outra forma de aumento de valor são as economias de escala, por exemplo, a realizada por empresas de venda de produtos pela internet, em que a terceirização da entrega dos produtos via correios (Sedex) beneficia-se de sua economia de escala logística. Há ainda outras formas de aumento de valor, como a mudança de abordagem e habilidade gerencial proporcionadas por empresas prestadoras de serviços terceirizados que se beneficiam do compartilhamento de boas práticas nos vários sites em que atuam, tornando-se, assim, *benchmarking*.

Entendendo de forma clara as diferentes fontes potenciais de criação e alteração na lógica de apropriação de valor criado, é possível fazer com que a decisão entre o "comprar ou fazer" obedeça a uma lógica objetiva, ou seja, com base na redução de custos e melhoria da qualidade do serviço prestado e na sustentabilidade da vantagem competitiva fundamentada em suas competências, e não simplesmente em modismos ou em tendências pouco compreendidas.

4. TÓPICOS PARA DISCUSSÃO

- É favorável a uma empresa como a Gol, que trabalha em um mercado complexo e regulamentado, definir a terceirização dos serviços de TI, fundamentais ao sucesso do modelo de negócios?
- Como alinhar uma estratégia empresarial de rápido crescimento e participação de mercado com uma estrutura de custos enxuta, coerente com a estratégia genérica de empresa?
- É possível que a terceirização de serviços seja implementada de forma a complementar a cadeia de valor da empresa e o valor percebido pelo cliente, sem afetar de forma dramática os custos?
- Considerando os fatores comportamentais e culturais, como o processo de terceirização deve ser conduzido dentro do ambiente da empresa? Quais os desafios e como tornar esses fatores favoráveis para o sucesso da solução final de TI?

5. NOTAS DE ENSINO

O processo de terceirização e o alinhamento estratégico

Em função do sucesso alcançado a partir do primeiro ano de operação, que comprovavam um crescimento contínuo das suas atividades, em 2002 a Gol encontrou-se diante de uma situação de estrangulamento operacional da sua área de Tecnologia de Informação (TI). Essa situação requeria que a empresa reavaliasse seus processos internos de forma a encontrar um modelo adequado de terceirização, o qual pudesse suportar o crescimento e seus planos de expansão para o futuro. Esse cenário mostrava claramente que os contratos firmados com os fornecedores de serviços de TI apresentavam alguns pontos falhos e não estavam mais de acordo com a nova realidade da empresa. Os principais problemas identificados em relação ao suporte de TI foram: falta de visibilidade dos problemas operacionais; escassez de informação estruturada para auxiliar a tomada de decisões; indefinição dos papéis e responsabilidades entre a Gol e os seus fornecedores de *data center*; aumento descontrolado dos custos de hospedagem de equipamentos e bandas de comunicação; dificuldade de encaminhamento de soluções que envolviam o *data center*; lentidão na identificação da causa dos problemas; falta de respostas rápidas; ausência de alinhamento entre as empresas, sobretudo no que se refere às reais necessidades do negócio.

Diante desse quadro, foi identificado claramente que a prioridade era rever os contratos com os fornecedores de serviços de *data center*, de forma a redefinir claramente as responsabilidades e os níveis dos serviços esperados, ou seja, o *Service Level Agreement* (SLA). Estava claro, portanto, que o redesenho do SLA com esses fornecedores deveria considerar os aspectos especificados a seguir:

Figura 9.4   *Service Level Agreement*

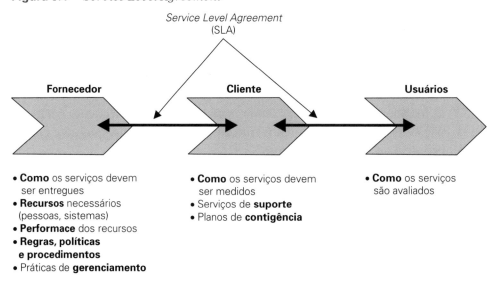

Fonte: Adaptada de Duque, 2004.

Além disso, mais do que simplesmente definir os SLAs, havia a necessidade de estabelecer regras e indicadores para seu gerenciamento, ou seja, era preciso desenhar um sistema de *Service Level Management* (SLM) para que tanto a Gol como os fornecedores pudessem monitorar o seu relacionamento no dia a dia. Esse sistema está esquematizado a seguir:

Figura 9.5 *Service Level Management*

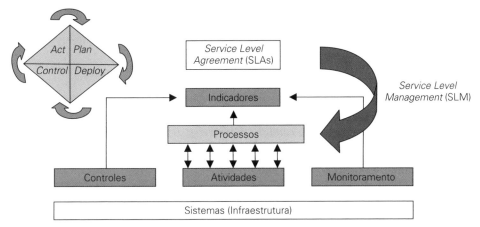

Fonte: Adaptada de Duque, 2004.

Nesse contexto, a Gol – com uma consultoria externa especializada na área de Tecnologia de Informação – definiu uma metodologia de avaliação do caso, partindo da avaliação do cenário atual; avaliação de *best practices* e *benchmarking* que envolviam soluções de *data center*; análise de *gaps*; *workshops* internos; avaliação de processos existentes envolvendo toda a cadeia de valor da empresa; políticas atuais adotadas; avaliação de *Key Performance Indicators* (KPIs), que compreendem a medição de indicadores e níveis de serviços; especificação de requisitos para contratação de parceiros adequados e bem selecionados; construção de *Request for Proposal* (RFP) – requisição de proposta.

Em paralelo, foi avaliado o contrato existente com a empresa que provia os serviços de *data center*, visando reavaliar os custos, os serviços oferecidos, os sistemas, os processos e a forma e conteúdo do contrato. Também foram avaliadas as práticas de mercado adotadas pela Gol, considerando os requisitos de disponibilidade para o negócio, de segurança física e lógica dos dados e de desempenho.

Os resultados dos trabalhos adotados serviram para avaliar as práticas e a realização de um *benchmarking* de mercado, reavaliando os serviços contratados e os custos diretos e indiretos envolvidos no contrato, buscando reduções destes e maior valor agregado para os negócios da empresa, assim como a redefinição dos papéis e responsabilidades entre a Gol e seu fornecedor.

A metodologia e os processos descritos estão resumidos na figura a seguir:

Figura 9.6 Metodologia utilizada para o redesenho de processos de TI

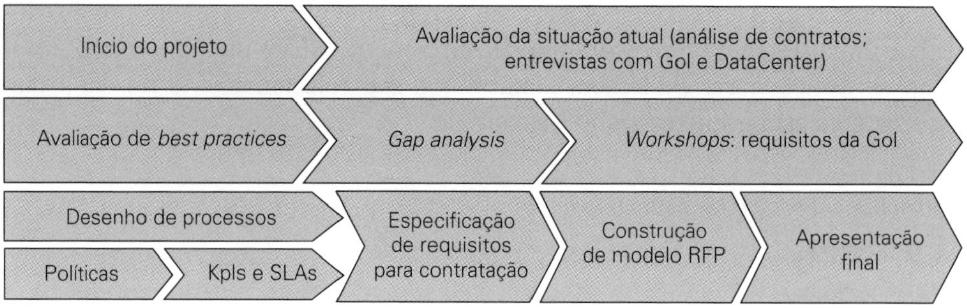

Início do projeto	Avaliação da situação atual (análise de contratos; entrevistas com Gol e DataCenter)
Avaliação de *best practices* / Gap analysis / *Workshops*: requisitos da Gol
Desenho de processos / Políticas / Kpls e SLAs / Especificação de requisitos para contratação / Construção de modelo RFP / Apresentação final

Fonte: Adaptada de Duque, 2004.

Com a nova abordagem adotada, a empresa pôde realizar um realinhamento estratégico entre os três pilares importantes da área de tecnologia de informação (pessoas, processos e tecnologia), buscando equacionar o problema identificado inicialmente. Em resumo, diante da situação em que se encontrava, a Gol necessitou rever tanto os seus processos internos como também a forma que havia estruturado a sua operação de *outsourcing* da área de TI para suprir a sua necessidade de uso intensivo de tecnologia. Essa operação era fundamental na sua estratégia de oferecer preços agressivos, suportados por uma estrutura de custos enxuta. Em outras palavras, era inviável abdicar tanto do *outsourcing* como também de uma área de TI forte e, para isso, era necessário melhorar o relacionamento com o seu fornecedor e garantir que os custos com infraestrutura de TI se mantivessem sob controle. Além disso, a Gol continuava com os seus planos de manter o ritmo acelerado de crescimento, verificado nos primeiros anos de operação, aumentando a sua participação de mercado, expandindo suas operações e investindo na compra de novas aeronaves. Esse crescimento reforçava a necessidade de resolver os problemas de falta de visibilidade das suas operações e obtenção de informações mais ágeis e estruturadas.

Entretanto, a empresa não foi capaz de antever possíveis impactos do crescimento do seu negócio na forma de estruturação do seu relacionamento com os seus fornecedores de TI, e isso gerou diversos obstáculos que ameaçavam se tornar um importante gargalo na estratégia de crescimento definida pela empresa.

Neste último aspecto, seja por condições externas de mercado ou internas de formação de recursos, seja por um foco demasiado no curto prazo, a Gol não conseguiu um dimensionamento ideal de suas necessidades de TI. A companhia não conseguiu antecipar com os seus fornecedores eventuais necessidades que adviriam de um crescimento rápido de suas operações. Isso poderia ter sido feito por intermédio da elaboração mais apurada dos diversos cenários possíveis. Também por meio da análise de suas forças e fraquezas em comparação com as oportunidades e ameaças que se colocavam, tanto do ponto de vista interno e organizacional da empresa quanto do mercado, concorrentes e fornecedores, a empresa poderia evitar possíveis obstáculos ao seu crescimento.

Um outro aspecto a ser estudado é até que ponto a Gol realmente conseguiu avaliar corretamente a importância de determinados fornecedores, em especial os de serviços de TI, dentro da sua estratégia global de negócios. Em outras palavras, desde o início das suas operações e, em particular, no momento em que enfrentou o problema mencionado no estudo de caso, estava clara a importância dos fornecedores dentro da cadeia de valor da Gol, portanto, era fundamental dimensionar corretamente o poder que esses fornecedores seriam capazes de exercer e o grau de vulnerabilidade resultante de uma deficiência por parte deles, bem como as alternativas que a Gol tinha em uma situação emergencial.

Em função da importância dada ao processo de terceirização da área de TI, torna-se evidente que o relacionamento da empresa com os fornecedores de tecnologia dentro da rede de valor da Gol é algo vital para garantir o sucesso da sua operação, pois influencia: a estrutura de custos da empresa, que está diretamente relacionada à sua capacidade de obtenção de boas margens de lucro e sustentação de preços baixos; a principal forma pela qual os clientes obtêm informações da empresa e conseguem adquirir as passagens, ou seja, caso os serviços não estivessem disponíveis, haveria uma maior dificuldade ou mesmo impossibilidade de se vender as passagens; a necessidade por informações gerenciais, a qual cresce constantemente diante da expansão das operações da Gol. É pertinente ressaltar, ainda, o dinamismo dessa análise no caso da Gol, uma vez que se no início das suas atividades a estratégia de terceirizar alguns setores importantes visava a flexibilização de sua estrutura de custos, enquanto no momento em que dependia desses mesmos serviços para alavancar um crescimento ainda maior, deparou-se com diversos gargalos que colocavam em risco os planos da empresa. Essa análise da rede de valor da Gol está resumida na figura a seguir.

Figura 9.7 Rede de valor da Gol

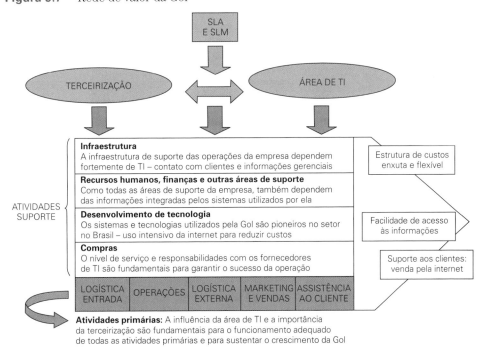

Fonte: Adaptada de Porter, 1986.

Analisando a rapidez do crescimento experimentado pela Gol, deve-se lembrar ainda alguns pontos detalhados por Slywotzky e Morrison (1998): o crescimento, apesar de atrativo, muitas vezes incorpora elementos de alto risco, principalmente quando ocorre de forma muito rápida, fazendo com que muitas empresas não se preparem adequadamente no ritmo que seria esperado. Isso ocorre porque a euforia causada pelo grande crescimento pode de alguma forma esconder aspectos importantes da realidade, criando um desafio gerencial complexo.

No caso da Gol isso fica evidente, pois os bons resultados financeiros obtidos e os sólidos indicadores operacionais – inclusive comparativamente aos seus concorrentes locais e empresas semelhantes em outros países – mascaravam possíveis dificuldades e estreitamentos que porventura a Gol pudesse atravessar.

Essa situação pode ser resumida na figura a seguir. Na faixa branca é mostrado o tamanho do negócio, em termos de *market share* e receita no momento em que o problema foi identificado, bem como o limite que os serviços de TI suportavam. Já na faixa hachurada, relativa ao tamnaho da demanda de serviços de TI, tem-se o crescimento da Gol em termos de *market share* e receita. A seta tracejada, por sua vez, indica a necessidade de revisão dos contratos existentes para que estes possam suportar a demanda adicional de serviços de TI, reflexo do crescimento da empresa.

Figura 9.8 Crescimento da empresa e aumento de demanda por serviços TI

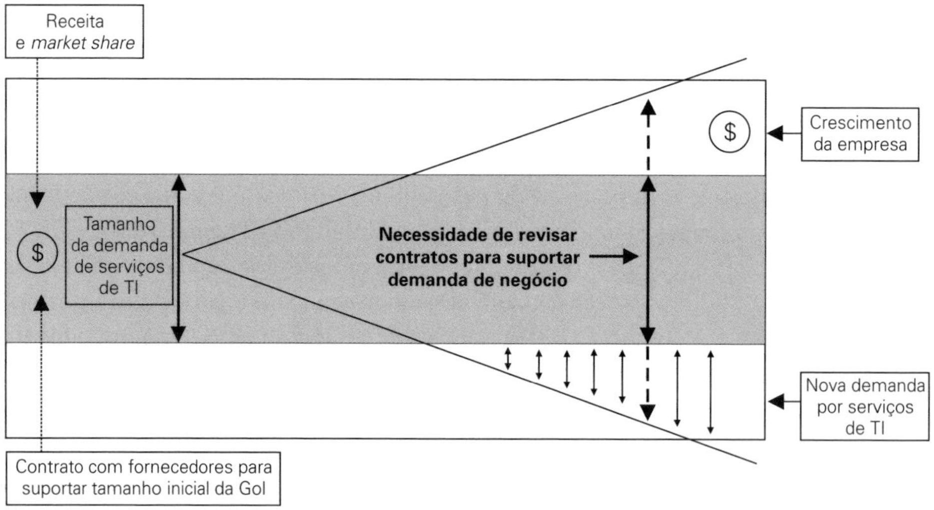

Fonte: Adaptada de Porter, 1986.

A cultura da organização e o processo de terceirização

Um dos fatores importantes para que o tema *outsourcing* obtenha o sucesso desejado é a questão da cultura da organização. Quando as empresas decidem por essa opção, normalmente consideram-se alguns fatores, como custos, otimização de processos operacionais, rapidez na identificação de problemas, redução de investimentos em ativos, ter um parceiro de tecnologia para poder focar no negócio principal, definição de escopo, investimentos e aspectos legais do contrato, mas a questão da cultura muitas vezes não é considerada ou é deixada para segundo plano.

Esse tema é analisado principalmente em casos de *merge* de duas empresas, fusões, aquisições, mas quando nos referimos ao tema do *outsourcing*, existe pouco cuidado nesse sentido.

Além disso, ele está atrelado ao que se pode chamar de "transformação do ambiente". Na maioria dos casos, a empresa que é terceirizada tem a expectativa de que seu parceiro de tecnologia irá solucionar todos os problemas atuais nessa área, de falta de controle, falta de gestão, problemas de performances, ajustes das competências para operar o ambiente, redução dos custos, suportar novas demandas por serviços, implementar metodologia de controle. O tema "transformação" está atrelado à mudança cultural, ou seja, à forma como as coisas são realizadas e como passarão a ser. Como na maioria das vezes esse fator não é considerado pelos altos executivos que estão conduzindo o processo de negociação com seu novo parceiro de tecnologia, o que consolidaria uma visão *top down*, em que a mudança parte dos altos escalões para o operacional, estas não ocorrem de forma adequada. Torna-se evidente que o apoio executivo para obtenção do sucesso é muito importante. Em geral a mudança ou transformação gera certo grau de insegurança, pelo medo do novo, e, por isso, surgem focos pontuais de resistência. Outro fator é o poder da informação; em um ambiente desorganizado e caótico se sobressaem os chamados "bombeiros", ou apagadores de incêndio, que acabam sendo reconhecidos quando solucionam problemas nos momentos de crise. Já em um ambiente documentado, processual, com papéis e responsabilidades bem definidos e métricas de desempenho, esses recursos não teriam espaço ou não teriam o mesmo grau de importância e reconhecimento. Esses "bombeiros", que detêm toda informação em suas mentes, transformam-se em pontos de resistência pelo fato de a insegurança pelo novo e de não serem mais os grandes solucionadores dos problemas em possíveis momentos de crise tornarem-se um empecilho à estruturação da área.

Entretanto, quando a empresa de tecnologia, que já está habituada a trabalhar com processos bem definidos para operar um ambiente de tecnologia, depara-se com uma situação de resistência e dificuldade para colocar seus processos em prática. Consequentemente, tem-se a dificuldade de se realizar a transformação adequada no ambiente, tirando o devido valor agregado ao negócio do cliente. Quando nos reportamos a processos de tecnologia, referimo-nos, principalmente, a institutos que definem as melhores práticas para se operar um ambiente de tecnologia. Por exemplo, quando o executivo compartilha da visão de que a mudança é necessária, o processo passa a ser *top down*, com o apoio executivo. Referente a esses processos, há o caso do Instituto Mundial denominado *Information Technology Service Management*, que desenvolveu uma base de conhecimento contendo as melhores práticas para operar um ambiente de tecnologia.

A partir das melhores práticas, algumas empresas de tecnologia que prestam serviços na área de TI desenvolvem metodologias para serem utilizadas na prestação dos serviços. Um exemplo é o caso da Hewlett-Packard (HP), que desenvolveu uma denominada *Information Technology Service Management* (ITSM).

Grande parte dos insucessos nas terceirizações dos ambientes está relacionada à dificuldade de programar as melhores práticas de TI, que envolvem a mudança cultural ou a mudança da maneira como os procedimentos são feitos. A contratante acaba por não perceber o valor agregado para o negócio, pois o caos continua. Quando essa mudança organizacional ou transformação não ocorre de maneira adequada, várias situações de desconforto são verificadas, escalando o problema para níveis hierárquicos superiores, fazendo com que as crises fiquem visíveis e desgastando a relação da parceria. Em alguns casos, coloca-se um exército de pessoas para solucionar os problemas, o que deixa de ser atraente tanto para o contratado quanto para o contratante, gerando até o cancelamento do acordo.

6. CONCLUSÃO

A Gol Linhas aéreas inteligentes é uma empresa nacional que atua no segmento de transporte aéreo de passageiros desde 2001 e é responsável por uma mudança significativa no mercado de aviação civil em função da estratégia implementada de estruturar a sua operação de forma pioneira no Brasil, visando à exploração de um nicho específico do mercado que viabilizasse a obtenção de altos índices de crescimento com a consequente conquista de participação do mercado.

Ao longo da sua trajetória, a Gol se deparou com um problema específico e grave na medida em que colocava em risco um dos pilares da sua estratégia de obter uma vantagem competitiva no mercado – a terceirização de atividades não relacionadas ao seu *core business*. O fato é que foram identificados diversos estreitamentos no seu relacionamento com o fornecedor de serviços de Tecnologia de Informação que consistiam em uma ameaça à manutenção de taxas elevadas de crescimento.

O estudo do caso e da solução implementada pela Gol revelam a importância e o cuidado que se deve ter na contratação de serviços de terceiros, sobretudo daqueles que têm um potencial de impactar o *core business* e a operação da empresa diretamente. Para isso, é pertinente destacar a criticidade da elaboração detalhada de um *Request for Proposal* (RFP) por parte da empresa contratante para que os seus fornecedores entendam as necessidades do cliente em relação aos tipo de serviços esperados e que possam disponibilizar os recursos adequados no tempo correto. Outro ponto importante em relação à contratação de serviços de terceiros, é estabelecer claramente um *Service Level Agreement*, em que as responsabilidades de cada uma das partes – contratante e fornecedor – estejam claramente definidas, e que haja regras e procedimentos acordados por todos, prevendo de que forma agir nas possíveis situações, bem como a definição de indicadores para monitorar a performance dos serviços prestados e gerenciar o dia a dia do relacionamento entre os dois (*Service Level Management*). Em relação a isso, deve-se ainda ressaltar o papel da cultura da empresa em todo esse processo: é fundamental haver um processo de comunicação clara, de forma a preparar os funcionários para a nova realidade do *outsourcing*, criando um ambiente de trabalho com mais maturidade e alinhando as expectativas dos funcionários no que diz respeito à qualidade de serviços prestados pelos parceiros. Trata-se de um verdadeiro processo de transformação do ambiente organizacional.

Um outro ponto refere-se à consciência que a empresa deve ter ao optar pelo *outsourcing*. Independentemente de a atividade terceirizada estar diretamente ligada ao negócio ou às operações do dia a dia da empresa, é importante que antes de tomar a decisão alguns aspectos-chave sejam avaliados, como o poder de negociação com os fornecedores; a existência ou não de alternativas de fornecimento do serviço; se a contratação do serviço e o perfil do fornecedor estão de acordo com a estratégia e planos da empresa para o futuro. O caso da Gol ilustra que em vez de se preocupar somente com o curto prazo, é imperativo considerar os cenários possíveis no médio e longo, quando se inicia uma relação de parceria importante, e avaliar corretamente de que forma isso pode impactar as suas operações.

Com base nos resultados financeiros e operacionais que a Gol obteve desde 2002, quando o problema foi identificado, conclui-se que o processo de mudança implementado pela empresa foi bem-sucedido. Os números mostrados ao longo deste trabalho evidenciam que a Gol tem superado os principais gargalos operacionais e que a empresa tem sido capaz de sustentar o seu crescimento em níveis bem acima da média dos concorrentes. A empresa vem aumentando a sua participação de mercado no Brasil e, recentemente, expandindo as suas operações para o mercado internacional.

7. GLOSSÁRIO

ASK: assentos oferecidos por km.
Benchmarking: processo contínuo de comparação dos produtos, serviços e práticas empresariais entre os mais fortes concorrentes ou empresas reconhecidas como líderes.
Best practice: melhores práticas do mercado.
Core business: atividades centrais para a qual a empresa foi concebida.
Core competence: principais competências para suportar a atividade central da empresa.
Data center: infraestrutura preparada para hospedar os equipamentos computacionais.
Downsizing: redução de níveis hierárquicos dentro de uma organização.
EBITDA – Earnings Before Interest, Taxes, Depreciation and Amortization: Ganhos Depois dos Juros, Impostos, Depreciação e Amortização – indicador da performance financeira da empresa utilizado para analisar a sua lucratividade.
EBITDAR – Earnings Before Interest, Taxes, Depreciation and Amortization and Rent: Ganhos Depois dos Juros, Impostos, Depreciação, Amortização e Aluguel – indicador da performance financeira da empresa utilizado para analisar sua lucratividade.
Economia de escala: quando os custos médios de longo prazo diminuem ao aumentar a produção, tornando as empresas maiores mais eficientes que as menores.
Hosting: operação, administração e hospedagem de equipamentos computacionais.
ITSM – Information Technology Service Management: Instituto mundial de definição de padrões de administração e operação de ambiente de tecnologia de informação.
Joint venture: um acordo contratual de duas ou mais partes com o propósito de executar um objetivo específico de negócio.
KPI – Key Performance Indicatores: indicadores-chave de desempenho.

Low fare, low cost: baixa tarifa, baixo custo.

Market share: participação de mercado.

Outsourcing: terceirização de serviços – no caso do trabalho, em serviços.

RPK: passageiros transportados por km.

RFQ – Request for Proposal: requisição para proposta de serviços.

SLA – Service Level Agreement: estabelecimento de um acordo em relação aos níveis de serviços entre contratada e contratante.

SLM – Service Level Management: gerenciamento dos níveis de serviços acordados entre contratada e contratante (SLA).

Start-up: fase inicial de concepção de uma empresa antes de entrar em operação.

SWOT – Strenghts, Weaknesses, Opportunities and Threats: Forças, Fraquezas, Oportunidades e Ameaças – ferramenta de gestão utilizada por empresas como parte do planejamento estratégico dos negócios.

Time to market: o intervalo de tempo entre a concepção de uma ideia, produto ou serviço e a sua chegada no mercado.

Workshops: reuniões de trabalho com objetivos específicos predeterminados.

8. REFERÊNCIAS

AUBERT, Benoit A.; RIVARD Suzanne; PATRY Michel. *A transaction cost model of IT outsourcing*. Amsterdam, 2004. Disponível em: <http://proquest.umi.com/pqdweb>. Acesso em: 25 ago. 2005.

CORRÊA, Henrique L.; CORRÊA Carlos A. *Administração de produção e operações*. São Paulo: Atlas, 2004.

DEPARTAMENTO DE AVIAÇÃO CIVIL, DAC. Estatística de assentos oferecidos por km (ASK) – Setor e Gol de 2001 a 2005. Departamento de Aviação Civil, 2005.

DUQUE, Paulo Flávio Massaro. *Business process outsourcing – case*: Gol Linhas aéreas. São Paulo: FIA, 2004.

FLEURY, Maria Tereza (Org.). *As pessoas na organização*. São Paulo: Gente, 2002.

GAMBLE, Richard. *The rise of BPO*. The outsourcing institute, 2005. Disponível em: <http://www.outsourcing.com/>. Acesso em: 2 set. 2005.

GARTNER RESEARCH. *Cross market:* industry strategies, 2005. Disponível em: <http://www.gartner.com/it/products/research/asset_129177_2395.jsp >. Acesso em: 29 ago. 2006.

GHEMAWAT, Pankaj. *A estratégia e o cenário dos negócios*. Porto Alegre: Bookman, 2000.

GOL LINHAS AÉREAS INTELIGENTES. *Relação com investidores*. Disponível em: <http://www.voegol.com.br/>. Acesso em: set./out./nov. 2005.

HAMEL, Gary; PRAHALAD, C. K. *Competindo pelo futuro*. Rio de Janeiro: Campus, 1995.

HOFSTEDE, G.; NEUIJEN, B.; OHAYV, D. D.; SANDERS, G. Measuring organizational cultures. A qualitative and quantitative study across twenty cases. *Administrative Science Quarterly*, 35, p. 286-316, 1990.

IT SERVICE MANAGEMENT INSTITUTE. Disponível em: <http://www.itsmi.com/>. Acesso em: 5 set. 2005.

KOH, Christine; ANG, Soon. STRAUB Defmar W. *IT outsourcing success*: a psychological contract perspective, 2004. Disponível em: <http://proquest.umi.com/pqdweb>. Acesso em: 6 ago. 2005.

NAIR K G K.; PRASAD P PN. *Offshore outsourcing*: a SWOT analysis of a state in India. Boston: 2004. Disponível em: <http://proquest.umi.com/pqdweb>. Acesso em: 3 ago. 2005.

PORTER, Michael E. *Estratégia competitiva*: técnicas para análise de indústrias e da concorrência. Rio de Janeiro: Campus, 1986.

PRAHALAD, C, K.; HAMEL, G. The core competence of corporation. *Harvard Bussiness Review*, v. 68, n. 3, p. 79-91, maio/jun. 1990.

REVISTA GOL. Trip Editora e Propaganda S/A: São Paulo, n. 44, nov. 2005.

SCHEIN, Edgar. *Guia de sobrevivência da cultura corporativa*. Rio de Janeiro: José Olympio, 2001

SERAPIO, Manuel G. *International outsourcing in information technology*. Washington/USA, 2005. Disponível em: <http://proquest.umi.com/pqdweb>. Acesso em: 9 set. 2005.

SLYWOTZKY, Adrian J.; MORRISON, David J. *A estratégia focada no lucro (The profit zone)*. Desvendando os segredos da lucratividade. Rio de Janeiro: Campus, 1998.

SMIRCICH, Linda. Concepts of culture and organizational analysis. *Administrative Science Quarterly*, 28, p. 339-358, 1983.

VALIM, Carlos Eduardo. *Outsourcing para o futuro*. Brasil: ITWEB, 2003. Disponível em: <http://www.itweb.com.br>. Acesso em: 17 ago. 2005.

VIEIRA, Valter Afonso. *As tipologias, variações e características da pesquisa de marketing*. Curitiba: Revista FAE , 2002.

Impressão e Acabamento:
Geográfica editora